Kohlhammer
Urban-
Taschenbücher

Band 416

Klaus Seybold

Der Prophet Jeremia

Leben und Werk

Verlag W. Kohlhammer
Stuttgart Berlin Köln

Die Deutsche Bibliothek – CIP-Einheitsaufnahme

Seybold, Klaus:
Der Prophet Jeremia : Leben und Werk / Klaus Seybold. –
Stuttgart ; Berlin ; Köln : Kohlhammer, 1993
  (Urban-Taschenbücher ; Bd. 416)
  ISBN 3-17-010809-3
NE: GT

Umschlagbild: Volutenkapitell vom königlichen Palast in *Bêt-Hakkerem (Ra-mat Rahel)*, 7. /6. Jh. v. Chr. , und Textfragment einer Jeremia-Schriftrolle aus Qumran (4QJer[b]), 1. Jh. v. Chr.

Alle Rechte vorbehalten
© 1993 W. Kohlhammer GmbH
Stuttgart Berlin Köln
Verlagsort: Stuttgart
Umschlag: Studio 23
Gesamtherstellung:
W. Kohlhammer Druckerei GmbH + Co. Stuttgart
Printed in Germany

Ernst Jenni
gewidmet

Vorwort

Dieses Buch ist ein Versuch, das prophetische Werk Jeremias literargeschichtlich zu erschließen und theologisch zu verstehen. Es hat zugleich das Ziel, eine Begegnung mit einer der faszinierendsten Prophetengestalten zu ermöglichen oder zu erleichtern. Die ersten Vorarbeiten dazu liegen schon Jahre zurück. Was ich in Vorlesungen, Seminaren und Übungen, aber auch Forschungsbeiträgen darstellen wollte, ist hier zusammengefaßt. Dabei verdankt sich vieles, was hier gesagt ist, der überaus lebhaften Diskussion, die in den letzten Jahrzehnten über die Prophetie Jeremias aufgekommen ist. Der Anmerkungsteil sucht das zu dokumentieren. Da es sich weithin um Textarbeit handelt, ist zu raten, bei der Lektüre einen Jeremia-Text in Griffnähe zu halten, damit die gebotenen Auslegungen besser nachvollziehbar sind.

Mein Dank gilt allen, die mit Rat und Zuspruch zur Entstehung des Buches beigetragen haben. Er gilt in besonderer Weise Frau stud. theol. Ruth Stenger-Gerber, die mit Hingabe und Präzision das Manuskript erstellt hat, Frau stud. theol. Christine Hauri, die Kontrollen durchgeführt hat, und Herrn Wiss. Ass. Beat Huwyler, der mir bei den Korrekturen und der Herstellung der Register geholfen hat. Mein Dank gilt dem Verlag, von dem die Anregung zu dieser Studie ausging und der die Fertigstellung in bewährter Weise besorgt hat.

Ich widme das Buch meinem langjährigen Kollegen und Freund, Ernst Jenni, in Verehrung und in Dankbarkeit für die gemeinsame Zeit in Basel.

Basel, 4. September 1992   Klaus Seybold

Inhalt

Einleitung

Die Aufgabe, die Prophetie Jeremias in ihrer Eigenart darzustellen, nötigt zu einigen Vorüberlegungen. Die Jeremia-Forschung hat in den letzten Jahren einen ungeahnten Aufschwung genommen.[1] Als Höhepunkt ist vorläufig das Jahr 1986 zu bezeichnen, in dem nicht weniger als vier Kommentare erschienen sind oder zu erscheinen begonnen haben.[2] Dazu gibt es auf verschiedenen Gebieten – man denke nur an die sog. Konfessionen[3] – eine Fülle von Studien und Beiträgen, die den Prozeß der Erkenntnis in Gang halten. Sie zeigen zugleich an, daß die Zeit der Abfassung von Kommentaren keinesfalls eine Zeit abschließender Beurteilung ist. Gegenstand unserer Bemühung sind die Worte, die Jeremia aus Anatot selbst gesprochen und geschrieben hat und die nach Kap. 1,1 in die Überlieferung des Jeremia-Buches eingegangen sind. Und hier beginnen sogleich die Probleme, von denen wir drei vorwegnehmen, um sie kurz zu besprechen.

Das *erste* Problem ist das des »historischen Jeremia«. Es hat eine Analogie in dem Problem des »historischen Jesus«. Die Erfahrung mit der Diskussion dieses letzteren Problems seit den 50er Jahren macht vorsichtig und zurückhaltend. Die Grundfrage beider ist dieselbe. Reichen die Quellen aus, um annähernd ein Bild von den Menschen Jesus oder Jeremia zu gewinnen?

Die Frage wird sehr unterschiedlich beantwortet. Die ältere Forschung war eigentlich recht optimistisch, ja geradezu euphorisch. Dank der sog. Biographie des Baruch glaubte man, Jeremia besser zu kennen als alle Menschen, von denen das Alte Testament spricht. Und dies galt auch im Blick auf David, weil man, im Unterschied zu ihm, von Jeremia »Selbstzeugnisse« zu besitzen glaubte, die Einblick in seine »Persönlichkeit« zu gewähren schienen.

Er galt – wir zitieren, ein wenig zufällig, einige symptomatische Sätze von W. Caspari[4] – als »vollkommenste Individualität«, »mit der größten Seele«, »auf einsamster Geisteshöhe, turmhoch über dem ganzen Zeitalter«: »Jeremia ist der größte Mensch, den Israel hervorgebracht hat, und er gehört der ganzen Welt.« Das Pathos B. Duhms zittert hier nach, noch spürbar bis hinein in die Kommentare von P. Volz, W. Rudolph, A. Weiser. Und man hat sogar ein Bild von Jeremia. Nach Caspari war es ein Irrtum der Tradition, Jeremia zum Verfasser der Klagelieder (Threni) zu machen, aus der die »populäre Vorstellung vom Wesen Jeremias« stammt: »ein weinender Mann, unter Ruinen kauernd, eine düstere Trauerweide auf einem Grabe. Richtiger würde Jeremia gemalt, wie er dem Einsturz zusieht, in Geberden und Antlitz die heftigste innere Bewegung verratend und doch mit fester Haltung Flüchtende mit offenen Armen aufnehmend.« Geschrieben 1914.

Hier wäre Anlaß, der Darstellungen Jeremias in Kunst und Literatur zu gedenken. Doch ist dies ein Thema der weiteren Rezeptionsgeschichte, die außerhalb unserer Reichweite liegt. [5]

Das Pendel schlug nach der anderen Seite aus. Neuere Forschungen, meist in der Folge von R. P. Carroll[6], sind grundsätzlich viel skeptischer und vermögen in dem Jeremia des Jeremia-Buches vor allem nur das literarische Produkt der Redaktoren sehen, ein Prophetenbild, das geeignet war, alle Überlieferungen zusammenzuhalten. »The figure of Jeremiah may only be an editorial link between different elements in the tradition«. »This is no real person but a conglomerate of many things, reflecting the fortunes of various Jewish communities during and after the Babylonian period. The ›historical‹ Jeremiah may still be there hidden by or weighed down under the additions and interpretations of countless editors and transformed beyond recognition, so that we cannot now rediscover him with any assurance. «

Extrempositionen eignet erfahrungsgemäß eine tendenzielle Wahrheit, und auch ein mittlerer Weg, so wünschenswert er sein mag, muß erst gefunden werden. Wir versuchen in den Eingangsteilen (I und II) »facts and dates« zusammenzustellen, um dann uns gleichwohl ein Bild zu machen, ohne das kein Verstehen gelingt. Daß es nur eine vorläufige Skizze sein kann, bedarf keines weiteren Wortes.

Ein *zweites* Problem ist, die ipsissima verba des Propheten zu finden. Entgegen anderen Auffassungen halten wir daran fest, daß das eine historische Aufgabe ist, die gesehen oder gar gelöst werden muß, bevor man etwas über und zu Jeremia sagen kann. Die Schwierigkeiten liegen darin, daß die Worte zwar – wie wir annehmen – schriftlich konzipiert und mündlich rezitiert wurden, dann aber – z. T. zu Lebzeiten Jeremias

(Kap. 36; 29; 30f.), z. T. erst posthum – gesammelt, redigiert und ediert wurden, wobei die Rezeption der Reden und die Reminiszenz an seine Taten weiterhin eine Rolle spielten. D. h. : der Prozeß der Überlieferung ist komplex und folglich der Zugang zu den im Fluß befindlichen Worten kompliziert. Wir versuchen, den Weg über die Redaktionsphasen so weit wie möglich zurückzugehen. Als Leitfaden dienen dazu die von der Forschung, vor allem seit Duhm, erarbeiteten Kriterien der literarischen Analyse, die im Laufe der Zeit allerdings durch den Fortschritt der Erkenntnis – besonders durch Einsichten in die Probleme mündlicher und schriftlicher Überlieferung und der kommentierenden Redaktionsarbeit – erweitert worden sind. Ihre Anwendung vermag den überlieferten Text des Buches bis zu einem gewissen Grad verläßlich zu erschließen (II).

Natürlich kann man nicht immer ganz sicher sein, Jeremias Wort vor sich zu haben. Da nicht nur die erste Buchrolle (Kap. 36), sondern überhaupt keine Originale erhalten sind, die prophetischen »Deklamationen« ohnehin für immer verklungen sind, ist man auf Wiedergaben und Reproduktionen angewiesen, auch wenn eigene Aufzeichnungen Jeremias oder Baruchs, seines »Schreibers«, zugrunde liegen. Doch gibt es Indizien, die für relative Authentizität sprechen. Wir nennen vorweg die poetische Prägung und rhythmische Gestaltung, die sich oftmals erstaunlich deutlich erhalten hat; Prosazeugnisse bedürfen genauer Prüfung, aber im großen ganzen sind wir geneigt, dem Vorschlag vieler Ausleger zu folgen und sie eher für Wiedergaben, Nachschriften, Kommentierungen, Lesepredigten zu halten, welche dem Jeremia-Wort sekundär zugewachsen sind. Wir verweisen weiter auf das Indiz der Unerfindlichkeit, wie es für die Klagen und Klagebescheide im Kernbereich der sog. Konfessionen gilt. Die als Gottesworte überlieferten Antworten auf die mutmaßlich eigenen Gebetsklagen klingen wohl nicht nur in unseren Ohren so einmalig und persönlich, daß man vernünftigerweise an ihrer Echtheit nicht zweifelt. Im übrigen scheint mir Baruch, der Schreiber und Anwalt, dessen Anteil an der Bewahrung und Überlieferung groß gewesen sein muß, Garant und Zeuge dafür zu sein, daß die ihm anvertrauten und zugänglichen Jeremia-Worte aus dem Nachlaß erhalten geblieben und in das wachsende Archiv der jeremianischen Prophetie eingegangen sind, woraus dann das Großbuch entstand. Was als Textbasis bei der Analyse übrigbleibt, mag wenig erscheinen. Es ist aber bei

Jeremia mehr, als was von seinen Vorläufern Habakuk und Zephanja, wohl auch Hosea, überliefert ist, allerdings weniger als von seinem jüngeren Zeitgenossen Hesekiel. Wir hoffen, daß es seine eigenen Worte sind.

Die ältere Prophetenforschung sprach – ein *drittes* Problem –, wenn sie die Äußerungen der Propheten zusammenfassend bezeichnen wollte, gemeinhin von prophetischer »Verkündigung«. Der Begriff hat sein Recht, vor allem da er von den Sachverhalten, auf die er sich bezieht, geprägt und gefüllt wird. Auch hat er den Vorteil, die primär mündliche Wirkungsweise der klassischen Prophetie mindestens eines Amos und Hosea – anders ist es schon bei Jesaja – zum Ausdruck zu bringen. Doch ganz problemlos ist er nicht, weil er eine Art öffentliche Predigttätigkeit suggeriert, an der die Propheten je nach ihrer Art und Zeit teilgenommen hätten, und also jenes traditionelle Prophetenbild portiert, welches die Propheten als Ausleger und Prediger der Tora sah – ein Bild, das bekanntlich sich sehr früh schon abzuzeichnen begann.[7] Die Frage ist, ob man nicht sehr viel mehr differenzieren sollte.

Jeremia war nicht nur der provokative Redner und Kritiker auf dem Tempelplatz und – falls die Prosareden auf ihn selbst zurückzuführen sind, was wir mindestens in der Form der direkten Wiedergabe für unwahrscheinlich halten – der Mahner an Gesetz und Bund etc. Seine überlieferten Worte zeigen zumindest weitgehend ein anderes Gepräge: sie sind poetisch gestaltet, nach Zeilen strukturiert nach den Gesetzen des Parallelismus, klanglich komponiert und rhythmisch gegliedert. Kurz: die Prophetie Jeremias besteht zum größten Teil aus Sprüchen, Gedichten, Dichtungen größeren und kleineren Umfangs – zu verweisen ist nur auf Kap. 30-31; 2-6, die Völkergedichte Kap. 46ff., Tagebuchnotizen in Kap. 11-20*[8], Briefe Kap. 29; 51 etc.

Nun ist Prophetie mit der Poesie von Anfang an verbunden. Ein Grund dafür war, daß die göttliche Rede, die zu vermitteln war, die höchsten und besten Ausdrucksmöglichkeiten suchte, um adäquat zu sein. Ein anderer, daß auf solche Weise öffentliche Rede sich besser einprägen und dadurch verbreiten konnte. Mündlichkeit war das Medium öffentlicher Wirksamkeit, das dann im 7./6. Jh. erst zögernd von der schriftlichen Aufzeichnung ergänzt und dann im weiteren Verlauf zurückgedrängt wurde. Jer 36 zeigt den Übergang auf paradigmatische Weise.

Man schrieb nur, wenn die mündliche Rede nicht möglich war (Tempelverbot). So entstand die Urrolle der Worte Jeremias. So entstanden die Briefe an die Gola in Kap. 29 (51). So entstanden vor allem die Teilsammlungen der Jeremia-Worte aus der Hinterlassenschaft. Denn es ist davon auszugehen, daß Jeremia auch seine anderen in der Urrolle noch nicht oder nicht mehr enthaltenen Worte schriftlich aufgezeichnet hat und nach schriftlichen Notizen vorgetragen hat oder daß sie jemand im Wortlaut nachgeschrieben hat. Anders ist die Entstehung der Sammlungen nicht vorstellbar. Dann aber ist es naheliegend, trotz dieses zeit- und situationsbedingten Übergangs von der mündlichen zur schriftlichen Prophetie mit Einschränkung von einem »Werk« zu sprechen und damit auf die besondere Art der jeremianischen »Verkündigung« hinzuweisen. Jeremias Wirken brachte ein Werk, ein literarisches Werk, hervor, das in den Zeiten der beginnenden Buchkultur im 5./4. Jh. zu einem Buch wurde. Es ist unser Anliegen, vor allem das literarische Werk in seiner Entstehung, in seiner Wirkung und in seiner Bedeutung in den Vordergrund zu stellen (III).

Niemand sage, das sei eine unzulässige Verkürzung und reduziere das Theologische zugunsten des Literarischen. In der Prophetie ist das Theologische literarisch und umgekehrt, und man wird Propheten nicht verstehen, wenn man sie nicht auch als Literaten und Dichter sieht. Freilich, ihre Dichtungen sind gebunden, dominiert von den Wirklichkeitserfahrungen, die über sie gekommen sind. Doch, von welchen Dichtungen gilt das nicht? Man hat Jeremia oft einen Lyriker genannt,[9] und P. Volz hat ihm in seinem Kommentar von 1922 als »Redner, Dichter und Schriftsteller« ein schönes Denkmal gesetzt.[10] Das verlangt aber auch, daß man Jeremias Lyrik als solcher gerecht zu werden versucht und die Frage bedenkt, wie man die lyrische Aussage in eine theologische umsetzen kann.[11] Das haben seine Schüler aus dtr Kreisen schon begonnen, und es muß als bleibende Aufgabe der Interpretation weitergeführt werden. »Viele hat der heutige Zustand des jeremianischen Buches gehindert, die Kunst Jeremias zu sehen; doch leuchtet ihre Schönheit selbst aus der jetzigen unvollkommenen Gestalt heraus, und es ist Pflicht eines jeden, der über Jeremia schreibt, gerade das dichterisch Schöne an diesem Propheten zu betonen und klar zu machen« (P. Volz).[12]

Teil I

DIE ÜBERLIEFERUNG

Mit bewegenden Worten schrieb N. Avigad, der jüngst verstorbene große Archäologe an der Hebräischen Universität Jerusalem und Ausgräber des Jüdischen Viertels der Jerusalemer Altstadt, von den Gefühlen, die ihn überkommen haben, als er zum ersten Mal sog. Bullen, das sind Abdrucke von Siegeln, in der Hand hielt, die biblischen Menschen angehört hatten. »Man hat das Gefühl eines persönlichen Kontakts mit Personen, die in den dramatischen Ereignissen eine wichtige Rolle spielen, in welche die Riesengestalt Jeremias und sein getreuer Anhänger Baruch verwickelt waren, in der höchst kritischen Zeit, die dem Fall Judas vorausging. « Es handelt sich dabei um drei Menschen aus der Nähe Jeremias. Ein Siegel gehörte dem »Berechjahu, Sohn Nerijahus, dem Schreiber« *(Abb. 1)*.[1] Es ist wohl kein anderer als Baruch, der hier mit der längeren, wohl amtlichen Schreibweise seines Namens bezeugt ist. Ein zweites gehörte »Jerachmeel, dem ›Sohn des Königs‹«, nicht, wie man meinen könnte, einem Prinzen, vielmehr einem Hof- und Polizeibeamten – das besagt der Titel[2] –, und zwar ausgerechnet dem, den der König Jojakim nach der denkwürdigen Verlesung und Verbrennung der Schriftrolle Jeremias im Jahre 604 beauftragte, Baruch und den Propheten zu verhaften (36,26). Das dritte Siegel gehörte nach der Inschrift »Serajahu, Sohn Nerijahus« – wahrscheinlich dem in 51,59 erwähnten Bruder Baruchs, den Jeremia mit einer Botschaft für Babel betraute, als er im Auftrag des Königs Zedekia in die Welthauptstadt reiste (51,59-64).

Lange Gewöhnung im Umgang mit biblischen Schriften hat dazu geführt, daß sich ähnliche Gefühle nicht mehr so leicht einstellen, obwohl auch in diesen Schriften persönliche Zeugnisse biblischer Menschen vorliegen. Aber hier ist ein Unterschied. Persönliche Gegenstände aus dem Besitz anderer Menschen – wie z. B. jene Siegel und Bullen – suggerieren persönlichen Kontakt. Man berührt, was Baruch berührte, und ist unmittelbar dabei – scheinbar, denn auch diese Begegnung ist vermittelt durch den Fund und kann weitervermittelt werden durch den Besuch im Museum. Anders ist es bei den Schriften. Sie vermitteln auf andere Weise. Das

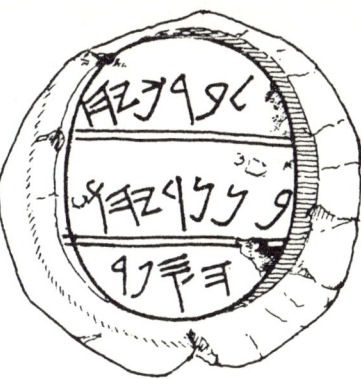

Abdruck eines Siegels mit der Inschrift
   lbrkjhw   (zugehörig) Berekjahu
   bn nrjhw   Sohn Nerijahus
   hspr   dem Schreiber
gefunden an einem unbekannten Ort in Juda, heute im Israel Museum in
Jerusalem. Erstveröffentlichung durch N. Avigad, Baruch the Scribe and
Jerahmeel the King's Son, BA 42/2 (1979) 114-118; Ders. , Hebrew Bullae from the Time of Jeremiah. Remnants of a Burnt Archive, Jerusalem
1986, dort Nr. 9, 28f. (Foto, Buchumschlag, Nr. 4). (Abb. nach Nr. 9,
28).

Medium ist ein anderes. Das Problem der Überlieferung kommt in Sicht.

Handschriftliches aus der Rohrfeder Jeremias, Baruchs oder Serajas ist nicht erhalten. Es gibt die Originale biblischer Schriften nicht mehr – oder sie sind noch nicht wieder gefunden. Es gibt nur noch Abschriften von Abschriften von Abschriften ... Dies ist das Problem biblischer Textkritik. Denn Abschriften sind keine Kopien, sondern Wiedergaben, gefertigt für besondere Zwecke, von Hand, mit allen Fehlermöglichkeiten und Änderungen, die eine solche Übertragung mit sich bringt. Wenn auf dem langen Weg der Übermittlung dazu noch Änderungen beim Schreibmaterial (Wachstafel, Kalkplättchen, Leder, Pergament, Papyrus), vor allem aber des Schrifttypus (von der althebräischen zur aramäischen Schrift, zu der von den Masoreten benutzten Quadratschrift) oder gar der Sprache (bei Übersetzungen) einzurechnen sind, kann man sich vorstellen, auf welche Weise die Worte oder die Schriften des Propheten einem Prozeß der Veränderung unterlagen und sich im Laufe der Überlieferung verwandelt haben. Das Buch Jeremia stammt nicht aus der Hand des Propheten, ist vielmehr das Ergebnis einer sehr langen Überlieferungsgeschichte.

So ist der direkte Zugang verwehrt, der persönliche Kontakt jedenfalls erschwert. Der Leser des Jeremia-Buches, wie überhaupt antiker Schriften, wird im Bewußtsein ständig die Frage behalten müssen – sofern er den persönlichen Kontakt sucht –, inwiefern das, was er da in Jer 1 oder 36 oder sonstwo liest, von dem Propheten stammt, nur mit ihm zu tun hat oder gar den Wortlaut seiner Rede wiedergibt. Das Medium der Sprache, der Schrift, des Textes leistet dabei – wie man weiß – Erstaunliches, geradezu Wunderbares (es ist ja bei den Siegeln ebenso im Spiel!), so daß es durchaus sein kann, daß dadurch ein persönlicher Kontakt, allen Schwierigkeiten und Verlusten zum Trotz, vermittelt wird.

1. Das Buch und seine Fassungen

Bis vor wenigen Jahrzehnten stellte sich das Textproblem des Jeremia-Buches so dar: Es gibt zwei Fassungen, eine hebräische und eine griechische, beide bezeugt durch die großen Handschriften, auf denen die ganze Textüberlieferung ruht. Die griechische Fassung – man leitet sie von der Übersetzung der sog. Septuaginta her, die um 200 v. Chr. im ägyptischen Alexandria entstanden ist, – ist, für eine Übersetzung ins Griechische befremdlich, um etwa ⅛ kürzer als die hebräische Fassung – Experten sprechen von 2700 Wörtern –; sie stellt die Völkersprüche der Kap. 46-51 zu Kap. 25, dem passenden Ort am Ende des Spruchsammlungteils (Kap. 1-25) und vor den Erzählungsteil (Kap. 26-45), allerdings in eigenwilliger Reihenfolge; sie stammt offenbar aus der Hand zweier Übersetzer, denn die Teile griechisch 1-28 und griechisch 29-51 unterscheiden sich deutlich im Stil. Die hebräische Fassung andererseits, erhalten vor allem in der sog. masoretischen Form mit Vokalpunktation und Akzentsetzung der mittelalterlichen Handschriften des Aleppo-Kodex und des Leningrad-Kodex, bietet Textüberschuß und Sondergut, so z. B. den Traktat über Davidbund und Levibund in 33,14-26, und eben jene alternative Anordnung der Völkerorakel am Ende des Buches. Es wurde viel Arbeit geleistet, die Frage der Beziehung der beiden Fassungen zu beantworten, wobei man im allgemeinen geneigt war, der hebräischen Fassung natürlicherweise die Priorität zuzuerkennen. Die überraschenden Textfunde am Toten Meer indes warfen plötzlich neues Licht auf die Situation.

In der 4. Höhle von Qumran, jener Höhle, die nur wenige Meter vom Hauptgebäude entfernt ist – sie liegt fast auf gleicher Höhe am Absturz ins Wadi Qumran (besonders photogen im Unterschied zu den meisten Höhlen mit Schriftrollen, die oben im judäischen Gebirge liegen) – fanden sich Textfragmente von nahezu allen Büchern der hebräischen Bibel, Reste einer großen kanonischen Bibliothek, die im jüdischrömischen Krieg offenbar aus dem Zentralgebäude der Gemeinschaft der Essener ausgelagert und dann über die Jahrhunderte vergessen wurde. Bisher kamen – noch lange nicht alle Textfunde sind ediert – vom Jeremia-Buch Fragemente zweier Exemplare ans Licht, welche die Sigla 4 QJer[a] und 4 QJer[b] erhielten. Dabei zeigte sich, daß die 12 Fragmente von 4 QJer[a] – nach der Schriftart anzusetzen etwa um 200 v. Chr. – dem oben genannten masoretischen Text folgen, daß aber von den 3 Fragmenten von 4 QJer[b] aus der Zeit um 50 v. Chr. die zwei größeren die griechische Textfassung vertreten. [3]

Nun war erwiesen, daß die kürzere griechische Fassung nicht Ergebnis straffender Übersetzungsarbeit ist, vielmehr auch in der hebräischen Tradition eine eigenständige Textform darstellt. Neuere Forschungen haben zudem Grund für die Annahme gegeben, daß diese im Griechischen und nach 4 QJer[b] bezeugte Ausgabe die ältere ist, insofern, als die, vor allem in den Prosateilen des Buches überlappenden hebräischen Überschüsse des masoretischen Typs und 4 QJer[a] durchwegs einen oft pedantisch wirkenden, erklärenden, ergänzenden, glossierenden Charakter haben, z. B. Namen und Titel, Zitate u. a. bis zur Ermüdung wiederholen – Zeichen für spätere Bearbeitung des Buches.[4]

Unsere Bibelausgaben, auch die hebräischen, repräsentieren also – grob gesagt – eine zweite, jedenfalls sekundäre Auflage des Jeremia-Buches. Die erste hebräische Auflage ist nicht mehr als ganze erhalten und kann nur teilweise rekonstruiert werden. Die Fragmente von 4 QJer[b] sind minim; die griechische Fassung zurückzuübersetzen, ist nicht ohne Risiken, zumal ja auch innergriechisch die Überlieferung keineswegs einheitlich ist. Wann die zweite Auflage entstanden ist und aus welchen Interessen, entzieht sich weitgehend unserer Kenntnis. Man vermutet, daß die Bearbeitung etwa in der Zeit stattgefunden hat, als das chronistische Werk (1./2. Chr, Esr, Neh) und auch Sach 9-14 entstanden sind, das würde heißen etwa im 4./3. Jh. v. Chr. In Ägypten aber blieb als Vorlage für die griechische Übersetzung die alte Auflage erhalten – und ein Exemplar zumindest auch in der Wüstenbibliothek von Qumran.[5]

2. Aufbau und Schichtung

Das Jeremia-Buch – wir gehen von der hebräischen Fassung und bearbeiteten zweiten Auflage aus – ist nicht ohne Ordnung, ist vielmehr recht übersichtlich in Blöcke gegliedert. Große Textkomplexe stehen, nach Überschrift, Inhalt und Stil unterschieden, doch nicht beziehungslos nebeneinander. Der erste Komplex umfaßt die Kap. 1-25. Er enthält aufs Ganze gesehen Worte, Sprüche und Reden des Propheten. Er wird durch eine Titelangabe in 1,1-3 eingeleitet und durch eine ähnliche Angabe in 25,1-13 abgeschlossen, die dann möglicherweise eine weitere Einleitungsfunktion hatte. Daneben steht der Großkomplex der erzählenden Texte in Kap. 26-45, der – ohne die selbständige Schrift von Kap. 30-31 – durch eine Art Kolophon, d. i. eine Unterschrift und Verfassernotiz in Kap. 45 von den Editoren dem Freund und Sekretär Jeremias, Baruch, zugeschrieben wird. Darauf folgt in der hebräischen Fassung der Komplex der sog. Völkersprüche in Kap. 46-51, eine Sammlung an verschiedene Völker gerichteter prophetischer Texte. Ein Anhang oder Nachwort der Herausgeber in Kap. 52 skizziert nach 2. Kön 24, 25 und Jer 39 zusammenfassend die politische Entwicklung und stellt Jeremia und das Jeremia-Buch damit an seinen Ort in der Geschichte.

An dieser Blockbildung läßt sich erkennen, welches Konzept dem Buch zugrunde liegt. Der Prophet und seine Worte, die ipsissima verba Jeremias, bilden einen inneren Bezirk, dem mit den Erzählungen ein Umfeld, ein Kon-Text, gegeben wird, der ihn umrahmt, d. h. durch Bestätigung, Beschreibung, Erläuterung einen Ort gibt und zur lebendigen Geschichte macht. Sie sollen erzählen, was der Prophet wie und wo und unter welchen Umständen gesagt hat, und versuchen – wo möglich –, die Worte zu situieren. Beispiel dafür ist etwa die sog. Tempelrede aus dem Schicksalsjahr 609, welcher eine Schlüsselrolle zukommt. Sie ist – jedenfalls nach der Vorstellung der Editoren – in Kap. 7 im Wortlaut wiedergegeben, während Kap. 26 die dramatischen Ereignisse schildert, welche diese Rede ausgelöst hat. Doch nicht immer sind die Bezüge so deutlich zu fassen wie bei der Tempelrede. Man denke nur an das Problem der sog. Urrollen, von denen Kap. 36 berichtet und deren Inhalt in Kap. 1-6 (10?) gesucht werden muß. Auch gibt es weitere Felder, die ohne Beziehung bleiben, die Kapitel der sog. Konfessionen, etwa Kap. 11-20, die z. T. eine eigene Biographie bieten (vgl. Kap. 11; 18 u. a.), auf der einen Seite, die vielen Reden, Äußerungen, vor allem bei Zeichenhandlungen und vorwiegend aus den letzten Tagen des Propheten (Kap. 32; 37-44 z. B.) auf der anderen Seite. Das Trostbüchlein für Ephraim Kap. 30-31 und die Völkersprüche werden von den Herausgebern interessanterweise von vorneherein aus diesem Korrespondenzverhältnis Wort und Geschichte herausgenommen.

Man kann an der Blockbildung und gerade an dem schließlich ans Ende versetzten (auch in der alten Auflage nach Kap. 25) Völkertextblock erkennen, daß das Konzept der Herausgeber darauf hinauslief, den so dokumentierten Jeremiaworten noch einen weiteren, universalen Rahmen zu geben. Die Völkerwelt ist das Wirkungsfeld dieses Propheten, den die Tradition den »Völkerpropheten« nennt (Kap. 1). Prophetisches Wort ist persönliches Wort, konkret und aktuell, aber es macht Geschichte, Weltgeschichte, bewegt Völker und Staaten, auch die Weltmacht Babel. Aus diesem

Grund hat die Redaktion den Bericht von Serajas Botenauftrag ganz ans Ende gestellt – wohl sogar noch hinter die
Schlußnotiz: »So weit die Worte Jeremias« (51,64 gehört zu
58). Als dieser im diplomatischen Dienst stehende Beamte mit
König Zedekia in Babel weilte, sollte er folgendes tun: ». . . er-
sieh (dir eine Gelegenheit) und verlies alle diese Worte und
sprich: ›JHWH, du hast diesem Ort angedroht, ihn zu vernichten, daß kein Bewohner darin bleiben solle, weder
Mensch noch Tier; du wirst ewig wüst und öde sein‹. Wenn
du dann dieses Schriftstück fertig verlesen hast, so binde einen
Stein daran und wirf es mitten in den Euphrat und sprich: ›So
wird Babel versinken und nicht wieder emporkommen ob des
Unglücks, mit dem ich es heimsuchen werde.« Die Botschaft,
in den 90er Jahren noch Zukunftsmusik, sollte den Euphrat
hinabschwimmen in den persischen Golf oder vor Babel auf
den Grund sinken und dort als explosive Drohung liegenblei-
ben. Jeremias Wirken – so der Gedanke – hat eine weltweite
Dimension und eine langfristige Perspektive. Das wollten die
Herausgeber auch dadurch zeigen, daß sie den Völkerblock
gesondert ans Ende stellten. Dies ist nach ihrer Meinung der
äußere Rahmen für die Tätigkeit dieses Propheten. Die historische Dokumentation von Kap. 52 am Buchschluß unterstreicht diese Sicht ein weiteres Mal.

An der Blockbildung ist aber auch zu erkennen, daß die
Redaktoren und Editoren des Jeremia-Buchs auf bereits vorge-
gebene und vorgeformte Teile und Komplexe zurückgreifen
konnten, die sie im großen ganzen wohl behutsam behandelt
und weitergegeben haben.

Die moderne Quellen-Analyse des Jeremia-Buches geht auf
zwei Forscher zurück, deren Erkenntnisse bis heute von
Bedeutung sind: B. Duhm in Basel und S. Mowinckel in Oslo.

1901 schrieb Duhm einen Jeremia-Kommentar. [6] In ihm
legte er dar, daß dieses Buch aus drei Quellen besteht: aus
Jeremias Gedichten, aus Baruchs Berichten und aus späterem
prophetischen Material. Er sezierte die Gedichte vor allem aus
Kap. 1-25 heraus. Es waren nach seinem Urteil etwa 60 an
der Zahl, meist Vierzeiler und in dem gleichen Rhythmus
(metrisch 3 + 2) gehalten. Beispiel ein Gedicht aus 9,9:

>»Die Totenklage muß ich
>Den Bergen singen,
>Den Grabgesang den Auen
>Der Trift anstimmen.

Kein Wanderer geht durch die Öde,
Kein Laut wird hörbar;
Das Wild verschwand, fortgeflogen
Die Vögel des Himmels. «[7]

Die Prosa, die er vor allem in Kap. 26-29. 32-45 fand, die »Biographie«, schrieb er Baruch zu. Alles Übrige stammte für ihn aus schriftgelehrter Ergänzungsarbeit, die bis ins 2. Jh. v. Chr. hinein anhielt und die so wachsende Sammlung je länger je mehr »zu einer Art Volksbibel« werden ließ, d. h. »ein religiöses Lehr- und Erbauungsbuch, das dem Laien zu einem besseren Verständnis seiner Religion und Geschichte verhelfen sollte«. Er denkt dabei an das Propheten-Buch überhaupt, den Koran. Allerdings nur etwa 280 Verse stammen nach Duhm von Jeremia selbst, 220 von Baruch und 850 aus der späteren, nachjeremianischen Überlieferung.

Das klassisch gewordene Erklärungsmodell des Buches Jeremia stammt von S. Mowinckel.[8] Mowinckel nahm seinerseits vier Hauptquellen an. A ist die Sammlung des poetisch geformten Spruchguts. Es liegt in Kap. 1-25 vor. B bezeichnet das Werk eines Biographen. Es umfaßt Kap. 19; 20; 26-29; 36-44. Es stammt nicht von Baruch, sondern von einem unbekannten Zeitgenossen. A und B wurden vereinigt und zusammen zwischen 580 und 480 herausgegeben. C enthält für Mowinckel eine Reihe von prophetischen Reden mit einem starken Einschlag deuteronomischer (= dt) und deuteronomistischer (= dtr) Prosa. Ihnen eignet eine gewisse Monotonie in Drohung und Anklage, Aufruf zur Umkehr und Ankündigung von Gericht. Dazu gehören die Prosareden in Kap. 7; 11; 18; 21; 25; 32; 34; 35; 44 – also quer durch A und B. Diese Quelle wird von Mowinckel in das 4. Jh. v. Chr. datiert. Mit D bezeichnet er die Heilsweissagungen. Diese und alles Übrige ist zumeist nicht authentisch, sondern spät und wurde in das entstehende Buch eingearbeitet.

In der Folgezeit wurden die Quellen – Mowinckel sprach später lieber von Traditionskomplexen – im einzelnen untersucht und ihr Verhältnis zueinander diskutiert. Diese Diskussion hält noch an, wobei den sog. Prosareden besondere Aufmerksamkeit zuteil wird.[9] Mir scheint es immer noch nützlich zu sein, von der bewährten Arbeitshypothese auszugehen und mit dem Vierschichtenmodell zu arbeiten, das ich wie folgt beschreiben will.

Schicht A entspricht Duhms und Mowinckels Sammlung prophetischer Sprüche, jedoch ohne Duhms schematisches

Korsett und unter Einbezug auch der Dichtungen aus Kap. 30f. und der Völkersammlung Kap. 46ff. Auszugehen ist von kleineren poetischen Sprucheinheiten, die zu Ketten oder Strophen gereiht sein können. Erfahrungsgemäß hilft die Beachtung des recht zuverlässig gesetzten Rahmenwerks aus Einleitungs- und Schlußformeln sowie der kommentierenden bzw. paraphrasierenden prosaischen Zwischentexte bei der Analyse der Einzellogien. Es gibt offenbar tatsächlich so etwas wie die »jeremianische Metrik« (Duhm), vielmehr »Poesie«, vielmehr »Lyrik«. Sie liegt in Sammlungen Kap. 2-3; 4-6; 21-22; 23; 30-31; 46-49 vor.

Als Beispiel diene der Text 8,18-23. Er lautet in Über-setzung:

18 Auf mir ist Kummer, mein Herz ist krank.
19 *Da,* horch! *wie* schreit *um Hilfe* die Tochter meines Volks,
    aus dem Land der Ferne!
    »Ist denn JHWH nicht auf Zion,
    ist sein König nicht mehr dort?« –
    » Warum haben sie mich erzürnt mit ihren Bildern, mit fremden Götzen?«
20 »Vorbei die Ernte, die Lese fertig –
    doch uns ist nicht Rettung geworden!«
21 *Gebrochen liegt die Tochter meines Volks, darob bin auch ich gebrochen, traure, und Entsetzen hat mich ergriffen.*
22 »Ist denn kein Balsam mehr in Gilead,
    ist kein Arzt mehr dort?«
    Warum will nicht heilen die Wunde der Tochter meines Volks?
23 *O daß* mein Haupt *mir* zerflöße,
    mein Auge *mir* würde zum *Tränen*quell!
    Weinen wollte ich Tag und Nacht um die Erschlagenen der Tochter meines Volks.

Ein sechszeiliges Gedicht – ursprünglich nur die nicht kur-siv gesetzten Partien umfassend (V. 18. 19a. 20. 22a. 23a.). Diese sind an der szenischen Bildthematik, an der lautlichen Gestaltung und rhythmischen Ziselierung erkennbar, die selbst noch die masoretische Fixierung durchdringt und sich stilistisch von der kommentierenden theologischen Prosa der Zwischenpartien deutlich absetzt. Ein klagender Rahmenteil V. 18 und 23a umschließt wohl im 2+2-Metrum vier 3+2-Zeilen, die drei Äußerungen der kranken Tochter »meines Volks« oder der Mutter (?) wiedergeben: eine religiöse Frage (V. 19aβ), eine resignierte Feststellung (V. 20) und einen verzweifelten Ruf nach ärztlicher Hilfe (V. 22a). Die Seufzer der Mutter und Ahnfrau Jerusalem, die der Tochter nicht mehr helfen kann, bilden den Begleitakkord (V. 18. 23a): der Tod und das Mädchen und die Mutter. – Das Gedicht wurde an 8,17 unglücklich angehängt; 9,1 ist deutlich abgetrennt. Ihm widerfuhr die für Jeremia-Texte typische Überarbeitung, zuerst leichte Füllungen in V. 18f.: *Da, horch', schreit um Hilfe*, in V. 23: *O daß mir, Tränen*quell. Die feinen jeremianischen Linien werden nachgezogen und vergröbert. Gravierender verändern die eingeschobenen Zwischentexte das Bild. V. 19b, ein Prosasatz aus konventioneller, der dtr Theologie nahestehender Begrifflichkeit, gibt auf die Frage des kranken Mädchens eine göttliche Antwort: Nein, ich bin nicht mehr da, gegangen aus Ärger wegen der Schnitzbilder und fremden Götzen, die dort jetzt sind! Theologisch beachtlich, poetisch bedenklich, weil der Klartext die Metaphorik sprengt. V. 21 führt Jeremias Ich in den Text ein. Zwar erkennt V. 21 zu Recht, daß es sich um einen Bruch *(šbr)* und Schaden handelt; doch spricht er – anders als V. 19a – vom Schaden des Volkes, zu dem Jeremia gehört, weshalb er mit-leidet und im Bußgewand mittrauert: im Text ein Seitengedanke sub voce: Volk und Prophet. Wollte er sich so einbringen? V. 22b legt aus, indem er der Mutter (oder dem Propheten) den richtigen Satz in den Mund legt, daß es sich um eine unheilbare Wunde handelt – wieder ein Prosasatz ohne Parallelismus und ohne Rücksichtnahme auf das in V. 22a schon Gesagte. V. 23b tritt zuletzt wiederum prosaisch aus dem Bildrahmen, deutet V. 23a als Klage des Propheten und bezieht sie – gegenüber V. 23a übertreibend – auf die Tag und Nacht anhaltende Totenklage um die Gefallenen. Er sagt, es sei Krieg um Jerusalem. Das Gedicht sprach vom unheilbaren Zustand des Mädchens. Ist es dasselbe?

Die Frage ist, ob Jeremia selbst diese Überarbeitungen vornahm. Angesichts der Beeinträchtigungen, die sie ausgelöst haben, ist dies für unwahrscheinlich zu halten.

Schicht B entspricht den erzählenden, biographischen Partien vor allem im Block Kap. 26-45, ohne daß über die Verfasserschaft des Ganzen oder von Teilen durch Baruch entschieden werden muß, obwohl sie wahrscheinlich ist. Es handelt sich um erzählende Prosa im Stil der Umgangssprache jener Zeit, möglicherweise aus Aufzeichnungen oder Berichten des Propheten selbst zusammengestellt. Viele Unebenheiten hinterlassen den Eindruck der Unabgeschlossenheit und Unvollständigkeit. Die unruhigen Zeitverhältnisse erklären solche literarischen Mängel.

Als Beispiel wählen wir Jer 43,1-7.

1 Als nun Jeremia *dem ganzen Volke alle Worte JHWHs* [ihres Gottes]
mitgeteilt hatte, alle jene Worte, mit denen ihn JHWH [ihr Gott] *zu*
2 *ihnen gesandt,* da sprachen Asarja, der Sohn Hosajas, und Johanan,
der Sohn Kareahs, und die [frechen] Männer zu Jeremia: Lüge [was du
da sagst]! *JHWH, unser Gott, hat dich nicht gesandt,* zu sagen: »Geht
3 nicht nach Ägypten, um dort in der Fremde zu wohnen!« sondern Baruch, der Sohn Nerias, reizt dich gegen uns auf, um uns in die Hand
der Chaldäer zu geben, daß sie uns töten oder nach Babel in die Ver-
4 bannung führen. *So hörten denn Johanan, der Sohn Kareahs, und alle*
Heeresobersten und das ganze Volk nicht auf den Befehl JHWHs, im
5 *Lande Juda zu bleiben, sondern* Johanan, der Sohn Kareahs, und alle
Heeresobersten nahmen den ganzen Rest von Juda, alle, die [aus allen
Völkern] *unter die sie sich zerstreut hatten,* heimgekehrt waren, um im
6 Lande [Juda] zu wohnen: Männer, Frauen und Kinder, und die Prinzessinnen, kurz, alle Seelen, die Nebusaradan, der Oberste der Leibwache, bei Gedalja, dem Sohne Ahikams, des Sohnes Saphans, gelassen
hatte, auch den Propheten Jeremia und Baruch, den Sohn Nerias, und
7 sie *zogen nach dem Lande Ägypten; denn sie waren dem Befehl des*
Herrn nicht gehorsam und kamen bis Tachpanhes.

Eingeklammert sind die Teile, die im hebräischen Text, aber nicht im griechischen bezeugt sind: meist erläuternde Zusätze.[10] Kursiv gesetzt sind die Passagen, welche den dtr Predigtstil und vor allem theologische Wertungen vertreten. Kennwörter: ›Wort JHWHs‹, ›hören‹, ›senden‹, ›ganzes Volk‹ etc.[11] Was übrigbleibt, sind berichtende Unterlagen, wohl die Aufzeichnungen aus Baruchs Hand, mehr Notizen von Fakten, Namen, Daten, denn biographische Darstellung.

Schicht C, nach Mowinckel u. a. als dt/dtr charakterisiert, ist wohl keine selbständige literarische Quellenschrift (etwa Predigtnachschriften von Hörern), sondern mehr eine Bearbeitungsschicht, d. h. eine Schicht, die den vereinigten Komplexen A und B (Kap. 1-25. 26-45. 46-51) in einem Bearbeitungsgang zugewachsen ist. Im großen ganzen sind es: erklärende Zusätze dtr Herkunft, Prosareden über Jeremia-Logien oder -Themen im Stil dtr Predigt (analog zur Predigt über gesetzliche Texte im Dt) mit oder ohne Bezug auf echte Jeremia-Reden – die Art der Wiedergabe ist umstritten. Dazu kommen selbständige theologische Einzeltraktate zu Glaubensthemen. Diskutabel ist die Annahme, hinter dieser Weiterungsschicht stünden exilische Bearbeiter, die im Predigtstil ihrer Zeit jeremianischen Texte aktualisieren und applizieren wollen. [12] Als Textbeispiel nehmen wir die Erzählung von einer Zeichenhandlung in Kap. 13, 1-11.

Jeremia hat sich einen Hüftschurz zu verschaffen, ihn anzuziehen und dann in einer Felsenspalte an einem nahegelegenen Ort abzulegen. Er wird bei Anatot zu suchen sein. [13] Der Name wird mit *Para(t)* angegeben. Das linnene Stück verdirbt. Als er es wieder holt, ist es zu nichts mehr nütze. Die Zeichenhandlung imitiert Gottes Umgang mit seinem intimen Eigentum, seinem Volk, und spricht insofern für sich selbst.

Im Anschluß an diesen Bericht, der doch wohl auf Jeremia selbst zurückzuführen ist (13,1-7), folgen kommentierende Texte (13,8-11), die sich mit dem Ereignis auf ihre Weise befassen. Diese beigefügte Auslegung (V. 8-11) greift nun einzelne Aspekte auf und deutet sie aus. V. 8, eine Überschrift (vgl. 11,1; 14,1), leitet den Komplex ein. Dann folgt eine erste Auslegung in V. 9. Ein prophetisches Botenwort gibt eine Erklärung in Prosa. Sie deutet den Hüftschurz auf »die Pracht und den Glanz Judas und Jerusalems«, denkt dabei wahrscheinlich an ein prächtiges Gürteltuch, nicht an einen einfachen Arbeitsschurz. JHWH kündigt damit an, daß er diesen »verderben« werde. Die Begründung dafür folgt umständlich in typisch dtr Predigtstil: »Dieses böse Volk, das sich weigert, auf meine Worte zu hören, das da wandelt in der Verstocktheit seines Herzens und fremden Göttern nachläuft, ihnen zu dienen und sie anzubeten – es soll werden wie dieser Gürtel, der zu nichts nütze ist« (V. 10). Ist dies Jeremias Kommentar? Trat er zuweilen als Prediger seiner Aktionen auf? Daß er das selbst so nicht gesagt hat, legt die Fortsetzung nahe. Sie verwertet in V. 11 ein prophetisches Logion – formelhaft vermerkt durch die Bezeichnung »Spruch JHWHs«, und das innerhalb der Gottesrede (!) – das von Jeremia stammen wird und möglicherweise als Deutewort zur Symbolhandlung selbst gehört. Doch ist das Logion in die Rede eingefügt und in seinem poetischen Wortlaut nicht einfach rekonstruierbar. Kern der Aussage und Thema der Predigt ist die intime Beziehung JHWHs zu seinem Lendenschurz d. i. »das ganze Haus Israel« (»und das ganze Haus Juda«!) – ein Motiv der Frühverkündigung, auf Juda erweitert: »Denn gleichwie der Gürtel sich anschmiegt an die Hüften des Mannes, so wollte ich, daß das ganze Haus Israel und das ganze Haus Juda sich an mich schmiegen, Spruch JHWHs, damit sie mein Volk würden, mir zum Ruhm und zum Preis und zur Zierde; aber sie haben nicht gewollt« (V. 11). Ausdeutende Paraphrasen mit Predigt-charakter – kaum aus Jeremias Feder stammend, jedoch im Dienste seiner Botschaft verfaßt, – rahmen das Deutewort und aktualisieren es für ihre Zeit.

In jedem Fall ist diese Bearbeitung schriftlich erfolgt, offen-bar mit dem Ziel, vorlesbare Texte zu schaffen, welche die zum Schweigen gebrachte viva vox des Propheten ersetzen sollten. Wirft man in diesem Zusammenhang einen Blick auf Kap. 36, der Erzählung von der dreimaligen Verlesung der er-sten Schriftrolle und der Entstehung der größeren zweiten, könnte man zu der Vermutung kommen, daß hier der Aus-gangspunkt solcher prophetischer Vorlesetexte markiert ist. Man könnte sich sogar vorstellen, daß diese Erzählung auch eine ätiologische Funktion hat und die neu aufgekommene Art und Weise nachprophetischer Lesungen mit allen Vor- und Nachteilen erklären soll, wobei das »Buch« *(sēfer)* mit dem geschriebenen »Wort« *(dābār)* den absenten Propheten authentisch vertritt. Der Vorleser – sei es Baruch, sei es Jehudi oder ein anderer – wird zum »Mund« des Propheten, spricht das prophetische Wort seinerseits wie ein Bote des Propheten. Nicht zufällig begegnet in diesen Zusammenhängen die Botenspruchformel besonders häufig, um diese abgeleitete Botenfunktion zu betonen. Als Vorlage dienen prophetische Diktate oder Notizen, gegebenenfalls auch mündlich über-lieferte Reminiszensen. Daß Erklärungen hinzukommen, ist nur natürlich: Schriftlichkeit bewahrt den Wortlaut, verlangt aber eine Interpretation. Wir halten es für möglich, wenn nicht für wahrscheinlich, daß jene Lese-Texte bzw. -Predigten eine Zwischenstufe der Überlieferung hin zum Groß-Buch Jeremia zwischen AB und D gebildet haben. Es sind die Kapi-tel, die – eingeleitet mit der Wortereignisformel etwa in der Gestalt: »Das Wort JHWHs, das geschah…« – zu Grund-bestandteilen sowohl der Logien- wie der Geschichts-Über-lieferung im Buch Jeremia geworden sind. Der Übergang zur editorischen Bearbeitung der Einzeltexte und zur Komposition der Teile zum »Buch« – was immer das im 6./5. Jh. heißen mochte – ist hier sichtbar.

Schicht D nennen wir – anders als Mowinckel[14] – die Bestandteile des Buches, welche aus kompositorischen oder editorischen Gründen hinzugekommen sind, um die Gesamt-überlieferung einzuordnen, aufzugliedern und abzurunden. Es sind im strengen Sinn editorische Zutaten und Beigaben, ohne daß im einzelnen oft erkennbar wird, wer hier wann und warum Hand angelegt hat. Auf diese Editionsarbeit geht die einheitliche Gliederung nach thematischen Großkapiteln zurück, welche das Buch prägen: Kap. 1: Berufung, Kap. 2-3: Plädoyer, ... Kap. 7: Tempel, ... Kap. 14-15: die große Dürre ... etc. Dazu gehören wohl manche Arrangements im einzelnen (vor allem in Kap. 1-25), die Blockbildung im großen und einige harmonisierende und orientierende Zusatztexte wie Kap. 52. Auch hier sind viele Fragen offen.

Um einige Beispiele anzuführen und zugleich dem Leser des Jeremia-Buches einige Fingerzeige zu geben, verweisen wir auf das Formelwerk, mithilfe dessen die Editoren dem herangewachsenen Sammelwerk einheitliche Strukturen verliehen haben. Dabei ist zuerst auf den Eingang des Buches zu verweisen, der in der hebräischen Fassung[15] *dibrê Jirmᵉjāhû bēn Ḥilqijjāhû* lautet und den wir in traditioneller Weise mit »Die Worte Jeremias ben Hilkias« wiedergeben wollen (1,1).[16] Dieser Eingang fungiert als Incipit, als eine Art Überschrift. Mag diese ursprünglich irgendeinem Teilkomplex zugehört haben, der im Verlauf der Überlieferungsgeschichte vornehmlich der Kap. 1-25 damit überschrieben wurde (man vergleiche Am 1,1), also einem C-Vorgang zuzuordnen sein, im Rahmen des fertigen Buches oder sagen wir der Großrolle bildet diese Zuschreibung zugleich Titel wie Verfasserangabe. Ihr gegenüber steht die Schlußbezeichnung am Ende des Buchkorpus (51,64), wo mit den Worten: »Bis hierher gehen die Worte Jeremias«[17] das in 1,1 Begonnene zum Abschluß kommt. Zwischen diesen Markierungen, denen natürlich zumindest später im Kanonisierungsprozeß auch ausgrenzende Funktionen zukommen, steht geschrieben, was mit »Worten« oder »Taten Jeremias« bezeichnet werden kann. Wann immer diese Angaben entstanden sind, sie gehören (auch) zum Editionsprozeß, und sie zeigen den Abschluß desselben an.

Ähnliches wäre zu dem Datierungssystem zu sagen, das mit 1,2f. beginnt, so gut wie möglich die Logien und Auftritte zeitlich zu ordnen sucht und auf diese Weise dem sich heranbildenden Komplex ein, wenn auch brüchiges, chronologisches Gerüst einziehen will. Wir schlagen den Versuch, der vor allem an den Eckpunkten wie Kap. 25,1ff. und Kap. 45/46 gut zu beobachten ist, wegen des ihm zugrundeliegenden Gesamtkonzepts und seiner einheitsbildenden Tendenz dem Anteil D zu.

Dieselben Merkmale zeigt auch das Netz von Formeln, das den Gesamtkomplex der Überlieferungen überzieht und dessen System bisher nur zum Teil aufgedeckt werden konnte. Auch hier bleibt die Frage nach der Entstehung in der Schwebe. Vielmehr ist grundsätzlich anzunehmen, daß der prophetische Formelkanon schon bei den ersten Aufzeichnungen Jeremias oder Baruchs oder der Sammler zur Verwendung kam (A und B); daß er von den Tradenten aufgegriffen und eingesetzt wurde (C) und daß er eben auch den Editoren – wenn er schon vorgegeben war, wurde er nun systematisch eingesetzt – zur Verfügung stand, um den Vorlesern und Abschreibern des zu schaffenden Prototyps der Jeremia-Rolle technische Hilfen an die Hand zu geben.

Am häufigsten im Jeremia-Buch ist die sog. Gottesspruchformel: *nᵉ'um JHWH*, »Spruch JHWHs«[18], eine alte, wohl ursprünglich dem Seherspruch eigene Benennung, die vermutlich auch in der Jeremia-Tradition zu den ältesten Überlieferungselementen gehört. Ihre buchtechnische Funktion ist nun, im D-Bereich – und zwar erfahrungsgemäß mit großer Regelmäßigkeit – ein Logion zu markieren, das zumindest nach Auffassung der Tradenten zu den ipsissima verba Jeremiae gehört. Manchmal ist sie textlich ein wenig verschoben, gelegentlich wohl auch ausgefallen oder verdrängt – immer aber hat sie eine signifikante Funktion. Der Leser tut gut daran, sie an allen Stellen zu beachten.

Die sog. Botenformel ist – soweit ich sehe – noch nicht deutlich in der ihr im Jeremia-Buch zukommenden Funktion bestimmt worden. [19] Jedenfalls kann man eines mit Sicherheit sagen: Sie dient auch hier als Zitationsformel, welche ein Jeremia-Wort oder ein Gottes-Wort einführt. Dabei gewinnt man aufgrund der häufig angefügten Gottesprädikate (z. B. JHWH der Heerscharen, der Gott Israels u. a.) den Eindruck, ihre Funktion sei eher die des Gotteswortzitats gewesen, nicht des Prophetenspruchs. Es ist zu bedenken, daß die Tradition (C und D) ihre Formulierungen dessen, was nach ihrer Erinnerung und Deutung der Prophet gesagt oder gemeint hat oder zu sagen hatte oder gehabt hätte, auf solche Weise zum Ausdruck bringen konnte. [20] Wieder ist Kap. 45 mit seinem Formelwerk ein gutes Beispiel.

Zuletzt die sog. Wortereignisformel: »Es geschah *(hjh)* das Wort *(dbr JHWH)* zu *('l)*« mit Variationen, die wir, entgegen anderen Differenzierungen, hinzunehmen. [21] Auch sie hat ihre Geschichte in der Prophetie und in der Jeremia-Überlieferung.

Zum Teil gehört sie wohl schon zum Grundbestand der erzählenden Teile (B). Sie wuchs dann in die Funktion hinein, prophetische Auftritte als Wortereignisse zu deklarieren, und steht häufig als Einleitung von Einzelkomplexen (z. B. 7,1; 11,1; 14,1... 46,1 u. a.). In dieser Funktion der namentlichen »Siegelung«[22] und Einführung einzelner Texte gehört sie noch der Phase der selbständigen Einzelkomplexe an, welche der Bündelung harren. Als monoton und konsequent gesetzte Teilüberschrift, die sich jeweils auf das Ganze des Wortes Gottes beruft, von dem ein Teil eben »damals erging«, bekommt die Formel die buchtechnische Funktion einer gliedernden Teilüberschrift, die recht gleichmäßig ungefähr gleichgroße und jedenfalls thematisch einheitliche Teile zusammenfaßt. Sie wurden z. T. von der späteren Kapiteleinteilung übernommen (vgl. besonders Kap. 26ff. , aber auch 11ff.).

3. Die Entstehung

Nach der Erzählung in Kap. 36 erhielt Jeremia im Jahre 605 den Auftrag, alle bis dahin »gegen Jerusalem und Juda und gegen alle Völker« (V. 2) gesprochenen Worte in eine Schriftrolle zu schreiben. Darauf rief er seinen Freund und Schreiber Baruch und diktierte ihm alle diese Worte, und Baruch schrieb sie nieder. Die dramatischen Ereignisse um diese Buchrolle sind bekannt: Sie wird dreimal nacheinander verlesen, vor dem Volk, vor den Ministern, vor dem König. Dieser schnitt sie, wenn drei bis vier Kolumnen verlesen waren, mit dem Messer ab und verbrannte sie im Kohlenbecken des Winterpalasts – es war der 9. Monat, etwa Dezember.[23]

Diese Schriftrolle nennt man die Urrolle. Sie enthielt eine erste Sammlung aller bisherigen prophetischen Worte gegen Jerusalem, Juda und alle Völker. Sie ist nicht erhalten. Ihre Länge kann nur vage bestimmt werden. Sie bestand aus mindestens zwei Dreikolumnen-Stücken, wahrscheinlich eher mehr. Rechnet man Kolumne gleich Spalte oder »Seite« – was nach den in Qumran gefundenen Rollen etwa des Habakuk- oder Nahum-Kommentars belegbar ist –, kommt man auf mindestens sechs (oder neun) »Seiten«. Aus der Art der Zerstückelung könnte man schließen, daß es sich um eine aus wenigen, drei-Spalten großen »Blättern« aus Leder, Perga-

ment oder Papyrus genähten oder geklebten Kleinrollen han-
delte, etwa des Umfangs wie die »Bücher« Nahum, Habakuk,
Zephanja (je 3 Kapitel) oder mehr. Auf der anderen Seite darf
man den Umfang nicht zu hoch ansetzen, weil der Text am
Tage dreimal und vor den wohl nicht sehr geduldigen Ohren
eines Festpublikums oder von hochrangigen Politikern gelesen
werden konnte. Es gibt manche Versuche einer Rekonstruktion der Urrolle, etwa von C. Rietzschel 1966[24] und zuletzt
von W. L. Holladay 1989.[25] Sie bleiben allemal hypothetisch.

Man kann annehmen, daß die Urrolle nicht das erste ist,
was Jeremia zu Papyrus oder Pergament (oder Kalktäfelchen)
gebracht hat. Nach neueren Erkenntnissen hat die Frühverkündigung des Propheten, welche charakteristischerweise
nicht Jerusalem, Juda und den Völkern, sondern vor allem
den Menschen des ehemaligen Nordreichs, Ephraims oder der
Heimat Benjamin gilt, in Kap. 2-3 und Kap. 30-31 ihren
schriftlichen Niederschlag gefunden. In 30,2 ist ausdrücklich
von einem »Buch« d. i. Schriftstück die Rede, nicht in 2,4-4,2.
Auch muß man sich fragen, ob Jeremia alle Worte, Sprüche
und Gedichte der Jahre bis 605 auswendig wußte und diktieren konnte, oder ob man nicht vernünftigerweise schriftliche
Unterlagen voraussetzen muß. Mir scheint letzteres anzunehmen zu sein. Denn so wird verständlich, daß die verletzlichen
poetischen Gebilde doch nach Wortlaut recht gut erhalten
sind, und daß man – für Kap. 11-20 ist das nicht unwichtig –
mit einem relativ großen, gut erhaltenen und vielleicht mit
Prosatexten und halbfertigen Skizzen und Entwürfen ver-
mischten Oeuvre zu rechnen hat. Z. B. setzen ja auch die sog.
Konfessionen in Kap. 11-20 unmittelbare Niederschrift voraus.

Nach der Erzählung in Kap. 36 haben Jeremia und Baruch
die verbrannte Urrolle sofort ersetzt. »Da nahm Jeremia eine
andere Rolle und gab sie dem Schreiber Baruch, dem Sohn
Nerias; der schrieb darauf nach dem Diktat Jeremias alle
Worte des Buches, das Jojakim, der König von Juda, ver-
brannt hatte, und es wurden ihnen noch viele ähnliche Worte
hinzugefügt« (36,32).[26] Diese zweite Buchrolle ist demnach
erhalten geblieben. Die Frage ist: Kann man sie im überlieferten Text identifizieren? Auch dazu gibt es Vorschläge. Holladay[27] denkt z. B. an folgende Texte:

1,1 (oder 2). 4-16
2,1-25. 29-37
3,1-5. 12-15. 18-25

4,1-31
5,1-17. 20-29
6,1-30
7,1-20. 29-34
8,4-10a. 13-23
9,1-10. 16-21
25,1-13
45 (jeweils poetischer Kern).

Er nennt diese zweite Rolle »open ended« und die Schluß-
teile »unattached« (unverbunden, d. h. verschiebbar). Diese
Lösung hat viel für sich, wenngleich sie für meine Begriffe den
Bogen zu weit schlägt. Zumindest die Außentexte in Kap. 1-3
sowie Kap. 25; 45 müssen mit Fragezeichen versehen werden.
Doch es mag sein, daß einmal die ständig wachsende zweite
Rolle diese oder eine ähnliche Gestalt gehabt hat.

Auffällig ist, daß unverbunden mit der zweiten Rolle
kleinere Sammlungen überliefert sind, für die man ebenfalls
schriftliche Abfassung auf Kleinrollen oder Dreispalten-
Blättern (möglicherweise vorne und hinten beschrieben, nach
Hes 2,9f.) annehmen möchte. Zu nennen ist die Sammlung
der gegen den König gerichteten Worte: »Gegen das judäische
Königshaus« (21,11-23,8), mit offenem Ende, abgeschlossen
frühestens in der Zedekia-Zeit; die Sammlung: »Gegen die
Propheten« (23,9-40) und eine Frühform der Völkergedichte
– 25,13 ein »Buch« bzw. eine »Schrift« genannt – von Kap.
46-51 (der Umfang ist umstritten), die möglicherweise anläßlich der internationalen Konferenz in Jerusalem im Jahre 594
angelegt wurde. Ob die Klage- und Gebetstexte zwischen
Kap. 11 und Kap. 20 je in einer selbständigen schriftlichen
Form als Sammlung existiert haben, ist fraglich.

Der größte Teil dieser Kleinrollen bildet – mit Ausnahme
der Ephraim-Rolle (30f.); die Urform der Völkersprüche
stand im Anschluß an Kap. 25 – das Rückgrat von Jer 1-25.
In welchen Schüben im einzelnen dieser erste Komplex
gewachsen ist, ist unklar. Holladay bringt zwei Etappen in
Vorschlag: 594, das Jahr der Krise Jeremias und der Jerusalemer Konferenz, war das Jahr eines neuen Diktats mit Einschluß der Völker- und Krisentexte. 588, im Jahr der
Inhaftierung, übergab Jeremia Baruch eine letzte Reihe von
Texten (oder Mitteilungen) zur Aufbewahrung (vgl. Kap.
32).[28] Meine Vorstellung geht dahin, daß bei Kap. 1-25
(46ff.) eher an den Nachlaß Jeremias zu denken ist, der von
Baruch und/oder anderen geordnet und aufbereitet wurde.

Eine endgültige Form wurde indes nicht erreicht. Es blieb zunächst bei einem Bündel von Schriftstücken, das eventuell in eine größere einheitliche Rolle überschrieben wurde. Doch auch dies ist hypothetisch.

Noch weniger durchsichtig ist die Entstehung des zweiten Komplexes im Jeremia-Buch, des Erzählteils Kap. 26-45, die doch wohl zeitlich parallel verlaufen sein muß. Die Stoffe lassen eigentlich kaum Zweifel, daß sie weithin von Informationen Jeremias abhängig sind und enge Verbundenheit voraussetzen. Denkbar sind mündliche Berichte und eigenes Miterleben des prophetischen Schicksals. Es liegt nahe, Baruch als Gefährten zum Berichterstatter zu erklären, obwohl es nirgends ausgesprochen wird. Zumindest für die detaillierten Berichte von den letzten Monaten Jeremias – so er denn die Ägyptenflucht nicht überlebt haben sollte – in Kap. 37-44 wird man Baruch als Verfasser annehmen können. Wer sonst sollte so viel Detailwissen – man vergleiche nur die vielen Personennamen – gehabt haben als der letzte treue Gefährte?

Der Komplex sieht nach Arrangement aus. Holladay versucht es mit der Annahme, daß um einen Kern von Heilsworten in Kap. 30f. Schale um Schale gelegt wurde, bis ein von Kap. 26 und Kap. 36 gerahmter Memoirenteil entstand, dem die »Passionsgeschichte« in Kap. 37-44 beigefügt wurde. Dies klingt nach redaktioneller Strategie der Herausgeber. Aber muß man nicht davor die Entstehung einer kaum geordneten Sammlung von Einzelberichten annehmen, die in Baruchs Hand wuchsen, ehe denn Ordnungssysteme Platz greifen konnten? Merkwürdig ist, daß zeitliche Gesichtspunkte mit dem Ziel einer Biographie erst in Kap. 37ff. bestimmend werden. W. Rudolph schlug als chronologische Anordnung vor: 26; 19; 36; 28; 29; 51,59ff.; 34//37-45.[29]

Undeutlich ist das weitere Schicksal der beiden Sammlungen »Worte« und »Geschichten«. Waren sie beide mit nach Tachpanhes im östlichen Nildelta gelangt und schon dort im Gepäck Baruchs vereinigt? Oder lagerten sie beide an einem Jerusalemer Ort? Oder nur der Nachlaß der Worte? Sind sie erst Jahre nach der Flucht nach Ägypten, gar nach dem Tod der Freunde posthum aufgefunden und bearbeitet worden? Sicher scheint mir zu sein, daß eine solche Bearbeitung stattgefunden hat, und zwar durch dt/dtr Theologen und Tradenten: es geht um die von Mowinckel C genannte Bearbeitungsschicht im Jeremia-Buch.

Wie muß man sich den Vorgang vorstellen? Vielleicht etwa so. Konservative Kreise aus der Bewegung der dtr Theologie, die sich zur Bewältigung der Exilskrise der Pflege des theologisch literarischen Erbes widmeten, stießen bei ihrer Suche u. a. auf den Jeremia-Nachlaß. Es gab ja schon zu Lebzeiten Jeremias Beziehungen zu den Reformtheologen. Sie begannen nach ihrer Art die gefundenen Texte auszulegen und zu predigen. Mag sein, daß sie noch Kenntnis hatten von Jeremias Wirken – 580 lebten noch viele, die ihn gehört hatten –; mag sein, daß sie vom Hörensagen zu wissen glaubten, was der Prophet gesagt hatte. Jedenfalls hatte ihre Traditionspflege zum Ziel, Jeremia als einen Prediger ihresgleichen zu verstehen und darzustellen, indem sie ihm Auslegungen und Erklärungen seiner Sprüche in den Mund legten. Es kam zu einer Überarbeitung beider Überlieferungskomplexe mit Redetexten, sozusagen zu einer Illustration mit der Absicht, die weithin ihrem zeitlichen Kontext entnommenen Sprüche und Geschichten für eine Hörer- und Leserschar der Exilszeit verstehbar und so fruchtbar zu machen. [30] Lange wortreiche, oft monotone Reden mit vielen Wiederholungen durchziehen jetzt die Sammlungen.

7,1-8,3 Tempelreden
11,1-17 Bundesbruch-Rede
12,14-17 Rede an die Nachbarvölker
16,1-13 Rede über das Gericht
17,19-27 Rede über die Sabbatheiligung
18,1-12 Rede beim Töpfer
19,1-13 Rede im Tal Hinnom
21,1-10; 22,1ff. Reden an die Könige
23,1ff. Rede an die Hirten
25,1-14 Gerichtsrede
27 Rede über das babylonische Joch
29,8-19 Rede gegen falsche Propheten
32,16-44 Gebet Jeremias
34,8-22 Rede über die Sklavenfreilassung
35 Rede über die Rekabiter
42,9-22 Rede gegen die Flucht
44 Rede gegen Götzendienst

Als zeitlicher Rahmen ist etwa 580 (Ende der datierten und datierbaren Jeremia- und Baruch-Texte) und 520 (Ende der Exilszeit und der Zeit noch lebender Zeugen) anzunehmen.

Die Edition im eigentlichen Sinne, also die Niederschrift des ganzen Corpus auf einer Großrolle bei fester Reihenfolge der Einzelkomplexe und die der Übersicht dienende Ordnung und Gliederung durch Über- und Unterschriften, durch Titel und Anhang, alles was der letzten Schicht D zuzurechnen ist, erfolgte nach 500. Anhaltspunkte für genauere Datierungen gibt es m. W. nicht. Daß im einzelnen vieles unklar ist, versteht sich von selbst. Ein Blick auf die komplizierte Redaktionsgeschichte der Konfessionen (oder gar von Kap. 10) zeigt das. Das »laufende Corpus« (»rolling corpus«), wie es W. McKane nannte,[31] blieb bis in das 3. Jh. hinein und möglicherweise noch danach für Änderungen offen. Die zwei Auflagen, die griechische und die hebräische, markieren die weitere Entwicklung.

Beispielhaft illustriert die Buchgeschichte das Schicksal von Kap. 45.[32] Es enthält ein persönliches Gotteswort für Baruch, den Schreiber, vermittelt durch Jeremia im Jahre 605. Das Formelwerk[33] signalisiert ein prophetisches Logion in V. 4. 5, offenbar von Baruch selbst aufgeschrieben als für ihn und für alle, die Jeremias Wort traurig macht, tröstlichen Zuspruch, als wollte er wie Tertius, der Sekretär des Paulus, sagen: »Ich grüße euch, der ich diesen Brief geschrieben habe, in dem Herrn« (Röm 16,22). »Das Wort, das der Prophet Jeremia zu Baruch, dem Sohn Nerias, sprach zu der Zeit, als Baruch diese Worte nach dem Diktat Jeremias in ein Buch schrieb, im vierten Jahre Jojakims, des Sohnes Josias, des Königs von Juda« (45,1). Gemeint ist hier die sogenannte Urrolle oder die zweite Rolle aus dem Jahr 604. Es liegt nahe, anzunehmen, Baruch habe dieses Zeugnis als eine Art Kolophon, d. i. Nach- und Unterschrift des Schreibers, den Rollen beigefügt oder beigelegt – was auch Holladay befürwortet, jedenfalls für die zweite Rolle. Das Kapitel blieb dann als Kolophon am Ende der Fassung Kap. 1-24 wohl erhalten, wurde dann wieder ans Ende gestellt als die Völkerorakel mit Kap. 25 und das Erzählkorpus Kap. 26-44 hinzutraten. Soweit blieb also der Einfluß Baruchs auf die Gestaltung des Jeremia-Buches erhalten. Die vor-dtr Fassung billigte dem Kapitel eine Sonderstellung zu. Mit der dtr Bearbeitung bzw. mit der Beifügung von Kap. 52 als Anhang verliert Kap. 45 den Rang als Schlußwort. In der griechischen Fassung steht es an zweitletzter Stelle vor Kap. 52 immerhin noch in seiner Funktion als letztes »Wort«. Erst die hebräische Fassung stellt um. Kap. 45 gerät ans Ende des biographischen Teils und wird auf seine Funktion als Abschluß der Biographie – trotz der augenfälligen Zeitunterschiede von Kap. 44 und 45 – eingeschränkt. Die weltgeschichtliche Dimension der Völkertexte und der historische Abriß Kap. 52 dominieren jetzt das Verständnis des Propheten. Der Bruder und Diplomat Seraja nimmt für die Editoren die Stelle Baruchs ein (51,59-64): Der »Vorleser« (vgl. Dan 9,2) ersetzt den »Schreiber«. Das Trostwort Kap. 45 wird von den Ereignissen überholt. Der Völkerprophet nährt Hoffnungen, die Gericht und Klage hinter sich lassen. Noch die betonte Kapitelgliederung zeigt, daß man Kap. 45 in seinem Sonderstatus – 5 Verse, Kap. 44 hat 30, Kap. 46 28 Verse – nur schwer einordnen konnte – Anzeichen dafür, daß die Überlieferung mit dem Verständnis der jeremianischen Gerichtsverkündigung ihre Probleme hatte – wie Baruch selbst.

4. Jeremia im Spiegel der Überlieferung

Nach alledem versteht es sich von selbst, daß die Annäherung an den historischen Jeremia der Eigenart der Überlieferung Rechnung tragen muß. Man muß zuvor klären, von wem der Text, die Zeile, der Begriff, aber auch die Information, das Datum, das Detail stammen, ehe man urteilen kann. Natürlich wollen alle Überlieferungsteile etwas von Jeremia mitteilen. Aber sie tun das je nachdem nach ihrem Verständnis des Propheten, sofern aus zweiter Hand oder durch dritte Hand übermittelt, auch bei Formulierung als Jeremia-Wort, sofern im Referat und im Bericht unter Auswahl bestimmter Nachrichten. Das Bild des Propheten ändert sich so im Laufe der Überlieferung.

Der gegenwärtigen Forschungslage entsprechend ergeben sich für unsere Ziele die größten Schwierigkeiten im Bereich der Überlieferung der eigenen Worte Jeremias, genauer in der Zone zwischen Schicht A und C. Die Frage wird jedes Mal zu stellen sein, wie weit die überlieferte Einheit jeremianisch, d. h. von ihm authentisch so gestaltet, »original« von ihm selbst sozusagen signiert sei und wie weit Zusätze, poetische, prosaische, erklärende, ändernde Zwischenstücke festzustellen seien, ein Problem, das jeder Ausleger von Kap. 1-25 zur Genüge kennt. Mir scheint, man müsse zur Duhmschen Klarheit und Scharfsicht zurückkehren und jedenfalls aus methodischen Gründen im Zweifelsfall – und er ist relativ häufig – eine Minimallinie einhalten. Sollte – um diesen Fall herauszugreifen – poetisch-prophetische neben prosaisch-theologischer Aussage stehen, müßte die Kongruenz oder Kompatibilität entscheiden. Doch ist dies in der Theorie leichter als in der Praxis.

Auf der anderen Seite gibt es auch im C- und B-Bereich, also in den Predigttexten und in den Berichten, öfters noch erkennbare, weil in aller Regel durch Formelwerk angezeigte Logien. Zwar ist das Urteil darüber in diesem Fall auch Teil der Überlieferung. Dennoch ist sorgfältig zu prüfen, ob die Tradenten nicht auch da – wie weithin in Kap. 1-25 der A Schicht – anzeigen wollten, die Rede oder Predigt sei »dem Sinne nach« referiert, doch sei es eine Rede oder Predigt über ein jeremianisches Logion (oder Thema).

Jahrzehntelang hat man in der Forschung Alten wie Neuen Testaments die historische Frage nach den »echten Worten« verdrängt, gar verboten, weil man eine Differenzierung in echt und unecht bei Worten der Hl. Schrift nicht für angemessen fand. Doch geht es gar nicht um eine Wertung, vielmehr um eine Klärung. Das Interesse für den Menschen Jeremia ben Hilkia, für seine Botschaft und seine Passion verlangt diese Analyse, sofern man ihm wirklich näher kommen will. Als typischen Propheten mit typischem Schicksal hat ihn die Nachwelt oft genug – bis in die Legenden hinein – dargestellt. Die Illuminierung und Illustration fängt im Buch bereits in Kap. 1 an. Und selbst Freunden und Zeitgenossen, Mitstreitern, Hörern, und wer immer zur Überlieferung beigetragen hat, verändert sich das Erinnerungsbild, verblaßt oder vergoldet sich, wie es menschlich ist. Kein Historiker oder Exeget kann hoffen, Jeremia klarer zu sehen und besser zu verstehen als diese seine Zeitgenossen und Bekannten. Aber er muß sich zum Verständnis ein eigenes Bild machen, und dazu braucht er sie als Zeugen. Sein Vorteil ist es, so es denn einer ist, einige solcher Zeugen zu haben und ihre Aussagen miteinander und gegeneinander abwägen zu können. Und er wird so die dargebotenen Bilder des Dichters (A), des Gotteszeugen (B), des Predigers (C) und des Lehrers der Völker (D) untersuchen und vergleichen, um zu einer eigenen Sicht zu kommen.

Teil II
DAS LEBEN

1. Das Porträt von Kap. 1

An den Anfang des Buches haben die Editoren ein Porträt des Propheten gestellt, vielmehr so etwas wie ein Porträt. Es ist die traditionell so genannte Berufungsgeschichte, die nach dem Titel und der Überschrift (1,1-3) das Sammelwerk einleitet (1,4-19). Die Berufungsgeschichte in der edierten Fassung bietet eine Erklärung, wie es zu einem Propheten Jeremia gekommen ist. Sie hat ätiologischen Sinn. Sie bietet zugleich eine Darstellung dessen, was der Prophet Jeremia gewesen ist. Sie hat damit auch didaktischen Sinn. Die erzielte Wirkung entspricht der Absicht. Das Bild Jeremias ist weithin von Jer 1 geprägt.

Von Jer 1,4f. stammt der Königsornat, den man Jeremia umgeworfen hat. Seine Erwählung und Heiligung für ein besonderes Amt schon vor der Geburt ist ein pharaonisches Theologumenon. Solches wird vom ägyptischen Gottkönig ausgesagt. Die Bezeichnung von Funktion und Amt als »Prophet für die Völker« in der hebräischen Auflage (1,5), die von den ausgedehnten Völkerorakeln in Kap. 25; 46-51 her noch verständlich ist, bekommt in 1,10 eine besondere Färbung, die man nur großköniglich oder weltpolitisch bezeichnen kann: »Ich habe dich über die Völker und Königreiche gesetzt, auszureißen und niederzubrechen, zu verderben und zu zerstören, zu pflanzen und zu bauen. « Wie passen solche Vollmachten zu einem *nābî'*, einem Mann des Worts oder einem Priester (1,1)? Sind die Purpurfarben für den Jeremia der Leidensgeschichte und »Biographie« des Baruch (Kap. 37ff.) nicht ein glatter Hohn, der an die Passionsgeschichte Jesu erinnert (Mk 15,16ff. Par.)? Ist eine solche Einschätzung Jeremias nicht eine maßlose Übertreibung, welche in Art der Legendenbildung das Bild dieses Mannes ins Übermenschliche ausweitet? Oder sollte Jeremia in der Darstellung der Editoren als der eigentliche Gegenspieler des babylonischen Großkönigs erscheinen, der nach allem, was man über ihn weiß – in D. J. Wisemans Biographie »Nebuchadrezzar and Babylon«[1] zusammengestellt –, viel eher durch diese sechs Funktionsverben (1, 10) charakterisiert werden kann?[2]

Daß Nebukadnezzars politisches Werk mit den vier Destruktionsverben charakterisiert werden kann, steht im Blick auf seine imperiale Machtpolitik im Westen außer Frage. Er trat in die Spuren der assyrischen Eroberer und hinterließ wie jene zerstörte Städte und verbrannte Landschaften. Weniger geläufig ist indes – weil das biblische Bild dieses Herrschers sehr einseitig gezeichnet ist, und er als Zerstörer Jerusalems in die biblische Tradition einging –, daß er vor allem in Babylon eine enorme Bautätigkeit entfaltet hat, Tempel, Paläste, Straßen, Brücken, Stadtmauern, Kanäle, Kaianlagen errichtet oder ausgebessert und – das Stichwort »pflanzen« weist darauf – jene ausgedehnten Parklandschaften angelegt hat, die als Weltwunder berühmt geworden sind.[3] 1,10 (vgl. 18,9; 24,6 u. a.) wäre als Zusammenfassung und Fazit der Chroniken und Bauinschriften Nebukadnezzars denkbar. Trifft es aber auf Jeremias prophetische Tätigkeit zu?

Wahrscheinlich kommt man mit dieser Frage der Sache näher und trifft auf die theologisch-literarischen Absichten der Buchherausgeber. Sie sahen in Jeremia den eigentlichen Repräsentanten seines Gottes und Funktionsträger messianischen Formats, nachdem die geborenen Thronprätendenten davidischen Geschlechts gemessen an den Ansprüchen, die die Königstradition (vgl. etwa Ps 2; 72; 110) an sie stellte, nach Jer 21,11ff. eindeutig versagten, allen voran Zedekia. Er übernahm in ihren Augen das Amt, das die Könige in Jerusalem nicht tragen konnten, und wurde bis zuletzt – d. i. dem Buchschluß in Kap. 51,59ff. und der Episode vom Versenken der Babelfluchrolle im Euphrat, bzw. Kap. 52, dem aus Kap. 39; 2. Kön 24f. zusammengestückten Schlußkapitel – als eigentlicher Widerpart des Großkönigs gesehen, bis dann vielleicht (52,31-34 erwähnt auch die Begnadigung Jojachins in Babylon) dereinst ein gesalbter Davidide das Szepter wieder ergreifen würde. Bis dahin aber sahen die Tradenten die Königswürde auf Jeremias Schulter gelegt, stellvertretend, wie solches Deuterojesaja vom Perserkönig Kyros (Jes 45,1; vgl. dazu 55,1ff.) und Sacharja vom Hohepriester Josua (Sach 3; 6, vgl. 4) propagierten. Doch ist das nur ein Farbmotiv neben andern im Bilde Jeremias von Kap. 1.

Daneben erscheint Jeremia als Träger und Repräsentant des göttlichen Wortes schlechthin. Jeremias Mund ist durch die Berührung mit Gottes Hand verändert, geheiligt, bevollmächtigt. Mit diesem Akt der Botenbeauftragung: »Sieh, ich lege hiermit meine Worte in deinen Mund« (1,9), wird er zum Sprecher seines Gottes, werden seine Worte zu Gottesworten, wird alles, was er sagt, *dbr, twrt JHWH,* kurz Offenbarung der Wahrheit. Vergessen sind offenbar die Probleme Jeremias mit dem Wortempfang (Kap. 15; 42f.), die Auseinandersetzungen mit den zeitgenössischen Nebiim und Jeremias zurückhaltendes Urteil in dieser Frage (Kap. 23; 27f.), seine Klageausbrüche und wenig gefälligen Gebetsäußerungen (z.B. 15,19). Sein ex officio gesprochenes Wort ist den Tradenten Gottes Wort. Sie stehen hier auf einer Linie mit den Berichterstattern wie Baruch, die ja die Gattung der Prophetenlegende zum Mittel der Darstellung machten. Dabei ist es das besondere Kennzeichen dieser Erzählgattung, den Propheten mit dem JHWH-Wort zu identifizieren. Er gilt als personifiziertes Wort Gottes, und seine Geschichte ist die Geschichte des Wortes Gottes (1. Kön 17ff.; vgl. Kap. 36). Das Formelwerk im Jeremia-Buch, sowohl die Spruchformel wie die gliedernden Wortereignis- und Botenformeln, sind der editorische Niederschlag dieses Jeremia-Bilds, das zum Inbegriff des Prophetenamts überhaupt wurde.

Ein drittes Motiv der Prophetendarstellung von Jer 1 bildet dann die enge, ja intime Beziehung des Propheten zu seinem Gott. Er hat unmittelbaren Zugang zu ihm, redet vertraut mit ihm (1,6) und erfährt jederzeit und überall Gottes unmittelbare Begleitung und Hilfe: »Denn ich bin mit dir, dich zu retten« (1,8). Das Motiv wird besonders im Anschluß an die Sendung in 1,17ff. expliziert. Dabei spielt eine besondere Rolle die Metapher vom Schutzpanzer des Propheten in 1,8, die ursprünglich in die Klagen Jeremias gehört (15,11f. als Zuspruch JHWHs). Zur typischen Beziehung ausgestaltet ist diese Seite dann in den sogenannten Konfessionen (Kap. 15ff.) letzter Hand, in denen der Prophet als Erfinder oder Finder des Klagelieds des Einzelnen erscheint, der spricht, wie die Beter im Psalter sprechen, und denkt, wie der Dichter sich den Hiob und seine Freunde vorstellt. Die Prosagebete, welche ihm in den Mund gelegt sind (14, 13; 32,16ff.), gehen von derselben Vorstellung aus wie die Erwähnung seiner Rolle als Fürbitter für das Volk (Kap. 14f.). Es ist dies ein Grundzug der Darstellung seines Bildes nach Jer 1: neben der Würde eines Großkönigs und eines wahren Propheten kommt ihm in der Sicht der Tradition die Würde des Vorbeters-, Fürbitters- oder Psalmbeters-an-sich zu.

Zugegeben, es sind diese idealtypischen Züge am Bild von Jer 1 vor allem von den literarisch jüngsten Schichten bezeugt. Insofern entsprechen sie auch den Intentionen der Gesamtdarstellung, mehr noch der »hebräischen« Endgestalt als der »griechischen« Fassung, wie R. P. Carroll gezeigt hat.[4] Wie verhält es sich aber mit den älteren Schichten von Jer 1? Zeigen sie ein anderes Jeremiabild?

An dieser Stelle wird eine Analyse von Jer 1 unumgänglich. Von den vorliegenden Versuchen scheinen diejenigen dem Sachverhalt am nächsten zu kommen, welche einen Grundtext annehmen, der durch beigefügte Teile und Weiterungen im Zuge der Entstehung des Buches ausgestaltet wurde. Dadurch entstand eine kompositorische Texteinheit, die am ehesten einem Mosaikbild zu vergleichen ist. Grundlage aber der Komposition bildet ein Rahmentext, in prosaischem Berichtstil gehalten, der die Teile V. 4-7. 9. 17*-19 etwa umfaßt. In diesen später in V. 8. 10. 17 erweiterten Rahmen sind in V. 11-16 sehr disparate Textstücke eingelegt, die aus verschiedenen Epochen der jeremianischen Prophetie zu stammen scheinen. Es sind zwei Visionen, eine vom Mandelzweig (V. 11f.), die andere vom Feuertopf (V. 13f.), die Aspekte der Prophetie Jeremias vertreten: die wachbleibende und anhaltende Aktualität des Wortes Gottes und die alles überschwemmende und tötende Bedrohung aus dem Norden.[5] Es folgt ein Logion aus der Frühzeit, kenntlich am Formelwerk, wohl ein Heilswort für die »Geschlechter im Norden« zur Vereinigung in Jerusalem, das aber hier als Unheilswort gegen Juda und Jerusalem uminterpretiert wurde (V. 15). Schließlich – zum Stichwort »Sitz im Stadttor« (V. 15), dem Ort der Gerichtsbarkeit, angefügt – folgt noch eine göttliche Gerichtsankündigung, d. i. die Ankündigung ergehender Strafurteile über »sie«, weil »sie« – wie es in dtr Manier etwas klischeehaft heißt – fremden Göttern geräuchert und die Werke ihrer Hände angebetet hätten (V. 16). Dieser letztere Passus gehört zu Schicht C, V. 15* originär zu A, möglicherweise auch V. 11-14; die Zusammenstellung ist das Werk von D. Ihr Sinn ist wohl, eine inhaltliche Übersicht über die in 1,9 genannten »Worte im Munde Jeremias« zu geben und einen Gesamteindruck seiner Verkündigung zu vermitteln. Es sind dies gleichsam die Legenden, die in das Porträtbild des Propheten hineingeschrieben wurden, wie solches ja aus verschiedenen späteren Prophetendarstellungen bezeugt ist. Daß dabei Schicht B fehlt, kann nicht verwundern. Sie steht hinter den

»biographischen« Teilen des Buches. Daß sie auch hinter dem Berufungsbericht in 1,4ff. steht, ist unwahrscheinlich. Woher aber stammt dieser Bericht?

Die nächstliegende Antwort, daß er von Jeremia selbst stamme wegen der nur ihm eigenen Erfahrungen, dem Ich-Stil, der Selbstbezeichnung und anderem, ist nicht ganz so eindeutig, wie es zunächst scheint. Gar zu wenig Individuelles ist erkennbar im Vergleich etwa zu den Klagen oder den Dichtungen. Außer dem Hinweis auf seinen *naʿar*-Status (1,6) und der Angabe des Sendungsziels »gegen das ganze Land«, gegen die Könige Judas und gegen seine Minister (gegen seine Priester) und gegen das Volk des Landes« (1,18), findet sich nichts Biographisches in Jer 1,4ff. Daß es sich um den Typos der Berufungsgeschichte handelt, ist in Rechnung zu stellen, aber auch – und hier hat Graf Reventlow doch wohl Richtiges gesehen –, daß die geschilderten Vorgänge einem Ritual zugehören. Fraglich ist nur, ob 1,4ff. an Jeremia vollzogene Riten wiedergeben oder nicht vielmehr auf ihn ein Ritualmuster anwenden, das seinen Sitz anderswo hat, das aber am besten geeignet schien, ein Ereignis wie Jeremias Sendung begreiflich zu machen. Mir scheint letzteres eher zuzutreffen. 1,4ff. wird durchsichtig, wenn man annimmt, das Formular der Ordination, d. h. Aussendung eines *nābîʾ*, bzw. das dahinterstehende Ritual sei auf Jeremias Sendung übertragen worden, wobei die genannten persönlichen Züge eingebracht wurden, was sich dann im weiteren wiederholt. Dann wäre soviel sicher, daß der Verfasser Jeremia als einen *nābîʾ* in seinem Sinne auffassen und darstellen wollte. Daß der historische Jeremia zunächst ein *nābîʾ* im Sinne der 23,9ff. und Kap. 27-29 so genannten Mantiker-Gruppe sein wollte und war, ist naheliegend und auch einleuchtend. Dem entspricht die Verwendung des Begriffes *nābîʾ* für Jeremia. In der ersten Auflage des Buches gab es offensichtlich nur ganz wenige Stellen, welche Jeremia als *nābîʾ* bezeichneten: 1,5 – mit dem Zusatz: »für das (Staats-) Volk *(goj)*«, bzw. »die Völker« (MT Plural), die Grundstelle und Basis für das Porträt; 51,59; 45,1 – redaktionell eingebracht an exponierten Stellen des Buches (zwei Schluß-Kapitel); 42,2; 43,6 – im Baruch-Bericht. Diese letzten Stellen zeigen, daß es vor allem Baruch war, der Jeremia einen *nābîʾ* nannte. Dies hat die Tradition aufgegriffen und nach dtr Prophetenverständnis ausgedeutet. Dabei bleibt zunächst offen, welchen Anteil Jeremia selbst am Wandel des Prophetenbildes hatte, dadurch nämlich, daß er seine Nabi-Rolle in ganz neuer Weise interpretiert hat. Wie dem auch sei, erst die letzte Auflage des Jeremia-Buches verwendet den Begriff dann sehr viel häufiger für Jeremia, vorzugsweise als Titel in redaktionellen Partien. Der theologische Prophetenbegriff des Dt scheint sich durchgesetzt zu haben. Das Prophetenbild von Jer 1 gibt dazu die Illustration.

Es ist schon so: das Porträt Jeremias in Kap. 1 ist ein »Konzentrat« (S. Herrmann)[6] späterer Deutung und Sichtweise, nicht durchweg Interessen-geleitet und -bestimmt – wie R. P. Carroll meint –, aber stark von theologischen Motiven und Kategorien einer Zeit beeinflußt, für welche die Exilskatastrophe schon Wirklichkeit war und die die Erfahrung machen mußte, daß, nachdem »das Gras verdorrt und die Blume verwelkt« war, allein »das Wort Gottes bleibt für alle Zeit« (nach der Formulierung Deuterojesajas, 40,8). Das prophetische Wort überdauerte die Krise, wurde zum Ersatz für die ruinierten Heilssetzungen Tempel, Königtum, Jerusalem. Von daher wird es verständlich, daß das Bild des mitten in der Krise stehenden und agierenden Mannes jene idealtypischen Züge annahm, die aus Jeremia eine sakrale, königliche, messianische, vor allem universale Gestalt machten mit dem Nimbus eines Propheten, wie er »im Buche« Dt steht, d. i. als der Sprecher Gottes und der Prediger des Wortes Gottes. [7]

Doch drängt sich die Frage unabweisbar auf: Ist diese späte Darstellung auch Wiedergabe der menschlichen Züge Jeremias, oder ist alles daran Konstrukt aus theologischer Einschätzung? Es ist bei derartigen Texten eigentlich von vornherein anzunehmen, daß sie bei aller »Legendenbildung« biographisch-historische Züge, soweit noch bekannt, verarbeitet haben, wie ja auch die Gesamtüberlieferung des Buches bezeugt, daß man gesammelt und tradiert hat, was noch zu sammeln und zu tradieren war. Auch Jer 1 widerspricht nicht dem im Gesamtbuch hervortretenden Jeremia-Bild. So lassen sich einige Elemente im Porträt erkennen, welche nach Ausweis der Gesamtüberlieferung doch wohl aus Jeremias Leben stammen.

Daß Jeremia eine »Berufung« erfuhr, was immer das heißt und wie immer man sich das vorzustellen hat, die über eine Priesterinstallation oder – wenn es so etwas gegeben hat – eine Nabi-Ordination – hinausging, bezeugt der das Ritual und Formular übersteigende Bericht von Jer 1. Er deutet den Vorgang als »Sendung« mit Botenauftrag an die politischen Instanzen in Jerusalem und Juda (1,18), wobei die explizite Nennung der Priesterschaft offenbar erst später (MT) hinzukam. Dieser Vorgang hatte in Juda/Israel eine gewisse Tradition in den vereinzelt auftretenden öffentlichen Kritikern des Staates und der Gesellschaft, die man Seher oder später Propheten *(nb'jm)* und dann nur noch mit Namen (vgl. Am 7,14f.) – als Individuen – nannte. So wurde auch Jeremia gleich bei einem seiner ersten öffentlichen Auftritte am Tempeltor (7;26) mit Micha von Moreschet verglichen (26,18f.), und nicht mit der Gruppe der *Nebiim*. Über die psychischen Erscheinungen und den Erlebniswert der Vorgänge kann nichts gesagt werden. Ein späteres Gotteswort, das als Antwort auf eine persönliche Klage aufbewahrt ist, nennt seine Funktion, »als Mund JHWHs« zur Verfügung zu stehen (15,19). Dies entspricht wohl dem in inneren und äußeren Konflikten gewonnenen Selbstverständnis Jermias, ein besonderer Sprecher seines Gottes zu sein – die Darstellung von Jer 1 hat hier den innersten Kern getroffen. Ob diese Einsicht und alle ihre Konsequenzen ihm schon in der Situation der Beauftragung klar geworden war, entzieht sich der Kenntnis, ist aber im Blick auf die Konflikte, die hinter den sog. Konfessionen sichtbar werden, eher unwahrscheinlich.

Daß Jeremia diesen Auftrag in jungen Jahren erhalten hat, ist zwar nur in 1,6f. ausdrücklich bezeugt und könnte zur Agende solcher Sendungen gehören. Doch lassen chronologisch-biographische Berechnungen über das Jahr seiner Geburt – davon wird noch zu reden sein – diese Aussage in einem neuen Licht sehen. Danach scheint er selbst für altorientalische Vorstellungen noch ungewöhnlich jung gewesen zu sein – bei einem *na'ar* denkt man etwa an 15 Jahre –, als er diesen Auftrag übernahm. Die Erinnerung daran ist im Bilde von Jer 1 festgehalten.

Nach 1,11ff. umfaßte der Botenauftrag die Ankündigung von bedrohlichen Ereignissen, welche in unmittelbarer Zukunft über Jerusalem und Juda vom Norden her hereinbrechen sollten. Dies bestätigen die gesammelten Worte Kap. 4-25. Nach 1,15 (a. bα) hatte Jeremia ein Logion offenbar an die Adresse seiner Heimat im ehemaligen Nordreich zu überbringen, das jenen apodiktisch drohenden Ton ursprünglich nicht hatte. Dies wiederum steht im Einklang mit Partien außerhalb von Kap. 4-25, nämlich Kap. 2f. und Kap. 30f., die zuerst erklärtermaßen an Ephraim gerichtet waren. Zwischen beiden Spruchgruppen besteht nun erkennbar eine Differenz, welche – das Beispiel 1,15 ist hierfür illustrativ – zwar zunächst in der Adressierung zum Ausdruck kommt, welche aber aus einer zeitlichen Zäsur stammen muß. Es gibt eine Wende im literarischen Werk Jeremias, und diese Wende scheint mit der in Kap. 1 berichteten Berufung oder besser Beauftragung zu tun zu haben. Niederschlag dieser Wende, mit der wohl auch ein Umzug nach Jerusalem verbunden war, ist die Umdeutung des Logions in 1,15 auf der Linie der späteren Unheilsverkündigung. Die Komposition in Kap. 1 spiegelt den Übergang wider.

Dann ist natürlich der in 1,8. 17ff. angesprochene Konflikt mit dem Establishment, bzw. mit den anonym »sie« genannten Gegnern unter seinen Hörern sicher ein Teil des Lebens Jeremias gewesen. Eigentlich muß man sagen, sein ganzes Wirken war Auseinandersetzung, ja Kampf. Die Temini in 1,8. 17ff. geben das zutreffend wieder (1,19). Daß ihn Angst und Schrecken begleiteten, geht aus vielen Äußerungen hervor. Von der Familie angefangen und den Männern aus Anatot (Kap. 11f.) bis hin zu den obersten Rängen der Regierung (Kap. 37ff.) begegnete man ihm mit Feindschaft und Aggressivität. Mehrfach mit dem Tode bedroht, lebte er in ständiger Todesgefahr wie im »Urwald des Jordans« (12,5) unter wilden Tieren. Daß er unter einem besonderen Schutz stand, sucht die Metapher von der »befestigten Stadt«, der »eisernen Säule« und der »ehernen Mauer« (1,18 (MT)) zum Ausdruck zu bringen. Das vieldiskutierte Bildwort hat seinen Ursprung in der Antwort auf eine Klage Jeremias, er sei schutzlos den Anläufen und Anwürfen seiner Kontrahenten ausgeliefert (15,10), die er nach neuerer Rekonstruktion so formuliert hat: »JHWH sprach: Habe ich dich nicht gerüstet gegen Verleumdung. . . ? Zerbricht Eisen, Eisen vor Pfeilen aus Bronze?« (15,11f.). [8] Die Rede ist von einem eisernen Schutzpanzer, der den Propheten umgibt, oder einem von Hes 4,3 her bekannten neuartigen Schutzschild aus Eisen. Dem entspricht die 1,18 – ursprünglich im Singular – »Mauer aus Bronze« genannte Spezialvorrichtung. In 1,18 ist wie in 15,11f. offensichtlich das konkrete Verständnis für diese Rüstungsstücke verlorengegangen. Man versucht es mit der Erklärung »befestigte Stadt«, hervorgerufen durch die Vorstellung von einer Belagerung. Belagerer hatten offenbar solche kopfschützenden Hochschilde. Die »eiserne Säule« der Letztfassung (im Griechischen nicht bezeugt!) ist eine weitere, wohl aus der ägyptischen Hofsprache stammende Beifügung, die den pharaonischen Charakter unterstreichen soll. [9] Daß den Propheten ein solcher Schutz umgab, bezeugt auf ihre Weise die berichtende Literatur, insbesondere der Baruch-Bericht (Kap. 37ff.).

Schließlich, ganz unangemessen ist die Darstellung der universalen Bühne nicht, die als Rahmen für das Jeremia-Porträt gewählt ist: die Welt der Völker. Denn zumindest der Horizont der Worte – und dabei genügt ein Blick auf die Völkerspruchdichtung (Kap. 25; 46-51) – ist weltweit im Sinne des alten vorderen Orients. Umgekehrt verwundert es nicht und ist wohl auch nicht frei erfunden, daß die oberste Führung der babylonischen Weltmacht beim Zusammenbruch Jerusalems nach Jeremia fahnden läßt, um ihn als einen Mann, der ihr positiv aufgefallen ist, zu schützen und ihm freies Geleit anzutragen (40,1ff.). Jeremia steht, auch wenn die Darstellung der Buchedition dies überzeichnet und überhöht hat, in einem weiten Horizont. Es ist der Horizont der Weltgeschichte.

2. Lebensdaten

Für eine biographische Darstellung reichen die Daten nicht aus, obwohl sie dank der sorgfältigen Arbeit der Editoren und vor allem des Treuhänders Baruch zahlreicher überliefert sind als bei allen anderen Propheten. In erster Linie ist man auf den Baruch-Bericht (Kap. 37-45) angewiesen. Eine große Fülle von detaillierten Angaben wird geboten, die auf Augenzeugenschaft schließen läßt. Die Namen der Akteure werden genannt, die Orte bestimmt; die Ereignisse um Jeremia treten ins Licht. Doch der Bericht umfaßt nur wenige Jahre (588 bis etwa 586), fast muß man sagen: wenige Tage, die letzten Jahre und Tage Jerusalems und Jeremias Passion. Vom Ende Jeremias wird nicht berichtet. Der weitaus größere Teil des Prophetenlebens wird nur sporadisch beleuchtet. Wir tragen die Daten zusammen, um uns selbst ein Bild von Jeremias Leben zu machen.

Der Name (hebr. *Jirmᵉjā(hû)*, griech. Ιερεμιας) entspricht einem Namenstyp, der vor allem im 7. und 6. Jh. in Juda verbreitet war. Neben dem Propheten gab es etwa ein Dutzend Personen, die Träger dieses Namens waren, nach dem Alten Testament und nach mehreren inschriftlichen Zeugnissen. Seine Bedeutung ist trotz intensiver Bemühung, besonders durch J. J. Stamm, noch immer nicht eindeutig erwiesen. [1] In Frage kommen vor allem zwei Ableitungen: einmal von hebr. *rwm* hi. (Nebenform *jrm*) ›erhöhen‹, also zu übersetzen: »Jah(u)-hat-erhöht« oder : »Jah(u)-möge-erhöhen«; zum andern von dem nur amoritisch-akkadisch bezeugten Verbum *rāmu* III ›schenken‹, mit der Übersetzung »Jah(u)-hat-geschenkt«. Man möchte der zweiten den Vorzug geben. Zu bedenken ist jedoch, daß es bei der relativ hohen Belegzahl gerade Ende des 7. Jh. s und der Beliebtheit dieses Namens – 2. Kön 23,31; 24,18; Jer 52,1; Jer 35,3 – weniger wahrscheinlich ist, daß die etymologische Bedeutung bei der Vergabe eine Rolle spielte. Auch der Vater Jeremias, *Ḥilqijjāhû*, trägt einen nicht ganz seltenen und im Alten Testament etwa gleich oft vorkommenden Namen. Möglicherweise entstammen beide der priesterlichen Familientradition. Der Dank- und Bekenntnischarakter dieser Namen könnte in diesem Umkreis eine besondere Bewandtnis haben. Doch gibt es keine näheren Hinweise darauf. Der Vatername jedenfalls hindert daran, *Jirm^ejāhû ben-Ḥilqijjāhû*, (Jer 1,1) mit jenem *Jrmjhw bn Ṣpnjhw* zu identifizieren, dessen aus dem 6. Jh. stammender Siegelabdruck in Lachis gefunden wurde und der dort – wenn das Wort richtig wiedergegeben ist – ein *bn nbj* (?) d. i. »Prophetenschüler« genannt wird. [2]

Das Jahr seiner Geburt wird in der Überlieferung nicht genannt und ist darum Gegenstand einer lebhaften Debatte. Herkömmlich ging man davon aus, daß 1,2 (25,3) das 13. Jahr des Königs Josia (Joschijahu), d. i. nach üblicher Berechnung das Jahr 627/6, das Jahr der in Jer 1 geschilderten Berufung ist. Von hier aus rückwärts gerechnet, käme man (627/6 ±(12 – 20)) auf 647 – 638. Jeremia wäre dann etwa gleich alt wie Josia (geb. 647 ±), hätte ihn aber um fast 25 Jahre, überlebt (gest. 609). Wegen verschiedener Ungereimtheiten, die mit dieser Datierung verbunden sind – vor allem die fehlenden Zeugnisse aus der Zeit der josianischen Reformen –, kam man auf die Idee, daß das Jahr 627/6 von der dtr Redaktion irrtümlich auf die Berufung bezogen wurde, daß aber ursprünglich dieses Jahr das Geburtsjahr Jeremias war. Nach verschiedenen älteren Anläufen[3] hat in erster Linie W. L. Holladay diese Idee verfochten und zur Basis seiner Auslegung gemacht. Und in der Tat wird man nicht bestreiten können, daß ein großer Teil der Datierungsprobleme im Jeremiabuch sich besser lösen läßt, wenn man von diesem oder – falls man der dtr Angabe gänzlich mißtrauen will – einem um dieses Jahr 627/6 liegenden Datum als Geburtsjahr ausgeht. Von den sieben von W. L. Holladay aufgezählten Argumenten, die für die Spätdatierung sprechen, sind fünf besonders eindrucksvoll.

1. Es gibt keine datierbaren Zeugnisse von Jeremia für die Zeit nach 627/6. Sollte der Prophet nach seiner Berufung zur öffentlichen Rede (1,6) in Schweigen versunken sein?

2. Es gibt kein Votum Jeremias zur josianischen Reform – Kap. 2f. und 30f. sind an Ephraim gerichtet; 11,1f. ist eine dtr Komposition. Sollten ihn die in 2. Kön 22f. geschilderten Vorgänge nicht interessiert haben?

3. Der erste datierbare Auftritt geschah 609, die sog. Tempelrede (26,1ff; vgl. Kap. 7). Es ist das erste Jahr Jojakims. Sollte Jeremia von 627/6 bis 609 gewartet haben? Ist es nicht viel wahrscheinlicher, der 16-17jährige hat 609 seine »Berufung« erfahren (nach 1,4ff.) und ist kurz danach an die Öffentlichkeit getreten?

4. Das Thema »Feind aus dem Norden« (1,13f. ; Kap. 4-6) kann vor 609 nur auf die um 630 auftauchenden Skythen bezogen werden, nach 609 aber auf die Babylonier Nebukadnezzars, was den klaren Aussagen der Gedichte weit besser entspricht. Sollte Jeremia erst undeutlich, dann immer deutlicher den Feind bestimmt haben?

5. Die Berufung zum Eheverzicht (16,1-4) ist wohl erst nach 605 (nach 36,9 LXX: 601) anzunehmen, d. h. Jeremia wäre bereits in einem Alter von mindestens 33 bis maximal 46 Jahren gewesen. Hätte in derart vorgerücktem Alter – nach altorientalischen Lebensstufen – die Zeichenhandlung des Zölibats noch eine effektive Bedeutung gehabt, oder hätte sich der Prophet nicht wider Willen lächerlich gemacht? Ein Geburtsdatum um 627/6, d. h. ein Heiratsalter von 21 bis 26 Jahren wäre in dieser Hinsicht um einiges plausibler. Jeremia war nicht Altersgenosse von Josia, sondern von dessen Söhnen Jojakim (geb. 634) und Joahas (geb. 632) oder auch des babylonischen Großkönigs Nebukadnezzar, der von 605 bis 562 regierte (geb. um 630). Jünger war sein Antipode Zedekia (geb. 619).

Der Name des benjaminitischen Ortes ʿ*Anātôt* lebt in dem palästinischen Dorf ʿ*Anāta* fort, 4 1/2 km nö. von Jerusalem gelegen *(s. Karte im Anhang).* Die Ortslage der alten Siedlung ist wohl im dortigen Umkreis, sei es in dem 800 m ssw. davon gelegenen *Rās el-Harrūbe* (»Johannesbrotbaum-Kopf«)[4] oder dem 1500 m ö. ǧelegenen Ruinenhügel *Dēr es-Sidd*[5] anzunehmen, wo sich – wie neuerdings auch in ʿ*Anāta* selbst – eisenzeitliche Spuren gefunden haben.[6] Der Name leitet sich vermutlich von *Bêt ʿAnātôt* (»Haus der großen Anat«, Plural der Steigerung) ab, eine Bezeichnung für ein ehemaliges Heiligtum der westsemitischen Göttin Anat, Schwester des Baal, Jungfrau wie Ischtar und Athene, zuständig für die Liebe und für den Krieg. Ob man in der Königszeit in dem Priester- und Levitenort (Jos 21,18; 1. Kön 2,26) noch die Göttin verehrt hat, muß offenbleiben wie die Frage, ob der Prophet noch mit dem Namen seines Heimatortes religiöse Aspekte verbunden hat (vgl. 7,18; 44,17ff., die Verehrung der Königin des Himmels).

Anatot lag auf altem benjaminitischen Stammesgebiet, das zwar seit 926 dem Südreich angeschlossen blieb (1. Kön 11f.), das aber gegenüber Jerusalem seine Eigenständigkeit bewahrt hat. Es war das auffälligste Merkmal dieses wohl relativ kleinen Dorfes mit zugehörigen Weilern: seine Randlage. Sie schien König Salomo schon günstig für die Verbannung des alten Ladepriesters aus Davids Zeit, Abjathar. Er soll dort »Felder« besessen haben (1. Kön 2,26). Die priesterliche Tradition hielt sich offenbar bis ins 6. Jh. Und auch Jeremia erwirbt ein »Feld« dort von seinem Vetter (Jer 32). Ob er selbst dort noch mehr eigenen Besitz hatte, ist nicht bekannt. Der Randlage verdankte das Dorf offenbar auch die Würde eines Levitenortes, welche auf die Politik des davidischen Königshauses zurückgeführt wird. Diese verfolgte das Ziel, durch ein Netz von belehnten Krongütern das Königtum auf dem Lande zu befestigen. Auffallend ist der Gürtel von Levitenorten im benjaminitischen Stammland: Ajalon (Beth-Horon), Gibeon, Geba, Anatot, Almon – nur Beth-Horon gehört zum ephraimitischen Gebiet. [7] Offenbar sollten das benjaminitische d. h. ehemalige Kernland König Sauls und die kanaanäischen Städte der Region eng an die Jerusalemer Dynastie gebunden werden.

Die topographische Randlage von Anatot hatte den Vorteil der Distanz zur Stadt. Gleichwohl war sie zu Fuß in einer Stunde erreichbar. Über den Skopusberg und das obere Kidrontal erreichte man den königlichen Hof und das Heiligtum, aber auch die Märkte im Stadttal (Zeph 1,10f.). Wahrscheinlich hat Jeremia diesen Weg täglich genommen – zumindest in der Anfangszeit seiner Tätigkeit in Jerusalem –, bis er dann, später gezwungenermaßen, in der Stadt blieb.

In einer halben Stunde aber konnte man auch die Höhenstraße erreichen, welche auf der Wasserscheide des Gebirges von Norden nach Süden verlief, von Sichem über Bethel nach Jerusalem und Bethlehem. Doch Anatot blieb am Rande liegen. Das damals wohl noch zur Bergseite im Westen durch

Wald und Gestrüpp (Macchia) und nach Osten durch die ins Jordantal abfallende Steppe und Wüste gesicherte Dorf mit seinen umliegenden Weilern und Äckern war nach der Überlieferung nur einmal Ziel einer militärischen Operation. Als im Jahre 701 eine assyrische Abteilung die östlichen Nebenwege benützte, um Jerusalem zu überraschen, sah auch Anatot den Krieg aus der Nähe (Jes 10,28-34).

Drei bis vier Stunden dauerte der Weg von Anatot über das *Wadi Qilt* zu der Oase von Jericho und zu dem alten Stämmefestplatz und -heiligtum Gilgal. 748 m über dem Meer gibt die Höhenkarte für *Rās el-Harrūbe* an, etwa 300 m unter Null für Jericho; gut 1000 Höhenmeter waren zu überwinden. Näher dagegen war Bethel. In der Luftlinie sind es 12 km. Aber es waren auf dem Weg über Geba und Michmas tiefe Wadis zu überqueren. Im Jeremia-Buch ist es nur 48,13 erwähnt. Häufiger genannt ist Silo, das schon fast eine Tagesreise von Anatot entfernt liegt (Luftlinie ca. 28 km). Ob Jeremia diese Orte besucht hat, ist nicht bekannt. Im Zusammenhang mit einer Zeichenhandlung ist ein Ort (wahrscheinlich) in der Umgebung Anatots erwähnt, den er aufgesucht hat: *Pārâ*, nach Jos 18,23 *Happārâ*, wo er den vom ihm erworbenen Lendenschurz verstecken sollte (13,1ff).[8] Es liegt nahe anzunehmen, daß es sich hierbei um die bei *ʿĒn-Fāra (Ḫ. ʿĒn-Fāra)* gelegene Schlucht im oberen *Wadi Qilt* handelt, die von Anatot in nö Richtung etwa eine Stunde entfernt ist.[9] Wenige Kilometer entfernt, zwischen Rama *(er-Rām)* und Gibea *(Tell el-Fûl)*, bei *Ṣelṣaḥ*, lag nach 1. Sam 10,2, MT – anders Gen 35,19 – das Rahel-Grab, das in Jer 31,15 eine Rolle spielte.

Daß dieser Ort und seine ländliche Umgebung den jungen Jeremia geprägt haben, ist vorauszusetzen. Nur kann Konkretes angesichts der Quellenlage kaum gesagt werden. Man muß sich mit Angaben dieser allgemeinen Art begnügen und die Vorstellungen über seine Heimat und Jugend daran ausrichten.

Jeremia wird in der Darstellung seiner sogenannten Berufung in 1,5 als *nābîʾ* bezeichnet und damit mit einem Begriff belegt, der eine lange Geschichte hat.[10] Nun kann es nicht zweifelhaft sein, daß Jer 1,4ff. damit die Verwendung und Füllung unseres heutigen theologischen Prophetenbegriffs als »Künder« (M. Buber)[11] des göttlichen Worts zumindest vorbereitet und gefördert hat. D. h. es kommt dort die dtr Prophetenvorstellung von Dt 18 zum Tragen, und diese erhält im Laufe der Zeit mehr und mehr die Dominanz. Die Frage ist nur, inwiefern der Begriff sich seit Jeremias Auftreten gewandelt hat und wie man von daher den Gegebenheiten der *nābî'*-Texte, d. i. der Texte, die den Begriff im Buch verwenden, Rechnung trägt.

Ein sicheres Datum ist die Tatsache, daß Jeremia schon in ältesten Fremdtexten, also den Baruch-Berichten (B), ein *nābî'* genannt wird. Mag es sich mit Kap. 1 verhalten wie angenommen, dann würde auch dort eine ältere Grundschicht, möglicherweise sogar unter Verwendung einer Ordinationsagende, von Jeremias Ernennung zum *nābî'* sprechen. Ob die Näherbezeichnung *nābî'* »für die Völker« eine spezielle Ausrichtung der Aufgabe (Ressort Außenpolitik) bedeutet, ist fraglich. Offenbar hat eine solche Konzentration seit den alten Seher-sprüchen (Num 22ff. z.B., 1. Kön 22 u. a.) zu den genuinen Aufgaben des Seher-*nābî'* gehört. Damit ist angedeutet, daß man annehmen kann, daß es auch noch ausgangs des 7. und anfangs des 6. Jh. s den Stand oder Beruf des *nābî'* gab wie zu Zeiten eines Amos (7,14f.) und daß Jeremia diesem Berufs-stand zuzuzählen ist. Doch hier beginnen die Fragen, die nicht oder nur unzureichend zu beantworten sind. Was tut ein *nābî'* ? Wie wird man ein *nābî'* ? Wie verhalten sich Amt und Charisma beim *nābî'* ? Wie reagiert die Umwelt auf einen *nābî'* ?

Gehen wir von den Daten des Jeremia-Buches aus, und zwar von den Überlieferungsschichten A und B, dann gab es z. Z. Jeremias wie in den Jahrhunderten davor (1. Kön / 2. Kön) immer noch Gruppen von *nᵉbî'îm*, die, von der Tempelverwaltung beaufsichtigt, als verrückt (*mᵉšuggāʿ* 29,26) verschrien, nach Herkunftsgruppen geordnet, von Samaria, von Jerusalem (23,13ff.), offenbar publizistische d. i. wohl politische Funktionen erfüllten. Man kann ihre Tätigkeit etwa als Zukunftsprognostik, als Mantik bezeichnen. Die in 23,9ff. angesprochenen *nᵉbî'îm* beschäftigen sich mit zwei Aufgaben: der Traumdeutung (23,25ff.) und der Orakelertei-lung (23,33ff.). Die letztere Aufgabe wird mit dem Begriff *maśśā'* (Stimmerhebung) erläutert, der traditionell auf das Völkerorakel, d. h. auf Sprüche, Gedichte, Lieder, Orakel fremde Völker betreffend, bezogen wird. Belege sind Jes 13ff., Nah 1,1, Hab 1,1. Mit beiden hergebrachten *nābî'*-Aufgaben setzt sich Jeremia auseinander, Zeichen dafür, daß er mit Grundproblemen des *nābî'*-Berufs vertraut war, ja daß er eine eigene Beziehung dazu gewinnen wollte. In welchem Verhält-nis das Charisma des Sehers – nach 23,18 dessen, »der im

Thronrat JHWHs gestanden und sein Wort ›gesehen und gehört‹ hatte –, dazu steht, ob es Voraussetzung für die Tätigkeit des *nābî'* war, ist nicht ganz deutlich zu erkennen. Doch liegt es nahe, eine solche Beziehung anzunehmen. Jeremias besondere Position wäre es dann gewesen, daß er auf der Basis seiner Nähe zum JHWH-Wort, auf Grund der ihm zugänglichen »Vision« oder »Audition«, die konventionellen Funktionen eines *nābî'* angenommen hätte. Doch hätte er anstelle des Individualtraums (23,27) die direkte Erfahrung im Umgang mit seinem Gott (Wort und Antwort, 23,28f.) und anstelle des auch von ihm benützten Völkerorakels (46 ff.) das Botenspruch-Orakel an Israel, Jerusalem und Juda in den Vordergrund geschoben. Diese Zuordnung zu dem Beruf des *nābî'* erlaubt es nicht nur, Jer 1,5 angemessen zu verstehen und die Verwendung des *nābî'*-Begriffs im Jeremia-Buch zu erfassen (»Der *nābî'* Jeremia sprach zu dem *nābî'* Hananja«, 28,5. 15), sondern läßt vor allem Einblick nehmen in die Probleme, die für Jeremia selbst mit dem Eintritt in diesen ›Beruf‹ entstanden. Gerade das Beispiel der Auseinandersetzung mit Hananja (Kap. 27f.) zeigt den Rahmen und Spielraum des Berufs eines *nābî'*. Daß es zuletzt darauf ankam, wer in der Wahrheit (*'emet*) stand und wer nicht, dafür ist Jeremias ganzes Leben und Leiden eines *nābî'*, eines ›Berufenen‹, ein einzigartiges Zeugnis.

Jeremia gehörte demnach – und Baruch hat das zu Recht festgestellt – in die Sparte der Berufsmäßigen *nᵉbî'îm*, war wohl ausgebildet wie sie – vielleicht zusätzlich als Priester (1,1 ?)-, hat möglicherweise eine Ordination als *nābî'* (1,4ff.) erlebt und hat sich, nach seinen Frühschriften geurteilt, an den Meistern des ausgehenden 7. Jh. s geschult – allerdings wird nur Habakuk (Nahum, Zephania?) ausdrücklich als *nābî'* eingeführt (1,1; 3,1). Er gehörte in die Gruppe der mit Namen überlieferten *nᵉbî'îm*: Hananja aus Gibeon, Urija aus Kirjat Jearim, Ahab und Zidkijahu (und Hesekiel) aus Jerusalem in Babylon, Semaja aus Nehelam (?) und jener Jeremia (auf dem Siegelabdruck) auch Lachis, welche je auf ihre Weise den Beruf des »Künders« um die Jahrhundertwende ausgeübt haben. Da die Nachwelt dann die ›großen‹ *nᵉbî'îm* Jeremia und Hesekiel zum Maß aller prophetischen Dinge gemacht hat, wurden andere zu ›kleinen‹ oder schlimmstenfalls zu ›falschen‹ *nᵉbî'îm*, ein Urteil, das den Nachgeborenen leichter fiel als den Zeitgenossen – und auch Jeremia selbst (28,5ff.).

Ein Blick auf das soziale Umfeld, sofern ihn die lückenhafte

Quellenlage überhaupt zuläßt, scheint Jeremias spätere Selbst-einschätzung, er »sitze einsam« (*bādād*, 15,17), in einem wei-teren Sinn zu bestätigen: Jeremia war wohl zeitlebens ein einsamer Mensch. Jedenfalls war das soziale Netz, das ihn umgab, in jeder Beziehung rissig. Von seiner Familie ist uns der Vater mit Namen bekannt: Hilkia, offenbar ein Priester.

Wie immer man die Angabe: »von den Priestern, die in Anatot waren« in 1,1 bezieht, auf Jeremia oder auf seinen Vater Hilkia – wobei ersteres gesagt sein wird, letzteres aber ebenso zutrifft –, die Formulierung ist merkwürdig. Dachte man früher gern an Nachkommen der alten Priesterfamilie Abjathar, die dort ja Güter hatte, legt sich neuerdings eher der Gedanke an Priester nahe, die aus dem ehemaligen Nordreich nach Süden geflohen sind oder vertrieben wurden und sich im Südreich kurz nach der Grenze niedergelassen haben. Dies würde erklären, weshalb diese Priester unter Einschluß Jere-mias in Jerusalem offenbar nicht Dienst taten, vor allem aber, weshalb Jeremia von den nördlichen, ephraimitischen, Tradi-tionen geprägt und in seiner Frühzeit stark nach Norden orientiert war. Sah er dort seine Heimat?

Seine Mutter begegnet in seinen Worten nur anonym, zudem als Ziel der Klage (15,10) und des Fluches (20,14ff.). Der Ge-danke an die Eltern begegnet im Zusammenhang mit dem »ver-fluchten« Leben, das er mindestens zu Zeiten nicht weiterleben wollte. Schlüsse auf eine unglückliche Kindheit wären voreilig, angesichts der bunten Fülle von Welterfahrung, die aus seinen Versen spricht. Seine Brüder bleiben anonym wie andere Fami-lienmitglieder, scheinen indes mit dem *nābî'*-Sonderling – ohne daß der sich dessen bewußt war – gebrochen zu haben. Verste-hen wir ihre Nachrede richtig, haben sie ihn mit *mālē'* be-schimpft, was soviel heißen mag wie »vollgelaufen«, »naß« oder »trunken« (12,6) – ein wenig origineller Vorwurf gegen-über einem nicht alltäglichen Verhalten, wie er den *n^{e}bî'îm* of-fenbar gerne gemacht wurde (29,26, vgl. Hos 9,7). Daß dieser aus seiner Familie selbst kam und ihn hinterrücks fast ums Le-ben brachte (11,18ff. 21ff.), wirft kein gutes Licht auf die Fami-lie und ihren Schutz im kleinen Anatot. Sie hat den frühreifen Einzelgänger und wegen seiner politischen Äußerungen gefähr-lichen »Spinner« früh fallen lassen. Es ist anzunehmen, daß er nach den Ereignissen von 11,18ff. nicht mehr in Anatot bleiben konnte und, gleichsam verstoßen, in Jerusalem »einsam woh-nen« mußte. Der einzig berichtete Kontakt mit seiner Familie in Gestalt seines Vetters unmittelbar vor dem Fall Jerusalems war

rein geschäftsmäßig: es ging um die »Auslösung« eines Grund-
stücks aus Familienbesitz bei Anatot (32,6ff.). Hatte sich Hilkias Familie aufgelöst?

Auch in dem weiteren sozialen Umfeld seines Bekannten-
und Kollegenkreises fand er das Vertrauen nicht ('mt – 'mn,
12,6), welches das Leben braucht. Immer fühlte er sich als
Opfer seiner Umgebung, »wie ein zutrauliches Lamm, das zur
Schlachtung geführt wird« (11,19), und nach Baruchs Berich-
ten war diese Einschätzung nicht unbegründet. Was ihm von
Kollegen, von der aufsichtführenden Behörde im Tempel, vom
Hof und seinen höchsten Repräsentanten, in deren Nähe er
durch seine öffentlichen Auftritte in den Tempeltoren und
Palastbauten geriet, widerfuhr (Kap. 26ff.), ist mit Begriffen
der Menschlichkeit nur schwer zu beschreiben oder gar nicht
– Baruch versucht es durch minutiöse Aufzeichnungen der
Personen und Fakten wie in einem Tagebuch. Es geht daraus
hervor, daß offenbar von vielen Seiten seine »Liquidation«
(11,18) gewollt, geplant, betrieben wurde und nur mehr »zufällig« mindestens fünf Mal gescheitert ist. Sein soziales Umfeld war voll Todesgefahren, die Gruben waren gegraben
(Kap. 18; 20; 22f.). Die Lynchjustiz nach der Tempelrede
(Kap. 26) im Jahre 609, die Vorgänge um die Verlesung der
Buchrolle (Kap. 36) 604 die Anschläge der »Männer aus Anatot« (11,21ff.) wohl um 600, die Folter und Kerkerhaft durch
die Tempelpolizei (Kap. 20), auch um 600, die politischen Re-
pressionen durch hohe Beamte (37,14ff. ; 38,4ff.) 587 sind
dokumentierte Versuche, ihm das Leben zu nehmen, ganz zu
schweigen von den Gefahren beim Untergang Jerusalems und
der gewaltsamen Deportation nach Ägypten (Kap. 43f.), wo
ihn dann aller Wahrscheinlichkeit nach sein Geschick ereilte.
Alle diese Todeserfahrungen, alle diese Gewaltsamkeiten und
Zwänge, Gefahren und Anschläge, die in sein Leben eindran-
gen, sich auf ihn stürzten und ihn niederwarfen, müssen sein
Selbstgefühl schwer getroffen und tief verletzt haben. Der in
20,7ff. dokumentierte indirekte Selbstmordversuch – die
Selbstverfluchung kam dem jedenfalls nahe – kennzeichnet
nur den Höhepunkt der persönlichen Krise, falls der Begriff
Krise auf ein solchermaßen geschädigtes Leben überhaupt an-
wendbar ist.

Ausnahmen in dem durch solchen Druck zerstörten
menschlichen Umfeld – und als solche werden sie beschrieben
– gab es, und sie waren es, die durch ihre menschliche Zuwendung Jeremia das Leben retteten. Es war die seit Josias Tagen

hoch angesehene Diplomatenfamilie Saphans, die die Hand über ihn hielt (26,24). Es war der Äthiopier Ebedmelek, der sich persönlich für den Gefangenen einsetzte (38,7ff.). Es waren die babylonischen Offiziere und Kommissare, allen voran Nebusaradan, der Auftrag hatte, den als Freund Babyloniens wohl nicht ganz zutreffend, doch auch nicht ganz falsch eingeschätzten Parteigänger zu schonen (40,1ff.). Sie waren Ausländer wie der äthiopische Sklave und wohl keine JHWH-Verehrer. Und es war Baruch, sein Sekretär, Anwalt, Freund und Beschützer, der zu ihm hielt und der mit den auf ihn zurückzuführenden Passionsberichten ein einzigartiges Zeugnis schuf. Er hat Treue gehalten und den Einsamen begleitet und für ihn getan, was er konnte. Für Jeremia muß diese Freundschaft ein helles Licht in dem abgedunkelten Zisternenkerker seiner Existenz gewesen sein, wo zu Zeiten auch das Oberlicht für ihn nicht mehr da zu sein schien.

Jeremias Verhältnis zu Frauen ist nach 16,1ff. durch den als Zeichensetzung aufgetragenen Eheverzicht geprägt. Dabei geht es anders als bei Hosea (1; 3) nicht um eine Demonstration im Blick auf das Verhältnis Gott – Volk, worüber auch Jeremia in Kap. 2f.; 30f. Eindrückliches zu sagen hatte, vielmehr um den ungewöhnlichen Verzicht auf Kinder und Nachkommen (16,2), weil sie dem Unheilsbeschluß JHWHs zufolge nur Opfer des angekündigten Seuchentods würden (16,4). Jeremia soll als »kinderlos« in den Registern geführt werden, ein Schicksal, das er auch dem König Konja (Jojachin) ankündigen mußte (22,30). Letzteres fällt in die Jahre um 598, und auch die Entscheidung zum eigenen Eheverzicht ist um 600 vorstellbar. Jeremia wäre nach der Spätdatierung seines Geburtstages dann etwa 26 gewesen. Doch ein Datum nach 609 ist von der Verkündigung und ihrer Thematik her ebenso denkbar. Das übliche Heiratsalter für Männer war nach L. Köhlers Berechnung zwischen 18-20. [12]

Der Eheverzicht, zusammen mit dem Verzicht auf Geselligkeit und Gemeinschaft im »Kulthaus« (16,5) und »Trinkhaus« (16,8), vertiefte sozial und psychisch gesehen die Isolation Jeremias. Er mußte nun für seine Umwelt erst recht als der Anormale gelten, auf den nicht einmal das Rollenschema des nābî' mehr paßt. Der Sonderling wird zu einem unerträglichen Mahnmal oder – auch das ein Abwehrmechanismus – zur Witzfigur (»figure of fun«)[13], als solche schon Zeichen gescheiterten Lebens. Psychisch betrachtet mußte die Verschärfung der Isolation sowie die Verkörperung der zukünftigen Passion Jerusalems und seiner Menschen in einer symbolischen Darstellung eine neue Belastung schwerster Art bedeuten. Ihm, der so wunderbare Klänge und Bilder einer »Theologie der ersten Liebe« fand, war diese ganze Erlebniswelt verschlossen – wie man annehmen muß. Er fand nach dem Zerfall der Familienbeziehung offenbar keine neue Beziehung, die ihn hätte auffangen können, jedenfalls nicht in einer eigenen Familie, im eigenen Haus oder in eigener Wohnung. Die Wucht der extremen Isolation muß ihm schwerstes Leiden bedeutet haben.

Dazu kommt nun – als ob es der Belastung für den jungen Jeremia noch nicht genug wäre – noch die wohl für ihn schwerste Krise seines Berufs, als er sich jedenfalls zeitenweise seiner Sendung nicht mehr sicher war, als ihm der letzte Strang, an dem sein Leben hing, zu zerreißen drohte. Die Texte, die diese schwere Krise belegen, werden traditionell »Konfessionen« genannt. Im Kern bestehen sie aus Klagen, welche sich gegen den richten, der ihn in diese Lage gebracht hat und dessen Hilfe ihm fehlte. Das in diesen Texten dokumentierte Gespräch ist ein bewegendes Zeugnis der Menschlichkeit, auch der »Menschlichkeit«, die Jeremia von seinem Gott erfuhr. Kein Wunder, daß die Nachwelt diese Klagen zu Prototypen des Gebets ausgestaltete. Denn in ihnen wird Individuelles und Typisches gleichermaßen Ereignis.

Die Klagen betreffen Aspekte seiner Berufung. Ausgelöst sind sie durch ganz bestimmte Erfahrungen. Was sie wie ein Grundton durchzieht, ist die Klage darüber, ständig im Krieg zu sein und kämpfen zu müssen. Mag das in den ersten Gebeten noch nach Auseinandersetzung und »Wettkampf« (12,5) klingen, wird es zunehmend zu einem verzweifelten Kampf ums Überleben als *nābî'*, als »Mund Gottes« (15,19). Und die Bilder verdunkeln sich: Verletzungen (15,18), Krankheit (17,14) und Tod (20,14) bestimmen die Vorstellungen seiner gefährdeten Beziehung zu Gott. In diesen Kontext gehört das Wort: »vor deiner Hand sitze ich einsam und wehrlos« (15,17) und auch das andere, leider beschädigte, aber nach 1,17ff. rekonstruierbare Wort als Frage Gottes an ihn: »Habe ich dich nicht gepanzert (15,11f.)?«[14]

Jeremias Aufenthalts- und Auftrittsorte in Jerusalem sind nur zum Teil überliefert. Stellt man die Angaben zusammen, stellt man fest, was eigentlich nicht überraschend ist: Es sind fast alles Orte in der engeren Umgebung des Tempels. Sein mutmaßlich erster Auftritt mit einem frontalen Angriff auf die herrschende Tempelideologie geschah »im/am Tor des Hauses JHWHs« (7,2), »im Vorhof des Hauses JHWHs« (26,2) 609 – wahrscheinlich kurz nach der »Berufung«, die ihm ›gegen Juda und Jerusalem zu sprechen‹ auftrug (1,17ff.). Die anschließende Verhandlung fand dann, von den Ministern geleitet, im »Eingang des neuen Tores« statt (26,10). Ist der Auftritt selbst eher im östlichen Vorhof denkbar, so ist das »neue Tor« wahrscheinlich südlich des Tempels im Grenzbereich zum »Haus des Königs«, also zum Palastareal zu denken. Dort in der Nähe ist auch der Platz anzunehmen, der »Oberer Vorhof« heißt (36,10), wo Baruch die Verlesung der Jeremia-Worte im Jahre 605/4 (oder 601/ LXX) vorgenommen hat, »im Eingang des neuen Tores«.

Nach 17,19 trat Jeremia auch an einem »Tor des Volkes« genannten Ort auf, wobei die Lokalisierung Schwierigkeiten macht. Ist es ein Palast- oder Stadttor oder beides zugleich? Es ist sowenig zu verifizieren wie die Authentizität der sogenannten Sabbat-Rede, die er dort gehalten haben soll (17,19-27).

Der Ort des Töpfergleichnisses (18,1ff.) ist nicht genau angegeben, zu denken ist an tiefergelegene Stadtteile Jerusalems *(jrd):* Töpfer brauchen Wasser. Dagegen ist der Ort der Symbolhandlung »zerbrochener Krug« (19,1f.) genau beschrieben: »am Eingang des Scherbentors«, das – wie eine Glosse richtig bemerkt – zum Tal Hinnom hinausführt, also im Südwesten der unteren Altstadt anzunehmen ist. Später wird es »Misttor« genannt, weil davor der Müllplatz der Stadt lag, worauf übrigens auch die Bezeichnung Scherbentor hinweist. Nicht weit davon lokalisiert die Tradition das Tophet, eine phönizische Kultstätte, dem treuen JHWH-Verehrer ein Dorn im Auge (19,6ff.).

Es gab Zeiten, wo Jeremia sich frei bewegen konnte (37,4), etwa nach dem Tode Jojakims, der ihn verfolgen ließ (36,26). In den letzten Jahren Zedekias 588/587 aber wurde Jeremia wegen Fluchtgefahr beim Benjamintor festgehalten, als er wegen einer Erbangelegenheit nach Anatot wollte (32,6ff.) und in das Haus Jonathans, des Schreibers, gebracht wurde, das – genauer das dazugehörige Zisternenhaus mit seinen Kellergewölben – als »Kerker« und Gefängnis diente (37,15f.), wahrscheinlich in der Altstadt in Tempelnähe gelegen. Auf Bitten läßt ihn Zedekia dann in den »Vorhof der Wache« verbringen (37,21). Eine dort befindliche verschlammte Zisterne wird fast zu Jeremias Grab, hätten ihn nicht der äthiopische »Eunuch« und seine Gehilfen aus der Grube gezogen – mit

Wissen Zedekias. Er blieb im Wachhof, wohl im Palastareal, bis zur Einnahme der Stadt (38,13. 28), unterbrochen von der Unterredung, zu der ihn Zedekia insgeheim an den »dritten Zugang zum Hause JHWHs« bestellte (38,14), einen Ort, der in der Umgebung des »neuen Tores«, wohl ein Seiteneingang, zu denken ist.

Die letzten Stationen auf Jeremias Lebensweg beschreibt der Baruch-Bericht. Es sind für kurze Zeit: Mizpa[15], nachdem Jeremia das Angebot, nach Babylon zu kommen, ablehnt; Bethlehem, genauer der Khan bei Bethlehem, Zwischenaufenthalt für ein paar Tage auf der erzwungenen Flucht nach Ägypten; dann Tachpanhes (=Daphne) am östlichen Deltarand, unweit des Ortes, wo man den Schauplatz des Meerwunders und Exodus aus Ägypten (Ex 14) anzunehmen hat (43,7).

Die allerletzte Station gibt Baruch nicht an. Die Gründe dafür sind unbekannt. So verliert sich Jeremias Spur im ostägyptischen Delta. Es liegt nahe, sich vorzustellen, daß er dort seinen persönlichen und letzten Exodus erlitten hat. Bei Spätdatierung war er zur Zeit der Ankunft in Tachpanhes etwas über 40, bei Frühdatierung um 60 Jahre alt.

3. Zeitgeschichte

Die Darstellung des zeitgeschichtlichen Hintergrundes ist aus verschiedenen Gründen bedeutsam. Zunächst einfach deshalb, weil auch Jeremia Kind seiner Zeit war, die Sprache seiner Zeit sprach, die Atmosphäre seiner Zeit atmete. Alle Ereignisse seiner Gegenwart, politische, militärische, kulturelle, hatten ihren direkten oder indirekten Einfluß auf sein Leben – davon war schon zu reden und wird noch zu reden sein. Es gibt eine Fülle von Darstellungen der geschichtlichen Entwicklungen im letzten Viertel des 7. und ersten Viertel des 6. Jh. s, vom Übergang von der assyrischen zur neubabylonischen Epoche, vom Machtkampf der Großmächte und Judas Politik im Mahlwerk der Ost-West-Auseinandersetzung, zwischen den Machtzentren am Nil und am Tigris und Euphrat. Sie können auf eine relativ gute Quellenlage setzen. Stehen doch nicht nur die biblischen Auszüge aus der judäischen Königschronik in den sog. Königsbüchern mit recht präzisen Angaben zur Verfügung, sondern auch die assyrischen und babylonischen Königschroniken, vor allem die noch nicht so lange bekannte neubabylonische Chronik, die sog. Wiseman-Chronik (1956)[1], darüber hinaus aber auch relativ zahlreiche Detailzeugnisse, wie die Lachis-Ostraka, die Ergebnisse der Ausgrabungen in Jerusalem, in Babylon, andere biblische Zeugnisse, wie die Bücher Hesekiel, Klagelieder u. a. mehr. Ein Problem bilden die Chronologie und entsprechend die Datierung verschiedener Ereignisse, insbesondere nach den biblischen Angaben. Fragen der Kalenderordnung kommen ins Spiel, etwa die Frage nach dem Zeitpunkt der Umstellung auf den babylonischen Kalender mit seiner Frühjahrsdatierung. [2] Alles das spielt eine Rolle, auch wenn es in diesem Zusammenhang nicht im einzelnen diskutiert werden kann. Denn es gilt zu Recht als unabdingbare Voraussetzung zum Verständnis eines prophetischen Wortes – wie schon die editorische Tradition das gewußt und praktiziert hat –, daß es mit einem Datum versehen werden kann.

Damit kommen wir zu dem eigentlichen Grund, weshalb, ohne Kenntnis der Zeitgeschichte, ein Prophet wie Jeremia nicht zu verstehen ist. Der Prophet ist nicht nur passiv bestimmt, getragen, beeinflußt, geschädigt, bedroht, erhöht, erniedrigt durch die politischen Geschehnisse. Dies würde ihn nicht unterscheiden von seinen nichtprophetischen Zeitgenossen. Baruch erlitt nicht Jeremias Geschick, litt aber wie er unter der Zeitgeschichte (Kap. 45). Vielmehr ist der Prophet Jeremia weit mehr, als im allgemeinen angenommen, aktiv mit der Zeitgeschichte beschäftigt, indem er sie verfolgt, überblickt, durchdenkt, analysiert, deutet, kommentiert, voraussagt – und politisch zu beeinflussen sucht. Im Prozeß der Buchedition wurden die sog. Völkersprüche (Kap. 46-51) zunehmend an den Rand gedrängt und in den Anhang abgeschoben. Erst standen sie als Kap. 25ff. im Anschluß an die Sammlungen von Worten an die politisch relevanten Kräfte in Jerusalem, an die Könige, an die Nebiim (Kap. 21ff.); und dahin gehören sie auch. Dann wurden sie von der Passionsgeschichte verdrängt und am Ende des Buches wie Kap. 52 als Nachträge – jetzt sogar nach dem Kolophon (Kap. 45) – eingeordnet. Dort verstaubten sie sozusagen im Archiv nach dem Willen der Tradenten. Die Wirkung hält an. Sie blieben weithin ungelesen und jedenfalls überflüssig für ein Prophetenbild, das Jeremia zwar als Völkerpropheten zitierte, aber als Prediger des Wortes Gottes begriff, wozu die land- und völkergebundenen Worte eigentlich nicht recht passen wollten. In Wahrheit war Jeremia ein politischer Prophet, und es gibt kaum einen Spruch, der nicht politisch, nicht auch politisch, gemeint wäre. Er hat sich mit allen politischen und insofern geschichtlichen Ereignissen seiner Zeit – soweit er sie bewußt erlebt hat – intensiv beschäftigt und auseinandergesetzt, und – man hat aus den Überlieferungen den Eindruck – das intensiver als seine Mitpropheten (vgl. Kap. 27f.); intensiver als die Regierung sicherlich in der Zeit Zedekias, wahrscheinlich aber auch schon als die Regierung Jojakims und vielleicht Josias. Kap. 2f.; 30f. einerseits und Kap. 4ff. andererseits erwecken jedenfalls den Anschein, als ob er das Problem der Wiedervereinigung mit Ephraim und das Problem der 605 sichtbar gewordenen neuen Machtkonstellation früher und klarer als andere erkannt und beschrieben hat.

Damit sind wir an dem Punkt angelangt, wo das Ziel dieses Kapitels sichtbar wird. Es geht darum, deutlich zu machen, daß und wie Jeremia in den und auf die zeitgeschichtlichen Ereignisse reagiert hat, welche uns durch die historischen Zeugnisse rekonstruierbar geworden sind. Auf diese Weise soll versucht werden, Jeremias Aktion und Reaktion im Nachvollzug zu verstehen oder – was angesichts einer solchen Aufgabe angemessener ist – zu erahnen.

Der Niedergang und Fall des assyrischen Regimes, das die kanaanäisch-palästinischen Länder jahrzehntelang in Angst und Schrecken versetzt hatte – wie »Heuschrecken«, sagt der Prophet Nahum von Elqosch, »geht aber die Sonne auf, so fliehen sie, und niemand weiß, wo sie sind« (Nah 3,17) –, der im Untergang der Hauptstadt Ninive sein klangloses Ende fand, hat Jeremia nach den überlieferten Zeugnissen wenig berührt. Zwar ist es möglich, ja wahrscheinlich, daß er – an der Grenze zur ehemaligen assyrischen Provinz »Samarina« aufgewachsen (sie verlief zwischen Jerusalem und Bethel, etwas östlich von Anatot) – den Abgang mitbekommen hat. Doch war er wohl einfach noch zu jung, um diesen Umbruch in seiner Tragweite zu erkennen, zumal der Rückzug der Assyrer wohl schon in den 20er Jahren allmählich begonnen hatte. 612 war Jeremia vermutlich erst etwa 15 Jahre alt. Die Assyrer kommen demnach in seiner Verkündigung nur am Rande vor. Ninive bleibt unerwähnt. Es spricht aber einiges dafür, daß ihm in diesen Jahren die Politik des Königs Josia (639–609) bewußt wurde, die dahin ging, die von den Assyrern verlassenen Räume zu besetzen und die Grenzen Judas nach Norden auszudehnen. Daß er die Restauration des davidischen Großreiches, oder pragmatischer: zunächst nur die

Angliederung der alten Stämmegebiete von Ephraim und Manasse, d. i. des Territoriums bis zur Jesreel-Ebene, betrieb, wurde sichtbar. Wahrscheinlich waren die Dinge schon recht weit entwickelt, als es 609 bei Meggido dem nach Norden ziehenden Pharao Necho entgegentrat und (in einer Schlacht? durch einen Anschlag?) dabei ums Leben kam. Auf die Politik der Vereinigung Ephraims mit Juda hat Jeremia, allem Anschein nach stark bewegt, mit seinen Gedichten reagiert, welche in Kap. 2-3 und Kap. 30-31 gesammelt und ediert sind. Dabei sah er offenbar sehr scharf die unterschiedliche politische, geistige und religiöse Situation, die im Königreich Juda und in den besetzten Gebieten bestand, und erkannte die Probleme einer Annäherung. Ob er denn mit seinen Texten aus dieser Zeit an die Öffentlichkeit ging und ob er damit etwas bewegen wollte oder konnte, ist fraglich. Zu bedenken ist, daß sie – wenn eine Berufung nach Jerusalem stattgehabt hat – vor diesem Einschnitt entstanden sind.

609 war für Juda/Jerusalem ein dramatisches Jahr: drei Könige – Josia, Joahas, Jojakim, die Interventionen des Pharao gegen Josia, gegen Joahas – er wurde nach Ägypten verschleppt –, erst Jojakim war nach Nechos Geschmack; ein tragisches Jahr: Josia, auf dem Höhepunkt der Restaurations- und Expansionspolitik, ignorierte offenbar die Interessen der westlichen Weltmacht und kam auf Gegenkurs. Jojakim, von Pharaos Gnaden eingesetzt, hielt blind und starr fest an der ägyptischen Option und lief später ins babylonische Verderben.

Jeremias Reaktion ist dokumentiert in dem Spruch über Joahas Kap. 22,10-12. Der Wortlaut ist vielleicht in V. 10 erhalten. Er beschäftigt sich mit der Trauer um Josia in Jerusalem und will die Aufmerksamkeit auf einen anderen »Toten« lenken, den »weggehenden« König Joahas *(laholēk)*: er geht dahin in ein »Land ohne Wiederkehr«, der Totenwelt gleich, eben Ägypten. Ist es eine Warnung vor der westlichen Großmacht? Ist es eine Omen, daß zwei gesalbte Könige vom Pharao liquidiert wurden und der dritte gewaltsam inthronisiert wurde? Jedenfalls deuten sich düstere Perspektiven an für den gerade erst sich wieder souverän fühlenden Staat. 609 war ein Jahr der Trauer. [3]

In diese Zeit ungefähr müßte nach der Spätdatierung auch die sog. Berufung fallen. Doch kann eine Beziehung zu den politischen Ereignissen von 609 nach Kap. 1,4ff. nicht aufgewiesen werden. Möglicherweise ist die Berufung unmittelbar vor diesem Datum anzunehmen. Dafür spricht auch der erste (?) öffentliche Auftritt Jeremias, die sog. Tempelrede Kap. 7; 26, der in dieses Jahr fällt (26,1). Es ist ein Angriff auf das religiöse und politische System, für das der Tempel von Zion steht. Die Parole: »Der Tempel JHWHs, der Tempel JHWHs, der Tempel JHWHs ist hier« (7,4)[4] war zugleich ein politisches Programm. Da Josia seine restaurative Politik doch wohl auf ähnlichen Leitlinien aufbaute, vielleicht nicht so deutlich und massiv wie sein Sohn Jojakim, muß für Jeremia ein Sinneswechsel angenommen werden. Es muß ihm inzwischen klar geworden sein, auf welchen politischen Fundamenten hier gebaut wurde und wie brüchig diese Fundamente zu seiner Zeit geworden waren. So sieht er sub specie aeternitate, mit den Augen seines Gottes, welcher das zentrale »Haus« des Systems eben nach seinen »Bewohnern« beurteilt, es als eine »eine Räuberhöhle«, weil nur noch als Fluchtburg »in euren Augen«: »Auch ich sehe es so, Spruch JHWHs« (7,11). Die Reaktionen auf diese Herausforderung schlugen tiefe Wunden in Jeremias Leben. Fast hätte auch ihn früh das Geschick Urijas von Kirjat Jearim getroffen (26,20-23), eines Propheten, dessen Worte nicht überliefert sind.

Dann das Jahr 605: Es war das Jahr Nebukadnezzars. [5] Der babylonische Name diese Königs war *Nabû-kudurri-uṣur* (»Nabu-schütze-den Erben«), hebräisch *N^ebûkadre'ṣṣar* (oder *N^ebûkadne'ṣṣar*). Er war der Sohn des Dynastiegründers des neubabylonischen bzw. chaldäischen Reiches, Nabopolassar (*Nabû-apla-uṣur,* »Nabu-schütze-den Sohn«); seine Regierungszeit war 626-605. Nebukadnezzar war 605 als Kronprinz der Oberbefehlshaber des Heeres im Kampf gegen ein ägyptisches Heer am oberen Euphrat, das er in zwei strategisch geführten Schlachten bei Karkemisch am Euphratknie und in der Verfolgung bei Hamat im mittleren Syrien vernichtend schlug. Kurz danach rief ihn die Nachricht vom Tod seines Vaters nach Babylon. Die babylonische Chronik vermerkt: »Damals eroberte Nebukadnezzar das ganze Land *Hamath.* 21 Jahre hat Nabopolassar über Babel regiert. Am 18. Ab starb er (= 15/16. August). Im Monat Elul (= 6/7. September) bestieg er in Babel den Königsthron. « Er regierte bis 562. Er war die beherrschende Persönlichkeit jener Jahrzehnte. Seine staatspolitische Leistung im Aufbau und Ausbau des neubabylonischen Reiches und seiner Hauptstadt ist bewundernswert. Die Bibel bewahrte ihm als Eroberer Jerusalems kein gutes Gedächtnis. Doch war sein Name in der Antike berühmt, nicht zuletzt wegen des Weltwunders der »Hängenden Gärten« von Babel. [6] Die Schlacht von Karkemisch veränderte die politische Machtbalance im vorderen Orient grundlegend, wie aus der Lektüre der Babylonischen Chronik hervorgeht. Doch in Jerusalem scheint man die Änderungen nicht wahrgenommen zu haben. Im blinden Vertrauen auf die Ägypter hielt Jojakim sich auf der Seite des Westens. Die kurze Zeit bestehende Hegemonie der Ägypter, »vom Bach Ägyptens bis zum Euphratstrom« im Jahre 609 (2. Kön 24,7) hielt die Regierung Jojakim in Bann. Viel klarer sahen die Propheten. A. Malamat schreibt: »In diesem Licht können wir die tiefe Einsicht und realistische historische Perspektive der prophetischen Kreise in Juda umso besser beurteilen, welche ein wirkliches Verständnis der internationalen Szene in jener Zeit hatten. « Dies gilt für Hesekiel und seine Ägyptenworte (29,6f.; 17,17; 16,26; 23,21. 27), für den zum Schweigen gebrachten Urija nach Jer 26,20ff., und es galt für Jeremia und seine zahlreichen Voten, die er in diesem Jahre aufzeichnen ließ (Kap. 36, die »Urrolle«), aber auch für die Ägypten-Orakel (Kap. 46 mit Datierung auf 605). Sein Thema war in jenen Jahren der Feind aus dem Norden und dessen Einschätzung (1,14). Jojakim wollte davon nichts hören und wissen (Kap. 36,21ff.).

»Mit modernen Begriffen, diese Propheten dienten – *bei aller Anerkennung ihrer viel tieferen Motive* – als Analytiker und Kommentatoren, gänzlich unabhängig von offizieller Politik und allgemeinem Konsens. Damit spielten sie eine aktive Rolle in dem akuten Streit um die außenpolitische Orientierung ... «. [7] Die Unterwerfung unter die babylonische Oberhoheit, wahrscheinlich 604 oder 603, wurde in aller Stille vollzogen. Nach masoretischer Tradition wird Jer 36 in dieser Zeit datiert (nach griechischer: 601). Waren die Worte zu peinlich für den die Fronten wechselnden König? Die babylonische Chronik weiß von einem der fast jährlich durchgeführten Feldzüge ins Land *Hattu*; eine Lücke läßt das genaue Ziel offen. Offenbar gilt das babylonische Interesse zunehmend den Stadtstaaten und Kleinstaaten im südlichen Hattu. Der Feldzug war begleitet von Jeremias Kommentaren in Kap. 47. Es ist zu vermuten, daß Jojakims erzwungenes Einlenken auf die Linie der Unterwerfung und Anerkennung der babylonischen Oberhoheit die innenpolitischen Spannungen verstärkte. Im Jahre 601 kulminierten die Ereignisse. »Im 4. Jahre (scil. 601) bot der König von Akkad seine Truppen auf und zog nach dem Hethiterlande. Siegreich [zog er] durch das Hethiterland. Im Monat Kislew (= November/Dezember) trat er an die Spitze seiner Truppen und zog nach Ägypten. Als der König von Ägypten das hörte, [bot er] seine Truppen [auf]. In einer Feldschlacht griffen sie einander an und brachten sich wechselseitig schwere Verluste bei. Der König von Akkad und seine Truppen *kehrten* zurück nach Babel. «[8]

Jojakim deutete den Ausgang der Schlacht wohl als Sieg Ägyptens. Denn er setzte wieder auf den Pharao und stellte die Tributzahlungen an Babylon ein. Wieder trat Jeremia für eine andere Sicht der Lage ein. Er sah die ägyptische Kuh von Bremsen aus dem Norden überfallen und »preisgegeben dem Volk aus dem Norden« (46,13ff.). Sollte er sich diesmal getäuscht haben? Tatsächlich schien Nebukadnezzar geschwächt gewesen zu sein. Die babylonische Chronik notiert neue Rüstungsanstrengungen und Feldzüge gegen die Araber in den folgenden Jahren (vgl. Jer 49,28ff.). Aber auch die Ägypter machten keine großen Sprünge. Über Gaza kamen sie nicht hinaus. »Der König von Ägypten aber rückte nicht mehr aus seinem Lande aus; denn der König von Babel hatte alles erobert, was dem König von Ägypten gehörte, vom Bach Ägyptens bis zum Euphratstrom« (2. Kön 24,7). Ein Flottenbesuch in Byblos und anderen phönizischen Küstenstädten war das einzige, was Pharao Necho sich zutraute. Weiteren Konfrontationen mit den Babyloniern gingen er und seine Nachfolger lieber aus dem Wege. Aus 2. Kön 24,2 erfahren wir, daß die Babylonier zwar unmittelbar nach der Schlacht 601 nicht in der Lage waren, das abtrünnige Juda gleich zu bestrafen, daß sie aber »Streifscharen«, unter anderem aus Aramäern, Moabitern und Ammonitern mobilisieren konnten, die in Juda einfielen. Jeremia prägte dafür das Bild von der einsamen Koppel im Wald, die von Raubtieren angegriffen wird (12,8ff.). Offenbar erkannte er den Ernst der Lage, während der Hof sich ägyptischen Träumereien hingab. Im Winter 598/97 dann gab es ein böses Erwachen. »Im 7. Jahre (scil. 598), im Monat Kislew (= November/Dezember), bot der König von Akkad seine Truppen auf und zog nach dem Hethiterlande. Die Stadt Juda belagerte er. Am 2. Adar (= Februar/März 597) eroberte er die Stadt. Den König nahm er gefangen. Einen König nach seinem Herzen setzte er dort ein. *Seinen* schweren Tribut nahm er mit und führte ihn nach Babel. «[9]

Die judäische Chronik nach 2. Kön 24 bestätigt die Daten und füllt sie im einzelnen aus. Danach wurde Jerusalem einige

Wochen durch die Babylonier belagert. Jojakim war schon vor der Belagerung, offenbar als die Truppen auf dem Anmarsch waren, gestorben, 36 Jahre alt. Sein Sohn Jojachin übernahm mit seinen 18 Jahren ein schweres Erbe. Er übergab die Stadt, was sie vor der Zerstörung rettete, aber nicht vor der Plünderung und der Deportation der gesamten Oberschicht – zehntausend Jerusalemer, die Elite der Nation (2. Kön 24,11ff.). Nebukadnezzar, der die Übergabe persönlich angenommen hatte, setzte danach Mattanja (zu Zedekia umbenannt), einen Sohn Josias, als König ein. Jojachin lebte als Geisel am babylonischen Hof, nach nur dreimonatiger Regierungszeit in Jerusalem. Jeremia sprach – falls der Text, der ohne Datierung ist, in jene Epoche gehört – im Gleichnis von einer böse geschändeten Frau, allerdings einer Ehebrecherin (13,21ff. 25ff.), und stellte die Frage: »Wo ist die Herde, die dir gegeben war, deine schmucke Herde?« (13,20). Die Deportation von 597 war einschneidender, wohl zahlenmäßig auch größer als die Deportation der Gefangenen 10 Jahre später. Jerusalem/Juda war nunmehr ohne Kopf. Die Infrastruktur von Wirtschaft und Verwaltung war zerstört. Die Stadt verkam. Das Feigenkorbgleichnis (Kap. 24) gibt wohl eine zutreffende Beurteilung der Situation (vielleicht Jeremias) nach 597 wieder. In jedem Fall ist Jeremia von jetzt an auch mit den Exulanten in Babylon beschäftigt.

Für das Jahr 596/5 vermerkt die babylonische Chronik einen Feldzug Nebukadnezzars Tigris-aufwärts, wahrscheinlich gegen Elam. Dem könnte ein Orakel Jeremias gegen Elam »im Anfang der Regierung Zedekias« entsprechen (49,34ff.). 594/3, also nach drei Jahren, wagt Zedekia den Aufstand. Eine Gruppe interessierter Staaten fand sich in Jerusalem zusammen: Edom, Moab, Ammon und die Küstenstädte. Sie schmiedeten mit Juda ein antibabylonisches Komplott. Anlaß dazu war offenbar ein Thronwechsel in Ägypten. Auf Necho folgte Psammetich II., mit dem sich neue Hoffnungen verbanden. Doch nahm er an der Konferenz selbst nicht teil. Anlaß dazu waren aber auch Unruhen in Babylon selbst. Von einem Aufruhr ist die Rede, den Nebukadnezzar aber rasch niederschlug.[10] Man hört von Hochverratsprozessen gegen hohe Funktionäre.[11] Augenscheinlich Grund genug, in den Kreisen der Exulanten wie in politischen Kreisen Jerusalems Hoffnungen zu wecken (Kap. 27ff.).[12] Wie weit die Planungen gediehen, ist unklar. Jedenfalls hat sich in jenen Tagen Jeremia heftig zu Wort gemeldet und gegen die allgemeine, von den

Nebiim-Kollegen propagierte Euphorie agiert. Die Symbol-handlung mit der Verteilung der Jochhölzer an die Teilnehmer der Jerusalemer Konferenz (Kap. 27), die Auseinandersetzung mit dem Nabi Hananja (gest. 594) (Kap. 28), der Brief an die Verbannten (Kap. 29) sowie drastische verbale Interjektionen – möglicherweise das Wort von der Koalition der Beschnitte-nen gegen die Unbeschnittenen (9,25ff.) gehören in diesen zeitlichen Zusammenhang. Als Nebukadnezzar wieder im Hattu-Land erschien, brachten ihm alle den geschuldeten jährlichen Tribut. Bald danach wird Zedekia offenbar nach Babylon zitiert (51,59). Jeremia nützt die Gelegenheit, Briefe mitzugeben. In die gleiche Zeit fällt die Berufung des Prophe-ten Hesekiel in Babylon.

Irgendwann in den Jahren danach fiel Zedekia dann doch ab und stellte die Tributzahlungen ein (2. Kön 25,1ff.). Wahr-scheinlich ließ er sich von dem seit 589 inthronisierten Pharao Hophra (Apries) zu diesem Schritt bewegen. Nebukadnezzar reagierte schnell und hart. Er hatte Zedekia wohl persönlich den Treueeid abgenommen (Hes 17,11ff.): »Wahrlich, er hat seine Hand gegeben und doch dies alles getan – er wird nicht davonkommen« (V. 18). Jetzt leitete Nebukadnezzar das Ende des Staates Juda ein. Die Ereignisse sind biblisch gut bezeugt in 2. Kön 25; Jer 52 und – im Zusammenhang des Baruchbe-richts – Jer 37ff.. Dazu kommen die Hesekielzeugnisse, die Lachis-Ostraka, Josephus Antiquitates, last not least die Avi-gad-Ausgrabungen und ihre Resultate. [13] Die Belagerung Jeru-salems dauerte 1 1/2, oder bei Herbstdatierung, 2 1/2 Jahre. Sie wurde im Frühjahr 588 kurz unterbrochen, als ein ägypti-sches Entsatzheer am Horizont erschien. Hier setzt der Ba-ruch-Bericht Kap. 37,1ff. ein. Er schildert Jeremias Schicksal, beginnend mit den Orakelanfragen Zedekias aus der Interims-zeit. Sie zeigen einen zweifelnden und entschlußschwachen Regenten. Sie führen uns aber konkret vor Augen, wie Jere-mia konkret in die politischen Vorgänge involviert wurde.

Es geschah dies vor allem durch Orakelanfragen. Der dtr überarbeitete Bericht gibt einige von Jeremias erteilten Ant-worten wieder. Es scheint, daß sie ursprünglich poetisch for-muliert waren, z. B. 37,10 (nicht ganz klar in der Pointe)[14]; 38,22. Bei andern – z. B. 37,6ff. 18ff.; 38,17ff. – wird seine Stellungnahme referiert und dem Sinne nach wiedergegeben. Sie liegt durchweg auf der Linie der Unheilsansage: Der Staat, die Stadt und das Land sind verloren. Jetzt gilt es zu retten, was noch zu retten ist – Menschenleben, durch Übergabe

(38,17f.). So wenig die Politiker Jeremias theologische Be-
gründungen interessierten, so sehr fürchteten sie offenbar die
politische Wirkung der Worte. Er wird gefangengesetzt, einge-
kerkert, zuletzt in eine Zisterne geworfen, gleichsam lebendig
begraben, mit der Erklärung, er »lähme« mit seinen Worten
die Verteidigungsbereitschaft. »Da sprachen die Minister zum
König: Diesen Mann sollte man töten! Er lähmt ja nur die
Hände der Kriegsleute, die in dieser Stadt noch übrig sind,
und die Hände des ganzen Volkes« (38,4). [15]

Jeremia äußerte sich auch auf andere Weise. Eine Erbangelegenheit rief ihn in der Phase der Unterbrechung der Belagerung nach Anatot. Doch er wird am Tor abgefangen und des
Verrats bezichtigt (37,11ff.). Die Angelegenheit wird deshalb
im Wachhof des Palastes geregelt (32,1ff.). Jeremia macht
daraus eine Demonstration. Der sogenannte Ackerkauf wird
mit seinen rechtlichen Prozeduren zur Zeichenhandlung –
wohl nicht dafür, wie 32,15 nachträglich den Vorgang in
bonam partem deutet, daß »man in diesem Lande wieder einmal Häuser und Äcker und Weingärten kaufen wird«. Vielmehr liegt der Ton ursprünglich in 32,14 auf der Anweisung,
die Kaufbriefe in einem irdenen Behälter zu archivieren, »damit sie lange Zeit dort bleiben«, d.h. zwar rechtsgültig sind,
aber nicht ratifiziert und realisiert werden, sozusagen ruhen.
Liegt darin eine Heilsperspektive, ist sie sehr verhalten formuliert. Im Augenblick aber ist das Recht, die Ordnung, das normale Leben ausgesetzt. Es ist die Zeit der Unterbrechungen
und Abbrüche und des Wartens auf Gott. Am 9.IV. des Jahres 11 (Jer 39,2), am 18. Juli (Tammuz) 587 (oder 586 ?) fiel
Jerusalem. Zedekia floh, wurde ergriffen, ins Hauptquartier
in Ribla vor Nebukadnezzar geführt und grausam bestraft
(39,4ff.). Dann entschied der Babylonier über Jerusalem. Am
10.V. (Ab, etwa Mitte August) werden die Stadt, der Palast
und der Tempel in Asche gelegt. Eine Gruppe gefangener Bewohner wird in Rama zur Deportation gesammelt. Darunter
auch Jeremia. Der babylonische Kommissar hat Weisung, ihn
zu schonen. Er stellt es ihm frei, mitzukommen oder zu bleiben. Jeremia bleibt und schließt sich mit Baruch dem Statthal-
ter Gedalja in Mizpa an und wird nach dessen Ermordung
nach Ägypten verschleppt (Kap. 40-44).

Die letzten Ereignisse um Jerusalem scheint er schweigend
hingenommen zu haben. Aus der Zeit der zweiten Belagerung
588/587 ist kein datierbares Wort bekannt. Erst im Khan
Chimham bei Bethlehem auf der Flucht findet er – auch dort

erst nach zehntägiger Verzögerung – seine prophetische Sprache wieder und vermag wieder Orakel zu geben (41,16ff.).
Das letzte überlieferte Wort erging in Tachpanhes in Ägypten
und betraf – von der Rede an die ägyptischen Diaspora-
gemeinden einmal abgesehen (Kap. 44) – die politische
Zukunft Ägyptens, Nebukadnezzars und der Fluchtgruppe,
der er selbst angehörte. Ob und wie sie eingetreten ist, bleibt
fraglich.

Teil III
DAS WERK

1. Sprüche und Gedichte aus josianischer Zeit

Frühwerk nennen wir die Verkündigung vor 609, jenem wohl auch für Jeremia einschneidenden Datum des Todes des Königs Josia. Es sind die Worte, die »in den Tagen Josias« (1,2) entstanden sind. Je nachdem das Geburtsjahr angenommen wird, kommen die Jahre nach 626 (dem 13. Jahr Josias 1,2) in Frage – bei der Spätdatierung aus Altersgründen eher die letzten Jahre vor 609 zwischen dem Untergang Ninives 612 – er bleibt unerwähnt – und Josias Tod bei Meggiddo – auch darauf nimmt Jeremia explizit nicht Bezug. Es entspricht einem gewissen Konsens der Ausleger, die ältesten Worte – wenn überhaupt – in den Kapiteln 2 und 3 sowie 30 und 31 zu sehen. Dies ist für 3,6ff. zumindest durch die Datierung von 3,6: »Und JHWH sprach zu mir in den Tagen Josias« belegt und für den Kontext aus allgemeinen Erwägungen zum zeitlichen Hintergrund zu vermuten. Denn vor allem Kap. 4-6 weisen in die Zeit nach 609, als der »Feind aus dem Norden«, der in Kap. 2f. keine Rolle spielt, immer deutlichere Züge bekommt.[1] Für Kap. 30f., die offenbar aus einer Sonderüberlieferung stammen und nach 30,2 auf einer gesonderten Buchrolle *(sēfer)* niedergeschrieben waren, wird mit zunehmender Tendenz[2] die Auffassung vertreten, auch die hier gesammelten Worte – es handelt sich im Grunde um das siebenstrophige Gedicht über »Ephraims Trost« – datierten aus der frühen Epoche der Wirksamkeit Jeremias und seien in der Erstabfassung aus der Josia-Zeit herzuleiten. Da für beide Komplexe (2f. und 30f.) deutlich dtr Prosakommentierung (C) und editorische Bearbeitung (D) anzunehmen ist, gilt es, auf der Suche nach der Frühverkündigung vor allem auf die poetisch geprägten und durch Formelwerk markierten Einheiten zu achten, also auf die Einzelsprüche und -gedichte, die in den genannten Kapiteln gesammelt vorliegen und sehr wahrscheinlich – dies gilt besonders für Kap. 2f., da Kap. 30f. eine von Jeremia vorgenommene (Zweit-) Edition erfahren haben könnte (30,2)[3] – aus dem Nachlaßgut stammen werden.
Für das Verständnis dieser Texte sind nun Vorgaben von

Bedeutung, welche erst in letzter Zeit erbracht und ausreichend gesichert werden konnten. Dazu gehört die Annahme, daß sich die Frühverkündigung Jeremias in erster Linie und fast ausschließlich mit dem Thema des Nordens, d. h. mit dem ehemaligen Nordreich (Haus Israel, Jakob) und seinen Restbeständen in den noch oder schon nicht mehr existierenden assyrischen Provinzen beschäftigt hat, deren Zukunft ja durch Josias Reform- und Restaurationspolitik in einem ganz neuen Licht erschien. [4] So spricht Jeremia ja auch ausdrücklich nach Norden gewandt (3,12), redet die dort lebenden Menschen als »Haus Jakob und alle Geschlechter des Hauses Israel« an (2,4: Überschrift für den Komplex 2,4-4,2) und findet männliche und weibliche Bezeichnungen für das »Volk« (31,1) dieser altisraelitischen Stammlande (30,5-31,22), das er in seiner Einheit und Zusammengehörigkeit zu begreifen sucht. Das Bild des aus dem Norden stammenden, im benjaminitischen Anatot wohnenden Jeremia, der über die alte Staats- und Provinzialgrenze zwischen Mizpa und Rama hinweg nach Norden Ausschau hält, die Dörfer am Ostabhang bis ins ephraimitische Stammesgebiet um Bethel hinein ins Auge faßt, die Nord-Südstraße auf der Wasserscheide beobachtet, – es drängt sich auf, wird vor allem durch Kap. 31,15. 21ff. nahegelegt. Es bestimmt die »Orientierung« der Frühverkündigung, die Position des Schauenden und die Richtung seines Redens. Merkwürdig ist und auffällig, wie wenig er in die andere Richtung blickt, obwohl ihm die nahe Präsenz der Hauptstadt jenseits der Hügelkette dominierend bewußt sein mußte. [5]

Die zweite Vorgabe ist eine Frage, welche an alle Texte der Frühzeit zu richten ist, nämlich die: Wie steht Jeremia zu Josia und wie stellt er sich zu seiner Politik? Da die Texte dazu nichts aussagen, muß nach Indizien gesucht werden. Diese finden sich in der Thematik dieser Kapitel. Auch wenn es editorischer Absicht entstammen mag, ist es doch auffallend, wie sehr die Themen der einzelnen Kapitel den Problemen gerade der josianischen Politik der Wiedervereinigung der Reiche und der Wiederherstellung eines Einheitsstaates auf altem davidisch-salomonischem Territorium entsprechen. So ist es augenscheinlich, wie Jeremia in der Logiensammlung Kap. 2 um eine Lagebeurteilung im Blick auf den Norden ringt, um eine umfassende Definition der geistigen und religiösen Situation in den ehemaligen assyrischen Provinzen, um ein Gesamtergebnis, geradezu eine Bilanz, ein Fazit, besorgt ist, das ohne vorhergehende Beobachtungen und Untersuchungen nicht denkbar ist. Kap. 3 ist vom Thema Rückkehr, Heimkehr, Wiedervereinigung *(šwb)* beherrscht, was seine Basis sicher in jeremianischen Texten hat, wenngleich das Thema *šwb* sich zur historischen Ausweitung (Exil) und zur theologischen Ausdeutung (Umkehr) eignet und anbietet.[6] Beziehen sich Andeutungen auf Organisationsformen der Vereinigung in 1,15 und 3,14f., z. B. auf die Nordreich-Vertretung? Liegen sie auf der Linie Josias oder quer zu seinen Intentionen? Ist Jeremia »Propagandist« oder »Kritiker« des Reformkönigs? Das zeitliche Verhältnis der Komplexe 2f.; 30f. zueinander ist unklar. Doch auch das große Vereinigungsgedicht in 30f. nimmt Stellung zu Josias zentralistischer Annexionspolitik. Die Frage bleibt weitgehend offen.

Die literarische Analyse mit ihren Kriterien bildet die dritte Vorgabe. Davon war schon die Rede. Auch im Frühwerk, d. h. in den Kap. 2f.; 30f. gelten die Regeln, die sich im Buch Jeremias bewährt haben: Unterscheidung von Poesie und Prosa, Beachtung der Rahmenformeln, Markierung von Anfängen und Zäsuren, Rekonstruktion des Versbaus, Nachzeichnung der Strukturelemente usw. Es ist ein unschätzbarer Vorteil, daß die Editoren mit ihrer Formelsetzung ziemlich präzise und sehr verläßlich gearbeitet haben. Zwei Beispiele für viele:

1. Jer 2,9 bietet nach längerem Prosatext (ab 2,5) die Gottesspruchformel »Spruch JHWHs«, die in diesem Kontext ein Ende (in derselben Zeile) markiert. Deshalb beginnt mit 2,10 mit affirmativen *kî* »Ja« und Imperativ: »geht hinüber« eine neue Einheit, die erst mit dem »Spruch JHWHs« am Ende von 2,12 abgeschlossen wird. 2,13 beginnt insofern neu, bietet jedoch keinen formalen Abschluß, ohne ersichtlichen Grund. Indes macht das neue Gleichnis in 2,14 deutlich, daß das Bildwort vom Quellwasser nur 2,13 umfaßt. -

2. Die ungewöhnliche »Verschachtelung«[7], d. h. mehrfache Einleitung der Gottesworte, durch 30,1. 2. 3. 4. 5a zeigt redaktionelle Bearbeitung verschiedener Art und zieht dadurch gleich mehrfach die Genzlinie zwischen Prosa und Poesie. Die mit 5aβ beginnende poetische Einheit mit deutlich rhythmischer Struktur wird erst in 30,8 durch neue Formelsetzung (»Und an jenem Tage wird es geschehen – Spruch JHWHs der Heerscharen –«) und einen Prosatext (30,8f.) unterbrochen, an den mit zwei Rahmenmarkierungen (»Spruch JHWHs« in 10 und 11a) eine neue Einheit angehängt ist. Da in 30,12 mit neuer Botenspruchformel eine neue Strophe (wie 30,5.18;

31,2.15.23 etc.) eingeführt wird, bleibt 30,11b als Fülltext kommentierender Art in der Lücke. Jedenfalls werden die editorischen Grundstrukturen deutlich markiert, und die Sprucheinheiten treten aus ihrer Umrahmung. –

1. Sprüche und Bildworte aus Kap. 2

Als erstes Logion wählen wir das soeben erörterte Wort vom Tausch der Götter (2,10-12), das in seiner überlieferten Fassung so lautet:

10 Ja, geht hinüber an die Gestade der Kittäer [und schaut],
    schickt nach Qedar [und merkt wohl darauf] und schaut:
    Ist je dergleichen geschehen? –
11 Hat je ein Volk seine Götter getauscht
    [und es sind nicht einmal Götter]? –
    Mein Volk aber hat seinen Hort getauscht
    [gegen Wertloses]! –
12 Erstarrt, ihr Himmel, darüber
    und schaudert, entsetzt euch sehr. – Spruch JHWHs.

Zum Erhaltungszustand dieses Textes ist zu sagen, daß die Zeile 12b möglicherweise aus einem ursprünglichen »und schaudere Erde gar sehr« verschrieben sein mag. Die eingeklammerten Teile scheinen der redakionellen Füllung und Deutung (C) zuzurechnen zu sein. Man kann davon ausgehen, daß ein Fünfzeiler vorlag, dessen mittlere Zeilen nach dem emphatischen: »Ist je dergleichen geschehen« in der zweiten Vershälfte eine Pause stockenden Atems einlegten, ehe das Unvorstellbare zur Sprache kommt. Derartig expressive Stilelemente finden sich – wie überall in Jeremias lyrischer Sprache – auch in den Klangfarben von V. 10 und 12[8] bis hin zum Klangspiel der Silbenreime – Zeichen dafür, daß diese Logien für den mündlichen Vortrag bestimmt waren.

Gestaltet ist das Logion als ein Gotteswort im Ich-Stil dessen, der zu einer Gruppe redet und sie auffordert, Unerhörtes und Unausdenkbares zur Kenntnis zu nehmen, welches in »seinem Volk« geschehen ist. Die Empörung darüber teilt sich dem Propheten mit und geht in die Formulierung ein. Himmel (und Erde) werden zu Zeugen aufgerufen; »solches«, »dergleichen«, »dieses« ist so unglaublich, daß es selbst kosmischen Mächten ein Schaudern abfordert: »es sträuben sich die Haare (der Erde)«. Was ist geschehen?

Die »Kittäer« sind die Bewohner von Zypern, eigentlich der Stadt *Kition* (griechisch), d. i. Larnaka auf Zypern. Gemeint sind die Küsten des östlichen Mittelmeers und ihre zum großen Teil phönizischen Bewohner. Sie leben von Seefahrt und Handel. Die Qedarener sind ein arabischer Wüstenstamm, der Karawanenhandel im Osten betreibt. Die beiden Völkerschaften, die ihr Handel in den äußersten Westen und äußersten Osten führt, die die Welt kennen, sind Experten für Kurswert und Devisen, Tausch und Kauf. Sie tauschen, kaufen und verkaufen, handeln mit allem, das Gewinn bringt. Auf die Idee, ihre Religion zu tauschen, einzutauschen, zu verkaufen, zu vermarkten, sind sie nicht gekommen – offenbar, weil es nichts bringt und sich nicht lohnt. Das aber hat nach der Einschätzung dieser Sentenz, die zugleich ein Urteil enthält, JHWHs Volk getan. Wenn es zutrifft, daß nach 2,4 dieses Urteil dem »Hause Jakob und allen Geschlechtern des Hauses Israel« gilt, liegt darin eine Bewertung der religiösen Situation des Landes in der Mitte zwischen Zypern und Arabien, und diese ist vernichtend.

»Hort« übersetzen wir das hebräische Wort *kābôd*, das sich in einem Bedeutungskreis von ›Gewicht‹, ›Besitz‹, ›Ehre‹, ›Majestät‹, ›Herrlichkeit‹ bewegt, weil der Kontext es in den Sinnraum von Wirtschaft und Handel drängt, im Sinne von ›höchstes Gut‹, ›höchster Wert‹, auch ›Ruhm‹ und ›Ehre‹.[9]

Die Bearbeiter haben versucht, das Ungeheuerliche dieses Geschehens theologisch-begrifflich zu fassen. Sie übertreiben das Unfaßbare ins Absurde, geraten aber auf die Ebene der Ratio, die solches nur für unvernünftig hält (Wertvolles gegen Wertloses einzutauschen?) und die Vorfrage aus Prinzip nicht mehr diskutiert, weshalb das so ist (andere »Götter« gibt es nicht für Israel !). Jeremia formuliert nur die Entfremdung, die Verfremdung Gottes zum tauschbaren Sachwert, ohne Konkretionen beizugeben. Es ist ein auf die Spitze gebrachtes Urteil, das von tiefblickender Einsicht zeugt: Die Ver-Sachlichung Gottes, man könnte auch von Objektivierung sprechen, die zum Tauschhandel und Ausverkauf führt, ist ein Phänomen, das alle Vorstellung übersteigt.

21   Ich habe dich doch gepflanzt als Rebe
        ganz und gar ein echtes Gewächs!
     Wie aber bist du mir verwildert, verkommen,
        ein Weinstock von fremder Art.

2,21 ist nicht vom Kontext abgesetzt worden, fällt aber als Bildwort eigener Prägung heraus. Der aphoristische Zweizeiler lebt aus dem Wortspiel dreier klangähnlicher Wörter, die, im Klang leicht verändert, die tiefe Veränderung anzeigen, welche die Rebe erfaßt hat. Hebräisches *śorēq* in der Bedeutung ›edle, veredelte Rebe‹ – erworben und eingepflanzt als echtes Gewächs *(zerá)*, das gute Beeren erwarten ließ (vgl. Jes 5,2. 4) – wird zu einem allerdings durch Textkorrektur gewonnenen *sôrēḥ* ›Wildwuchs‹ (andere meinen *sôrijjâ*, ›fauliger [Rebstock]‹). Die Verwilderung ist zugleich eine Verfremdung – der Rebstock wird zum unbekannten Gewächs, artfremd, neuartig, unvertraut. So war es nicht vorgesehen bei der Einpflanzung – das Bild lebt vor allem in der Nordreichtradition, man vergleiche besonders Ps 80 –, aber so ist es gekommen. Eine rätselhafte Perversion, eine krankhafte Fehlentwicklung. –
     Auch 2,22 spricht zu diesem Thema:

22   Auch wenn du dich mit Lauge wüschest
        und noch so viel Seife dir nähmest,
     schmutzig bleibt deine Schuld vor mir. -
        Spruch [des Herrn] JHWHs.

Das Bildwort, das aus dem sprachlichen Material von hebr. *br(r)* lebt (*bor* I ›Reinheit‹, *bor* II ›Potasche'‹ *borît* ›Laugensalz‹ – es entsteht eine typische Klangfigur in V. 22aβ: *t-r-b* ‖ *b-r-t*) und in der zweiten Zeile wohl fragmentarisch ist, spricht von nicht mehr zu tilgenden Flecken und nennt diese mit einem, von Jeremia recht selten verwendeten Begriff *'awôn* »Schuld«, »Fehlverhalten«. Es ist nicht mehr tilgbar, trotz aller Mittel und Anstrengungen. Der Makel sitzt tief und bleibt.
     Ein leider übermaltes und dadurch schwer erkennbar gewordenes Bildwort findet sich in der Textpartie 2,23-25, das wir versuchen so aufzulösen:

23 [Wie kannst du sagen: ich habe mich nicht verunreinigt,
        hinter den Baalen bin ich nicht hergelaufen.
    Sieh doch dein Treiben im Tal,
        erkenne, was du getan hast.]
    Die flinke Kamelstute – sie kreuzt ihre eigenen Wege,
24 ›bricht aus‹ in der Steppe in der Gier ihrer Brunst,
    schnappt nach Luft [in ihrer Brunst] – wer bringt sie zurück?
    Alle die sie suchen, haben keine Mühe,
        in ihrem Monat finden sie sie.
25 Hemme den Fuß, er wird bloß,
    die Kehle vor dem Durst!
    [Sie sprach:] Verflucht! Nein!
    [Denn ich liebe die Fremden und ich will ihnen nachlaufen.]

V.23 ist ein Übergangsvers von 22 zu 24, der in dtr Manier
auf das Tal Hinnom bei Jerusalem verweist (dazu Kap. 7), zugleich aber den Auslegungshorizont für das folgende festlegt.
Die eingeklammerten Passagen stammen von derselben Hand
(C) wie V. 23 und bilden einen allegorisierenden Rahmen.
    Der am Anfang von V. 24 beschädigte, am Ende erweiterte
Text läßt eine deutliche Struktur erkennen: Die zu Beginn
noch galoppierenden vierhebigen Zeilen (3mal 2+2) in V. 23b.
24a werden immer kürzer (2mal 3) und kürzer (3+2 oder gar
2 mal 2 mit Überlänge) und enden im kurzatmig gestöhnten
Doppelschrei (2mal 1) von V. 25b, der offenbar Laute imitiert: *nô'āš lô'* – Kamelgeschrei. Das Bild der brünstigen
Stute[10], mit expressiven Farben gezeichnet – nicht ohne Unter-
haltungswert in dem vermutlich (V. 25) sehr deftigen Sprach-
stil, aber auch fein ziseliert im Detail (Silbenspiele), wird zum
Gleichnis für ein Israel, das sich nur allzu willig geilen Fremden hingibt. Eine merkwürdige Unruhe treibt es um, läßt es
ausbrechen. Es gibt kein Halten mehr. Wer kann es zurück-
führen (V. 24)?
    Derselben Thematik sind mit je eigenen Motiven auch die
Sprüche 2,20 und 2,31 gewidmet. Ersterer nimmt das sexuelle
Motiv auf (wie 3,2ff. u. a.): die Dirne auf dem Berghügel,
letzterer das Steppenmotiv:

Bin ich eine Wüste geworden für Israel ...?
Warum sagen sie, mein Volk: Wir schweifen frei!

    Es gibt einige Logien mit politischer Aussage: 2,16. 36ff.
und 2,18, welche den neu eingeschlagenen Weg nach Ägypten
kritisieren:

74

Auch die Söhne von Memphis und Daphne werden dir den Schädel 'bloß-legen' . . .
Auch von dort wirst du abziehen, die Hände auf dem Kopf (d. h. als Ge-fangene).

Und:

Was soll dir der Weg nach Ägypten, das Wasser des Sihor[11] zu trinken,
und was soll dir der Weg nach Assur, das Wasser des Euphrat zu trinken?
(2,18).

Inwiefern sie in die Josiazeit gehören, ist nicht ganz deut-lich. Gab es Versuche im von Assur freiwerdenden Norden, den Anschluß an Ägypten zu suchen? War dies ohne Josias Billigung überhaupt denkbar? Waren es nur Ideen und Pläne, die Jeremia aufgreift und als wenig vernünftig in Frage stellt? Diese Annahme bleibt im Rahmen des Frühwerks und hat darum am meisten für sich. Im ganzen aber dominieren die auf die religiöse Situation bezogenen Sentenzen mit theologi-schen Urteilen.

14 Ist Israel Sklave oder im Hause geborenes Kind?
     Warum hat man ihn ausgebeutet?
17 Hast du dir das nicht alles selbst bereitet? . . .
13 Ja, zwei Übel hat mein Volk getan:
     Mich haben sie verlassen, die Quelle lebendigen Wassers,
     sich Zisternen zu graben, rissige Zisternen,
     die das Wasser nicht halten können.

Die poetische Struktur scheint aufgefüllt und eingeebnet zu sein. Das Gleichnis ist klar. Die Bildebene illustriert Torheit und Unvernunft: löchrige Zisternen mit abgestandenem Regenwasser für lebendig fließendes Quellwasser! Ein »Übel«, ja Frevel doppelter Art nennt das Jeremia: Lösung und Bin-dung. Die neuen Abhängigkeiten sind brüchig und darum ge-fährlich. Doch »sein Volk« hat es so gewollt, und so ist es gekommen. Mit *rāʾâ*, »Übel«, tritt neben »Schuld« (2,22) ein theologisch wenigstens füllbarer Begriff. Doch auch hier spricht das Gleichnis die deutliche Sprache.

32 Vergißt denn eine Jungfrau ihren Schmuck
        eine Braut ihren Schleier?
     Aber mein Volk hat mich vergessen
        schon Tage ohne Zahl!

»Vergessen« gilt als Grundübel. Eigentlich völlig unverständliches – vom Standpunkt des Redenden aus – und unsinniges Vergessen! Was dies heißt, suchen die folgenden Verse 33f. zu entfalten und zu erklären (wohl teilweise zumindest sekundär). Es ist das Hauptmotiv in diesen Sentenzen, das sie theologisch bestimmt und in eine Reihe stellt. Doch auch dieses Motiv hämmert Jeremia kontrapunktisch den Hörern ein, indem er die ganze erste Verszeile mit dem Frageton *ha* beginnen läßt, auf *a* abstimmt und jedes Wort mit *a*, *ah* oder *ah*enden läßt.

Doch Töne wie Worte kommen gegen das Vergessen nicht an.

2. Gedichte aus Kap. 3

Mit Kap. 3 verändert sich das literarische Gelände. Das neue Rahmenthema »Rückkehr«, »Umkehr« (*šûb*) läßt die Editoren Texte zusammenstellen, die im Umfang größer sind als die in Kap. 2 gesammelten Einzelsprüche. Waren dort unter den poetischen Stücken nur gerade in 2,10ff. 23ff. Mehrzeiler in besonderem Stufenschema belegt, sind die Texte in Kap. 3 – mit Ausnahme vielleicht der Abkehr-Umkehr-Logien in 3,11-14 – beginnend mit dem Komplex 3,2-5 bis hin zu 3,19-25 großräumiger angelegt. Nimmt man dazu das große Strophengedicht von Kap. 30f. in den Blick, erkennt man die verschiedenen Formate, mit denen Jeremia arbeitet. Ob darin zugleich eine Entwicklung von kleinen Spruchformen zum Strophenbau sichtbar wird, muß offen bleiben wie auch die Frage, ob die Bearbeiter und Herausgeber des Frühwerks auf möglicherweise chronologisch geordnete Sammlungen der Sprüche einerseits (Kap. 2 mit den genannten Ausnahmen) und der Gedichte andererseits (Vorformen von Kap. 3 und 30f.) zurückgreifen konnten. Dem Problemthema, das den Bucheditoren mit Kap. 3 vorschwebt – im Unterschied zur Beweisaufnahme, welche Kap. 2 bestimmt –, kommen jedenfalls längere und vor allem reflexive Texte entgegen.

Das Gedicht 3,2-5 wird durch die Formelmarkierung in 3,1 und 3,6 als Einheit präsentiert, ist aber an verschiedenen Stellen überarbeitet und erweitert worden, so daß die ursprünglich schlichte und klare Form eines ins Klagemetrum 3+2 gefaßten Vierzeilers verdeckt ist:

2   Richte deine Augen auf die Rastplätze[12] [und schau]:
        Wo bist du nicht beschlafen worden?
     An den Straßen hast du auf sie gewartet
        wie ein Araber in der Wüste.
     [Du hast das Land entweiht durch deine Buhlerei
3   und deine Bosheit. Und es blieb die Regenzeit
     aus, auch der Spätregen kam nicht, und]
        die Stirn einer Hure [eines Hurenweibes] hattest du,
        wolltest dich nicht schämen.
4   Riefst du mir eben nicht noch zu: [Mein Vater]
        mein Jugendfreund [bist du]!
5   [Wird er wohl immer zürnen, nachtragen auf ewig?
     Siehe so hast du geredet und das Böse getan
     und hattest Erfolg.]

Die Ausgrenzung der prosaischen Teile ist mit metrischen, stilistischen und theologischen Argumenten zu begründen. Die Passagen 2b. 3a. 5 ziehen im Prosastil die angedeuteten Linien der Dirnen-Allegorie in die Ausdeutung weiter. Dies geschieht mit ethisch-theologischen Begriffen in plumper Manier, ohne Rücksicht darauf, daß sich z. B. die Anreden »mein Vater« und »mein Jugendfreund« schwer verbinden lassen, es sei denn in der nivellierenden Sprache des von seinen Interessen geleiteten Auslegers und Bearbeiters. Offenbar deckt er gerade in 3,4 mit dem Dictum von dem geheuchelten »Vater unser« – man vergleiche dazu noch 3,19! – eine noch drastischere Aussage des Gedichts zu, die – darf man der Septuaginta trauen – vom zärtlichen Ausruf: »mein Jugendfreund« »während des Beischlafs«[13] der Dirne spricht. Wie dem auch sei, die Allegorie – vorgetragen im Ton der Totenklage – klingt düster und fatal. Was im Gleichnis der brünstigen Stute 2,23ff. zur Sprache kam, ist hier gesteigert. Nicht allein das ist schlimm, daß die Dirne an den Überlandstraßen auf die Fremden wartet und sich mit ihnen einläßt; sondern, daß sie zudem »die Stirn hat«, gleichzeitig nach ihrem Jugendfreund zu rufen, als ob das alles ihr Verhältnis zu ihm nicht berühre. Das Gedicht will als JHWH-Wort die Schizophrenie solchen Verhaltens aufdecken (»richte deine Augen auf … «) und versucht dies durch seine provozierende Sprache, die selbst den Redaktoren (in 3,4), ja auch den Masoreten zu stark war. Diese letzteren schlagen in einer Randlesart zu 3,2 vor, man solle statt des obszönen »beschlafen« – der hebräische Ausdruck muß noch deutlicher gewesen sein[14] – »sich öffentlich hinlegen« lesen. Jeremia war weniger zimperlich.

19 Ich hatte gedacht: Ach, ich will dich setzen an Sohnes Statt
und will dir geben ein schönes Land,
[ein Erbe] als höchste Zierde [der Völker].
Und ich dachte, du würdest mich Vater nennen, von mir dich
nicht abwenden.
20 Doch fürwahr, [wie eine Frau ihren Freund betrügt], so habt ihr mich
betrogen, Haus Israel.
[Spruch JHWHs]

21 Horch auf den Straßen [hört man] das erbärmliche Weinen der Kinder
Israel,
[weil sie verkehrte Wege gewandelt sind und JHWH ihren Gott
vergessen haben].
22 Kehret wieder, abtrünnige Söhne, ich will euren Abfall heilen!
›Da sind wir. Wir kommen zu dir, denn du bist JHWH, unser Gott.
23 Wahrlich zum Trug wurden uns die Hügel, der Lärm der Berge.
Wahrlich bei JHWH, unserem Gott, ist das Heil Israels.

24 Und der Schandgott verzehrt nur den Erwerb unserer Väter
von Jugend auf
[ihre Schafe und Rinder, ihre Söhne und ihre Töchter].
25 Wir betten uns in Schande, und unsere Schmach bedeckt uns,
[denn an JHWH, unserem Gott,] haben wir gesündigt.
Wir und unsere Väter von Jugend auf bis zum heutigen Tag.
[Und wir haben nicht auf die Stimme JHWHs, unseres Gottes,
gehört.]

Die Strukturelemente dieses Gedichts fallen ins Auge und
zeigen uns Jeremias Sprachkunst wieder von einer anderen
Seite. Daß die 12 Zeilen der Urform in 3 Strophen zerfallen,
markiert die Gottesspruchformel am Ende der 4. Zeile (3,20).
Mit 21 beginnt ein neuer Redeeinsatz. Nach der 8. Zeile fehlt
eine Markierung (3,23a). Doch scheint der wiederholte
Zeilenanfang (»wahrlich«) für eine Zäsur zu sprechen. Nicht
unmöglich wäre es auch – unter Nichtbeachtung der Formelsetzung –, eine Zweiteilung in Ich-Rede Gottes (6 Zeilen) und
Wir-Rede des Volkes (6 Zeilen ab 22b) anzunehmen. Zu den
Merkmalen gehört nun, daß die Anfänge der vier ersten Zeilen auf 'a (Alef, z. T. mit der Copula »und«) lauten, die Anfänge der dritten Strophe zur guten Hälfte ebenfalls, wobei
eine Umstellung der ersten Worte in 3,24 das Quorum erhöhen würde (nur 3,25 bliebe ausgenommen). Die mittlere Strophe zeigt diese Merkmale nicht. Indes weist auch sie, wie das
ganze Gedicht, eine Vorliebe für die Alliteration (Stabreim)
auf 'a und b aus. Besonders auffällig ist dies in der ersten Zei-

le (3,19): 4mal *'a* gefolgt von 1 (2) mal *b*. Das ergibt *'ab* ›Vater‹, das unausgesprochene Leitbild hinter dem Gedicht zum Thema: Vater und Söhne. Daß das Gedicht auf dem Fünffuß aufgebaut ist in der Grundstruktur, läßt sich leicht feststellen, entzieht sich aber bisher einer mehr als formalen Wertung (Einheitsmetrum).

Inhaltlich handelt das Gedicht vom Gleichnis der verlorenen Söhne. Zwar schwankt die Überlieferung am Anfang in der Anrede. 3,20 legt es nahe, darin die Deutung der Redaktoren zu sehen, die noch die feminine Form der Anrede aus 3,1ff. (bis V. 13) im Auge haben. Denn ursprünglich ging es – 3,19.22 sind da eindeutig und maßgebend – um »Söhne«, Gottes Söhne, aber eben Söhne, und 3,20a ist zwar nicht sachlich, aber exegetisch im Unrecht: auch Söhne können treulos sein, nicht nur Frauen gegenüber ihrem »Freund« (vgl. 5,11). Israel, das »Haus Israel«, anderswo »Jakob«, war unter die Söhne gesetzt, reich beschenkt und ausgestattet vom Vater. Der Vertrauensbruch, Abfall, kam unerwartet, unerklärlich. Das ist vergangene Geschichte. Die zweite Strophe wendet sich der Gegenwart zu: erbarmungswürdiges Weinen wird laut auf den Überlandstraßen – Gefangenentransporte, Flüchtlinge, Militärbewegungen (man vergleiche das Szenarium von 3,2) –, die den Zustand eines Landes sensibel anzeigen. An jene unstet Bewegten, Vertriebenen, Verfolgten, Wandernden, Suchenden, Heimatlosen, Umziehenden ergeht die Einladung Gottes zur Heimkehr, zur Umkehr (3,22a). Und die Verlorenen kommen, Bekenntnisse, Einsichten aus Erfahrungen auf den Lippen, die sie auf Hügeln und Bergen machen mußten. Man geht wohl nicht fehl, wenn man im »Lärm auf den Bergen« religiöse Massenveranstaltungen sieht, welche für die Söhne Israels besonders verführerisch und gefährlich waren, weil sie zum synkretistischen Göttertausch (2,10ff.) verleiteten. Die dritte und letzte Strophe spricht von der Zukunft. Auf der Basis des erneuerten Credos, daß das Heil Israels allein bei JHWH zu finden ist – das »Höre Israel« Dt 6,4ff. ist im näheren Umkreis angesiedelt –, kommt es zu Konfessionen, die der Umkehr und Buße entsprechen: Der »Schandgott« – hier ist wohl ein »Baal« übertüncht worden – wird als Ursache des Schadens erkannt, Bußtrauer wird gelobt in wohlklingenden Worten (3,25), im Sündenbekenntnis *(pater peccavi)* die ganze Unheilsgeschichte »bis auf diesen Tag« aufgenommen, was doch wohl so viel wie ein Schlußstrich bedeutet. So entsteht mit der Schlußzeile

(sie wurde in V. 25b theologisch erweitert und auf den ab-
strakten Begriff gebracht) der Raum für das neue Handeln des
Vaters, der daran gehen will, die Neigung zum Abfall in
seinem Volk endgültig zu heilen (3,22a).

Das aus dem thematischen Material von »Abfall«, »Umkehr« *(šub, šbb)* komponierte Gedicht hat seine Vorstufen in
Einzelsprüchen mit demselben Motiv z. B. in 3,1; 3,12.13.14.
15. Jedoch will es nicht recht gelingen, die Texte zu isolieren.
Sie sind so stark mit ihrem prosaischen Kontext verbunden,
daß die Frage aufkommt, ob es sich nicht gerade bei den genannten Stellen eher um Studien und Vorarbeiten handelt,
welche nicht zur Vollendung gelangt sind, gleichwohl aber
aus dem Nachlaß überkommen sind, als um später fortge-
schriebene Predigtskizzen. Auch bei der Allegorie über die beiden Schwestern »die Abtrünnige« (Israel) und »die Treulose«
(Juda) (3,6-11) – ausdrücklich in die Josiazeit datiert – hat
man den Eindruck, sie gehe auf eine jeremianische Idee zurück. Jedenfalls paßt vieles aus Kap. 3 zur Epoche Josias und
ihren Problemen, nicht zuletzt auch, was an politisch-organi-
satorischen Vorschlägen mehr beiläufig in 3,14f. (man vergleiche dazu 1,15 Primärtext) anklingt. Alle diese Ansätze,
Einsichten, Ergebnisse, Vorschläge, welche in den Kap. 2 und
3 laut werden, finden Eingang in das dichterische Meister-
werk der frühen Verkündigung Jeremias, in das große siebenstrophige Gedicht, das in Kap. 30f. gesondert überliefert
wurde.

3. Das große Strophengedicht in Kap. 30-31

Die neue Bewertung dieses als »Trostbüchlein für
Ephraim« (P. Volz)[15] kolportierten Textes verdankt die Auslegung vor allem den Arbeiten von N. Lohfink, aufgenommen
im Kommentar von W. L. Holladay. Auch unsere kurze Darstellung lehnt sich an diese Erkenntnisse an. Danach handelt
es sich bei Kap. 30-31 um einen, wie die umfangreiche Einführung (30,1-4) zu erkennen gibt, komplexen Text, dessen
Schichtenprofil dennoch gerade an der »Verschachtelung«
noch relativ klar sichtbar ist. Es zeigt sich, daß auch bei diesem als Sondergut verschrifteten »Buch« dieselben Schichten-
spezifica eruiert werden können wie im Großbuch, mit der
Besonderheit indes, daß man statt an die Baruch-Schrift (B) an
eine Abfassung und spätere Edition durch Jeremia selbst (also

A_1 und A_2, mit Holladay) denken könnte, wobei ersterer in die Josiazeit, letztere in die Zeit Zedekias (etwa 588) fallen würde. Wie dem auch sei, die analytischen Mittel reichen aus, auch in Kap. 30f. im großen und ganzen verläßliche Resultate bei der Unterscheidung von Poesie und Prosa zu erzielen, wobei das Rahmenwerk zusätzlich untrügliche Markierungen setzt.

Das Ergebnis ist der Basistext eines Gedichts in sieben Strophen, jede Strophe mit 5 Zeilen im 3+3- Metrum gehalten, wobei jeder Strophe, die als männlich und weiblich aufeinander folgen, je nach Position im Zyklus ein besonderes Kolorit gegeben ist, bestehend in einer besonderen Klangfarbe und Bildszene, das an Visionen erinnert. Die Vielfalt der Klang- und Bildwelt ist so groß wie der Beziehungsreichtum im Sinngefüge – ein Kunstwerk von sprachlicher Brillanz und theologischer Klarheit, das seinesgleichen sucht. – Wir wollen, Strophe für Strophe mitlesend, auf einige Dinge aufmerksam zu machen.

I

30,5   Geschrei des Entsetzens hören wir!
   Schrecken! und: kein Friede!
6   [Fragt nach und seht, ob ein Mann gebiert!]
  Warum sehe ich alle Männer
   die Hände auf den Hüften – wie eine Gebärende?
7   Alle Gesichter zu Leichenblässe verwandelt?
  Weh! – –
  Ja, groß ist jener Tag –
   gibt es je seinesgleichen?
  Und Notzeit für Jakob –
   kann ihm daraus geholfen werden?

V. 6a scheint überschüssig zu sein. Mit der griechischen Fassung könnte man in V. 6b. 7 die Zeilen ausgleichen: »Weh (oder: geworden) wie eine Gebärende«. Das Gedicht im ganzen ist – wie die Einleitungen zu den Strophen (hier V. 5a) vermerkt – als Gottesrede gehalten (»So spricht JHWH«). Darum ist anzunehmen, auch hier spreche die Gottheit im höfischen Wir-Stil (vgl. 23,22) und im Stil des persönlich Betroffenen Ich (V. 6). Offenbar wendet sie sich nach längerer Zeit wieder »Jakob« zu, erkennt seine desolate Lage, es wir ihr bewußt, daß es Folge eines »Tages«, eines Gerichtstages ist, Notzeit als

Straffolge. – Das Szenarium erinnert an den panischen Schrek-
ken, den das Erscheinen Gottes ausgelöst hat und der im
Nordreich immer noch anhält. Doch nun wird man »im Himmel« darauf aufmerksam. Die Frage kommt auf, ob an Hilfe
gedacht werden kann (V. 7), ob Jakob wieder zu *šālôm* kommen wird. Die Strophe verarbeitet klanglich, und d. h. für die
Adressaten hörbar das Motiv der *a-o* Folge (Jakob, *šālôm*
und Variationen, gut ein halbes Dutzend mal). Das gibt ihr
eine besondere Intonation, die mit dem Tag JHWHs (hebr.
jôm Jahwê, hier: *hajjôm* »der Tag«) zusammenhängen mag.
Das theologische Zielwort (das letzte Wort!) heißt: ›Hilfe‹.

II

12 Unheilbar ist dein Schaden,
       schlimm traf dich der Schlag.
13 Es gibt 'kein Mittel' gegen das Geschwür,
       die Wunde wird nicht zur Narbe.
14 [Alle deine Liebhaber haben dich vergessen;
       sie fragen nicht nach dir.]
     Ja, wie ein Feind schlägt, habe ich dich geschlagen,
       eine grausame Züchtigung
     [wegen der Größe deiner Schuld und deiner vielen Sünden]!
15 Was schreist du über den Schaden?
       Dein Leiden ist unheilbar.
     Wegen der Größe der Schuld und deiner vielen Sünden
       [habe ich dir das angetan].

V. 12b. 13a verlangen Korrekturen. V. 14b ist eine Dublette aus V. 15. – Eine Botenformel leitet die zweite, eine weibliche Strophe ein. Adressat der Gottesrede ist eine kranke
Frau – nach 31,4 u. ö. die Jungfrau Israel. Ihr Zustand ist sehr
ernst, ja eigentlich hoffnungslos. Man hört von Schaden,
Schlag, Wunde, Leiden, das Krankheitsbild bleibt allgemein,
doch wird in der Tradition altisraelitischer Leidensdeutung
gesagt, die Gottheit sei Verursacher der Krankheit. Sie hat zu-
geschlagen und tödlich verletzt als Strafe für Schuld. Aber die
Krankheitsmetapher gilt der Zustandsbeschreibung. Viel zu
machen gibt es nicht mehr am Norden. Da wächst nichts zusammen, da heilt auch nichts. Die desolate Diagnose lautet
»unheilbar« (V. 12. 15). Ein klagender Ton auf *ē(k)* durchzieht die Strophe. Neben dem Mann in Panik (I) steht die todkranke Frau (II). Beide repräsentieren das Haus Israel.

III

18 Sieh ich wende 'mich' [das Geschick der Zelte] Jakob wieder zu
   und erbarme mich seiner Behausungen.
   Die Stadt wird neu gebaut auf dem Tel,
   der Palast steht wieder an seinem Ort.
19 [Und Loblieder und Freudenklänge werden von dort ausgehen.]
   [Und ich will sie mehren, nicht mindern,
   (und ich will sie ehren, und sie sollen nicht verachtet sein)].
20 Seine Söhne sollen sein wie vordem
   und seine Gemeinde vor mir bestehen
   [und alle seine Bedränger will ich verfolgen].
21 Und sein Fürst soll aus ihm stammen,
   sein Herrscher aus seiner Mitte hervorgehen.
   Ihn will ich zulassen, daß er mir nahe,
   [denn wer ist er, der] sein Leben daran zu wagen
   [mir zu nahen].

V. 18 ist belastet mit dem juristischen Terminus technicus
der Restitution, der sachlich zutrifft, aber die Zeile überfor-
dert. V. 19. 20b gehören zu den paraphrasierenden Erklärungen, die üblicherweise als dtr einzustufen sind. V. 21b ist
überfüllt. – Die Leitidee dieser Strophe ist die Erneuerung
eines alten Zustands. Ausgelöst wir dieser Rückgang durch
die erneute Zuwendung der Gottheit zu »Jakob« – im Wechsel haben wir wieder eine männliche Strophe. Der mit hebr.
šub bezeichnete Vorgang wiederholt frühere Vorgänge der
Zuwendung und Erneuerung. Er hat eine Restitution zur
Folge: der zerstörten Städte und Dörfer – sie werden auf ihrem Tel wieder erstehen; der großen Stadthäuser (»Wohntür-
me«) – sie werden restauriert; der Einwohnerschaft und ihrer
kultischen Versammlungen – alles wird so wie früher. Selbst
die Staatsspitze – die Bezeichnung König wird vermieden –
kommt wieder aus dem Lande selbst und ein Monarch übernimmt wie vor der assyrischen Zeit die Verantwortung für
das Ganze, auch hinsichtlich seiner religiösen Verpflichtun-
gen. Die hier entworfene Skizze eines erneuerten Staatsgebil-
des trägt restaurative Züge. Das Modell scheint die
vorassyrische Königszeit zu sein. Ob es Josias Vorstellungen
einer Restitution des davidischen Reiches entspricht, ist fraglich. Dem politischen Thema gemäß ist für diese Strophe die
politische Sprache gewählt. Kunstformen des Stils treten dabei zurück. Eine auffällige Farbgebung wie bei I und II ist
nicht wahrzunehmen. Die Bewegung indes: ein Schritt zurück zu dem, wie es früher war, läßt erste Hoffnung auf-

kommen, aus dem desolaten Zustand (I und II) herauszu-
finden.

IV

31,2 [Gnade fand in der Wüste
      das Volk derer, die dem Schwert entronnen.
    Als Israel ging, seine Ruhe zu finden,
  3   erschien ›ihm‹ von Ferne JHWH:]
    Mit ewiger Liebe liebe ich dich,
      darum ziehe ich dich zu mir aus Güte.
  4 Wieder will ich dich bauen, daß du neu gebaut bist,
      Jungfrau Israel!
    Wieder sollst du dich mit Handpauken schmücken
      und ausziehen im Reigen der Fröhlichen!
  5 Wieder sollst du Weingärten pflanzen auf den Bergen Samarias
      [man wird sie wirklich pflanzen und genießen].
  6 [Denn es kommt ein Tag,] da rufen die Wächter
      auf dem Gebirge Ephraim:
    Kommt und laßt uns [zum Zion] hinaufziehen
      zu [JHWH] unserem Gott!

Die vergleichsweise lange Einführung in V. 2. 3a macht aus
dem Gotteswort der vierten und mittleren Strophe eine Offenbarung aus der Zeit der Wüstenwanderung und entspricht damit dtr Vorstellungen, welche das Deuteronomium als Predigt
Moses erscheinen lassen. Die Strophe ist für einen Fünfzeiler
zu lang. Vermutlich sind die beiden Zeilen in V. 6 durch Ver-
längerung entstanden, so daß es unsicher ist, ob hier Zion ursprünglich ist. Angesichts des Befunds im Frühwerk sind wir
eher skeptisch. Doch das hat beachtliche Folgen. – Die Strophe in zentraler Position enthält zentrale Aussagen. Sie verkündet der Jungfrau Israel, was dem Haus Jakob die dritte
vortrug, nämlich die Botschaft von der Wiederbringung der
alten Zeit, von der Wiederholung der Geschichte des Heils.
Dafür steht ein dreifach tonangebendes »wieder« (hebr. ῾ôd).
Danach klingt die Intonation mit dem hellen î, vor allem in
persönlich anredender Form von -îk (»dich«), und die fröhli-
chen Alliterationen auf ᾿ und ῾ u. a. Gegenüber der nüchternen
dritten ist die vierte Strophe farbig und festlich: Sie sagt große
Freude an. Die alten Zeiten kehren wieder, weil Gottes Liebe
ewig währt und die Zeiten überdauert. Wohin die Wallfahrt
gehen soll, ist für die exilisch-nachexilischen Bearbeiter keine
Frage. Ob der frühe Jeremia nicht doch an Bethel u. a. Heilig-
tümer dachte? Der Jeremia der Tempelrede (Kap. 7/26) jeden-

falls kann eine Zionwallfahrt für die Nordgemeinden nicht (mehr) vorgeschlagen haben. So ist es für 31,6 zumindest fraglich. Denn es geht dort um die Heimkehr zu »unserem Gott«, der Israel hat wieder erbauen und die Weingärten Samarias wieder erstehen lassen.

V

15 Klagelaute hört man in Rama,
       Klagen und bitterstes Weinen:
     Rahel weint um ihre Kinder,
       will sich nicht trösten lassen
     [wegen ihrer Kinder, denn sie sind nicht mehr].
16 [So spricht JHWH:]
     Wehre deiner Stimme das Weinen
       und deinen Augen die Tränen.
     Denn es gibt einen Lohn für deine Mühe [Spruch JHWHs]:
       Sie kehren aus Feindesland wieder.
17 Es gibt eine Hoffnung für deine Zukunft [Spruch JHWHs]:
       Die Kinder kehren wieder in ihre Heimat zurück.

Geschickte Vermerke, z. T. erst in der Spätphase hinzugesetzt, stören das Gefüge dieser Strophe. Nur die letzte Formel in V. 17 markiert den Abschluß. – Daß hier eine zweite weibliche (nach IV) folgt, deutet wohl darauf hin, daß die Strophe in Mittelstellung (IV) gleichsam außerhalb der Reihe steht und einen, auch formalen Sonderstatus hat. Das Leitbild ist in Strophe V die Stammutter Rahel, die ihre verlorenen Kinder beklagt. Ob die Nennung des Ortes Rama – sonst mit Artikel = »Die Höhe«, d. i. *er- Rām* zwischen Mizpa und Bethel, an der südlichen Provinzgrenze, – anzunehmen ist oder eine allgemeinere Bezeichnung: »auf der Höhe«, bleibt unklar. Doch aussagereicher wäre die Ortschaft schon, auch wenn nicht sicher ist, ob dort (oder bei Bethlehem?) das Grab Rahels zu suchen ist (vgl. 1. Sam 10,2 und Gen 35,19f.). Rahel, Jakobs zweite Frau und Mutter von Joseph und Benjamin, d. h. Ahnfrau der Stämme Ephraim, Manasse und Benjamin, die trotz politischer Aufteilungen an ihrer gemeinsamen Herkunft festhalten – Jeremia ist dafür das beste Beispiel –, beklagt die Verluste der Stämme durch Deportationen (und Tod V. 15b) in der assyrischen Zeit. Ihr wird Trost zugesprochen: Sie kommen wieder; aus Feindesland kehren sie heim. Aber die bittere Klage – sie will sich nicht trösten lassen – bestimmt die Tonlage der Strophe. Es dominiert – wie in II – das langgezogene $\bar{e}$, das erst durch das doppelte »sie kehren wieder« zurückgedrängt werden kann.

VI

18 Ich habe es wirklich gehört,
    Ephraim geht in Trauer:
    Du hast mich bestraft, ich war gestraft
        wie ein ungelehriges Rind.
    Führe mich zurück, daß ich heimkomme,
        denn du bist JHWH, mein Gott!
19 [Denn, in ›Verbannung‹ geführt, reute es mich,
    zur Einsicht gebracht, schlug ich mir auf die Lende.
    Ich bin beschämt, ja zerknirscht,
        denn ich trage die Schmach meiner Jugend.]
20 Ist er als Sohn mir noch teuer,
    Ephraim noch mein Lieblingskind?
    [Wenn immer ich über ihn rede]
    Ich werde an ihn immerfort denken.
    [Darum zittert mein Inneres für ihn.]
    Ich muß mich seiner Erbarmen [Spruch JHWHs].

Die Überlänge entstand durch die Erweiterung des Bußbekenntnisses in V. 19 und den bemerkenswerten Zusatz in V. 20. – Die männliche Strophe baut auf die Stiltechnik der sogenannten Paronomasie. Diese geht so vor, daß sie jeweils Formen derselben Wortwurzel zueinanderstellt und auf diese Weise besonderen Nachdruck erzielt, sozusagen die Linien nachzieht und vertieft oder die Akkorde mit leichten Modifikationen wiederholt. Die Strophe spricht betont Klartext. Was sie sagt, das meint sie, wie sie es sagt. Es ist die Rede, die sich selbst bestätigt: Worte von Gewicht. Die Gottheit bestätigt, das Bußbekenntnis Ephraims vernommen zu haben, echte, wahre Worte gehört zu haben, und ist darum bereit, sich ebenfalls zu bekennen. Es ist nicht ganz sicher, welche Teile von V. 20 ergänzt sind. Es will fast scheinen, als ob die gültigen Worte eher die feste Zusage als die wahren Empfindungen betreffen. Jedenfalls ist Hos 11 nahe. Es ist erstaunlich, was Jeremia von Gottes väterlicher Liebe zu sagen weiß. Die Worte sind wirklich auf die Goldwaage zu legen.

VII

21 Stelle dir Wegzeichen auf
    setze dir ›Wegmarkierungen‹!
    Habe gut acht auf die Straße,
        den Weg, den du gegangen bist!
    Kehre um, Tochter Israel,
        kehre heim zu diesen deinen Städten!

22 Wie lange noch willst du dich sträuben,
   du abtrünnige Tochter? –
Ja, geschaffen hat JHWH Neues im Lande:
die Frau wird den Mann umgeben.

Die letzte, ganz auf das helle und fröhliche *i* gestimmte Strophe, beendet den Zyklus in nicht erweiterter Form. Das Bild vom markierten Weg und geordneten Leben beherrscht die Aussage. Ob von der Heimkehr der Pilgerin die Rede ist? Eher wohl von Wegzeichen, Zielmarken, Warntafeln, Richtungsweisern, die einen künftigen Irrweg verhindern sollen. Orientierungen braucht die heimgekehrte »Jungfrau Israel« in ihrem Land nach bewährtem Muster. Ohne Mahnmale geht es nicht. Und dennoch wird nun alles anders sein. Die letzte Zeile V. 22b – die offenbar die Gottesrede mit V. 22a enden läßt und den Kommentarschluß des Ganzen bildet – faßt theologisch zusammen, was das Gedicht zu verkündigen die Absicht hatte: Es geht um Schöpfung, Neuschöpfung, um einen Eingriff des Schöpfers (*bārā'*) in diese Welt, wodurch »Neues« entsteht. Und das Neue ist menschlich gesehen etwas Uraltes, doch übertragen auf die Jungfrau Israel und ihren Gott, etwas ganz Neues. Jetzt gilt: »die Frau wird den Mann umgeben«, d.i. bei dem Mann bleiben – offenbar eine Art Sprichwort oder Sentenz, die der Prophet hier am Ende verwendet. Israel wird willig und fähig sein, daheim bei seinem Gott zu bleiben.

4. Das Frühwerk

Rückblickend einige zusammenfassende Gedanken, zuerst zur sprachlichen Form.

Es ist kein Zweifel, wir begegnen bereits in der sog. Frühverkündigung einem Meister des poetischen Stils. Ihn Dichter zu nennen, hindert nur die Vorstellung von der Auftragsgebundenheit, die der prophetischen Verkündigung anhaftet. Doch was die Sachkompetenz, die Ausdrucksfähigkeit und den Formenreichtum angeht, ist schon der junge Jeremia unter die größten Autoren zu zählen; sein Frühwerk ist zur großen Literatur zu rechen; es übersteigt das überlieferte Werk seiner unmittelbaren Vorgänger Nahum, Habakuk, Zephanja, das im Umfang vergleichbar ist. Jeremias Repertoire reicht vom aphoristischen Spruch über das mehrzeilige Kleingedicht hin bis zu Strophengedichten. Die Erweiterung der Dimensionen kann, muß aber nicht mit einem Entwicklungsprozeß zusammenhängen. Er beherrscht die rhythmischen Gestaltungen, deren wunderbar musikalisches Fließen da und dort so deutlich durch die masoretische Einheitsdecke dringt, sich an dem Profil abzeichnet und auch für nichthebräische Ohren vernehmbar ist. Er kennt die expressiven Stilformen und Techniken – man denke an die verschiedenen, den Chagall-Fenstern in der Hadassa-Synagoge vergleichbaren Farbtöne im Sieben-Strophen-Gedicht – und das bei unserer naturgemäß eingeschränkten Rezeptionsfähigkeit! Er findet eine einzigartige Bildwelt für seine theologische Metaphorik – man stelle einmal die Bildworte aus Kap. 2 und 3 zusammen. Er vermag expressive Stilfiguren zu prägen, die Freude am Effekt vermuten lassen. Er setzt eine so wirksame Rhetorik ein, daß die Frage entsteht, in welchem Auftrag und zu welchem Zweck diese Texte entstanden sind.

Über die Herkunft dieser Rhetorik lassen sich nur Vermutungen anstellen. Sicher scheint eine Beziehung zur Kunst der Spruchbildung in der didaktischen Weisheit zu bestehen. Doch wir hören davon nichts. Wurde dieses Können in den Propheten-($n^e bi'îm$-) Schulen gepflegt, oder war es die besondere Gunst des Priestersohns, daß er eine solche Ausbildung erhielt? Eine andere Linie verläuft vielleicht zur Tradition des sog. Sehersspruchs, der in der Frühzeit Israels im Stammessspruch (Gen 49; Dt 33; Ri 5) eine besondere Form annahm – mit derselben kritischen Funktion wie die Sentenzen und Aphorismen von Kap. 2. Eine andere Linie, doch mehr im Blick auf die theologische Tradition, ist zu Hosea und seinem Erbe hin zu ziehen. Doch auch hier fehlen explizite Aussagen; die Affinität, ermöglicht durch die Eigenart der Traditionen, die im Norden lebendig waren – wozu der junge Jeremia unbedingt gehört –, kann nicht aufgestellt werden. Die Frage, wo es in Israel vor Jeremia Dichtungen dieser Art gegeben hat, führt auch nicht zu weiteren Erkenntnissen: Zephanja?[16] Die anonyme Josiazeit-Prophetie? Jesaja und Hosea sind ein Jahrhundert älter. Berührungen mit dem Werk dieser Propheten können nur über die Buchtradition erfolgt sein – aber wie? Es bleibt bei Vermutungen und Fragen.

Das theologische Denken des jungen Jeremia wird seit jeher viel gerühmt (Volz; Lohfink u. a.), und mit Recht. Es ist nicht nur ausgezeichnet durch eine scharfsichtige Kritik, welche die Verhältnisse des ehemaligen Nordreichs analytisch zu durchdringen und synthetisch zu werten versteht. Dabei bleibt es ein Problem, auf welcher Basis die Urteile gründen, die das zumeist als kollektive Größe angesprochene »Haus Israel« oder »Jakob« als ganzes einschätzen, beurteilen, verurteilen: prophetische Inspiration oder theologische Intuition oder beides zugleich? Die theologische Metaphorik ist ganz außerordentlich, wie die Beispiele im einzelnen und die Gesamtübersicht dartun. Die Metaphorik der persönlichen Beziehungen in der Gottesaussage ist bis zu einem Grad entwickelt und fortgeführt, daß sie den Atem stocken lassen. Die Kühnheit, mit der von Gottes intimen Verhältnis zu Israel (Söhne Israels, Ephraim, Jungfrau Israel, Jakob) gesprochen wird, ist ungeheuerlich. Gibt es eine Grenzüberschreitung bei den erotischen Andeutungen? Wer soll das beurteilen? Zwei Akzente greifen wir heraus wegen ihrer bleibenden Aktualität: die Aussage von der Gottvergessenheit (bis hin zur Schuld des Abfalls), kulminierend in dem Gleichnis vom »verschacherten« Gott (2,11) und die Aussage von der »Neuschöpfung«, der Erschaffung der Treue in den Menschen, d. h. in der »Frau Israel«, die sie befähigt, bei ihrem »Mann« zu bleiben (31,22). Hier scheint – wenn der Passus von Jeremia stammt – der datierbar älteste Beleg für eine theologische Verwendung von *bārā'* (›erschaffen‹) vorzuliegen, die noch den Bezug zu einem profanen Gebrauch: (›abholzen‹, ›roden‹ (?), ›schneiden‹, ›behauen‹(?) vorstellbar macht.

Die Frage nach dem situativen Boden und Umfeld dieses Werks ist leider nicht konkret zu beantworten. Zwar auf die Fragen wann und wo gibt es plausible Antworten: von 621-609 in Anatot, aber das ist auch alles. Wer waren die konkreten Adressaten? Was bedeutet es, daß viele Worte an Israel – Jakob im ganzen adressiert sind (Juda, Jerusalem fehlen bekanntlich)? Wo sind sie vorgetragen worden, vor welchem Publikum, zu welchem Zweck? Es gibt zwei polare und extreme Lösungen: literarische Studien, Skizzen und Arbeiten eines Adepten in den Kreisen oder Schulen der $n^e bî'îm$? Dafür könnte das z. T. unbearbeitete Material, die Effektsuche, die manchmal fast spielerisch leichte, dann wieder sehr abstrakte und pauschale Rhetorik sprechen – Etüden eines Meisterschülers als Auftragsarbeit? Oder: Aphorismen, Sentenzen, Parolen, Gedichte eines Wanderpredigers im ehemaligen Nordreich, gar im Auftrag des Königs Josia (»Propagandist«, N. Lohfink), um die Möglichkeit einer Wiedervereinigung mit dem judäischen Süden zu erforschen oder vorzubereiten. Dafür könnte die lebendige, andringende Sprache aller Texte sprechen, die auf Vortrag und Aufnahme aus sind. Wir wissen es nicht.

Die Symbolhandlung mit dem Gürtel (13,1-7)[17] gehört nun sehr wahrscheinlich auch in die Frühzeit. Einmal ist die Aktion selbst unter den besprochenen geographischen Voraussetzungen am besten vom Ausgangspunkt Anatot aus zu erklären. Zum andern bezieht sich das Deutewort (13,11) explizit zuerst auf das »Haus Israel«. Denn um dieses geht es primär. Die Zeit der Absenz des Gürtels im feuchten Felsenspalt ist auf die Exilierung des ehemaligen Nordreichs zu beziehen (später umgeschrieben auf Juda). Sie hat das Eigentum JHWHs verderben lassen. Es ist zu nichts mehr nütze (13,7). Das damit ausgedrückte Gesamturteil über Israel entspricht den Analysen von Kap. 2f. und der Vision von Kap. 30f.. Wenngleich es noch von keiner Hoffnung spricht, die Tatsache, daß JHWH sich wieder um den zeitweise abgelegten Gürtel kümmern will, läßt hoffen. Die Aktion als solche beleuchtet das Ergebnis theologischer Situationsanalyse schlagartig und schließt sich an die Gleichnisreden an, die das gleiche auf andere Weise zum Ausdruck bringen wollen.

Für das Gesamtverständnis der Tätigkeit Jeremias zur Zeit Josias im ehemaligen Nordreich könnte ein Text aufschlußreich sein, der im Zusammenhang der Texte zum Thema »Feind aus dem Norden« überliefert ist, nämlich das Gleichnis vom Metallprüfer Kap. 6,27-30. Der Text ist nicht datiert. Es ist darum nicht ganz auszuschließen, daß er erst später entstanden ist. Doch paßt er weniger gut in die Zeit der radikalen Unheilsverkündigung gegen Juda und Jerusalem, es sei denn, er enthielte die dort seltene Begründung kommenden Gerichts. Der Anschluß an Kap. 2f.; 30f. scheint organischer.

In dem offenbar vor der Bearbeitung – V. 27b. 28. (ohne aγ) 30b tragen die Zeichen theologischer Ausdeutung an sich – vierzeiligen Spruch V. 27a/29a/29b/30a (2+2) ergeht anscheinend eine den späteren Klagebescheiden vergleichbare Gottesantwort an Jeremia auf die unausgesprochene Frage nach dem Sinn und Zweck seiner Arbeit, die ein doch wohl für ihn wenig erfreuliches Resultat hatte – man könnte wieder an Situationen um 609 denken. Jedenfalls wird ihm klargemacht, daß der »Prüfer« zwar für seine Arbeit, nicht aber für das schlechte Material und enttäuschende Ergebnis verantwortlich sei. Wie der »Metallprüfer« bei der Silbergewinnung, einem offenbar schwierigen physikalisch-chemischen Verfahren, bei dem aus Bleiglanz Silber ausgeschmolzen wird – es wird Hes 22,17ff., auch Jes 1,22.25 andeutungsweise beschrieben –, nur das Ergebnis festzustellen hat: Edelmetall oder Bleischaum (L. Köhler)[18], so wird es von Jeremia erwartet.

27 Als Prüfer habe ich dich gesetzt,
      in meinem Volk als ›Revisor‹.
29 Der Blasbalk schnaubt,
      aus dem Feuer fließt Blei genug.
   Umsonst schmelzt man,
      Schlechtes läßt sich nicht scheiden.
30 Falsches Silber, zum Wegwerfen,
      so nennen sie es. [19]

2. Die Verkündigung in der babylonischen Epoche

1. Kritik

Der Auftritt Jeremias am Jerusalemer Tempel im Jahre 609 markiert eine neue Epoche seines Wirkens. Es beginnt seine Jerusalemer Zeit. Daß der Wechsel mit dem Tode Josias in demselben Jahr und dem Anfang der Regierung Jojakims – nach dem Interregnum des Joahas – zu tun hat, ist zu vermuten. Der Wechsel bestätigt jedenfalls die Annahme, Jeremias Frühverkündigung stehe im Zusammenhang mit der josianischen Restaurationspolitik im ehemaligen Nordreich. Mit Josias Tod ist offenbar auch die Tätigkeit des jungen Nabi beendet. Er wendet sich von nun an Juda und Jerusalem zu.

Schon deutlicher ist zu sagen, daß der Wechsel mit der in Kap. 1 dokumentierten sog. Berufung zu tun hat. Denn ein Kernsatz des Berichts (1,18) spricht eindeutig von einem Auftrag »gegen das ganze Land, die Könige Judas und seine Minister, seine Priester und das Volk des Landes«, der in der älteren griechischen Fassung kürzer formuliert ist: »gegen alle Könige Judas und seine Minister und das Volk des Landes«. In beiden Fassungen sind das Ziel des harten Auftretens, von dem die Metaphern eiserne Säule, Mauer, Festung eine Vorstellung geben, die politischen Instanzen des Staates Juda-Jerusalem, bestehend aus dem Jerusalemer Hof: Könige, Minister, (Priester), und in der Vertretung des judäischen Landvolks, die soeben im Dreikönigsjahr wieder in Erscheinung getreten war. Die Wahl des Königs Schallum (Joahas) durch das Volk des Landes *(am hā'āreṣ*, 2. Kön 23, 30) wurde allerdings durch eine Intervention des Pharao zugunsten Elijakims (Jojakim) aufgehoben (2. Kön 23,33f.).

Die konkreten Umstände dieser Beauftragung sind trotz der Darstellung in Jer 1 nicht ganz klar. Traf sie den bereits als Nabi Tätigen? Aber: in welchem Dienste stand denn Jeremia bisher? Josias? Des Hofes? War es eine visionäre Einsicht in das Kommende (1,11f.; 23,22), eine nach 1,4ff. erfahrene Einsetzung in ein »Amt«, das ihn nach Jerusalem drängte? Es ist, wahrscheinlich, das Ereignis um das Jahr 609 anzusetzen, nicht 626, wie 1,2 angibt. Und daraus ist zu schließen, daß es sich – wenn man die Frühverkündigung auf einem allgemeinen Nabi-Auftrag basiert sieht – jetzt um einen neuen, speziellen Auftrag handelt, nicht weniger politisch und theologisch, aber eben bezogen auf den Staat Juda, was den Umzug nach Jerusalem – nach anfänglichem Pendeln? – wohl schon bald erzwang.

Wenn es richtig ist, die Tätigkeit Jeremias in den ehemaligen Nordreichgebieten mit dem in 6,27ff. überlieferten Begriff des »Prüfers« in Verbindung zu bringen – wofür ja die in Kap. 2f.; 30f. gesammelte Verkündigung durchaus spricht –, dann ist festzustellen, daß sich sein neuer Auftrag im Prinzip nicht verändert hat. Die jetzige Position des Prüferworts am Ende der Textsammlung »Feind aus dem Norden« (Kap. 4-6) deutet ja den Zusammenhang auch so. Prüfen aber heißt im technischen Sinne: Messen, Kontrollieren, Bewerten, Beurteilen von Sachverhalten und Vorgängen, und zwar nach den Maßstäben und Normen, die ein Optimum an Zweckbestimmung erbringen. Im Falle der Silbergewinnung ist es die Überwachung der Herstellung des Produkts. Im Falle der Wiedervereinigung mit den Nordreichbewohnern »Israel« ist es die Erhebung und Erforschung der Voraussetzungen für eine Glaubensvereinigung und -einheit. Im Falle der Überprüfung der Prinzipien der Politik des judäischen Staates nach dem Ende der josianischen Reform ist es Kritik an den Institutionen und Autoritäten als den Trägern jener Politik und deren ideologischen Grundlagen. Im Unterschied zu der ersten Aufgabe war hier mit massivem Widerstand der Repräsentanten der Macht zu rechen, zugleich mit gefährlichen Auseinandersetzungen mit den Fürsprechern und Verbündeten, Propheten, Priestern, Weisen, sofern sie den eingeschlagenen Kurs unterstützten. Jeremia mußte dessen gewärtig und dafür gerüstet sein, ziemlich allein zu stehen und einen einsamen

Kampf zu kämpfen. Die Klage, mit jedem Wort »Zeter und Mordio« schreien zu müssen (20,8), drückt aus, daß er sich als Vertreter der Unterdrückten und Ausgebeuteten sah, denen der Zeterruf nicht mehr von den Lippen ging; daß er sich durchaus zur aktuellen Kritik an sozialen Mißständen gerufen wußte, sagt aber nichts aus über Recht und Maß seiner Anklagen. Die Klage, ein »Mann des Streits und Prozeßes« geworden zu sein (15,10), gibt nur wieder, daß es so kam: dem Tode näher als dem Leben, zu Tode verurteilt, unter ständiger Morddrohung stehend, oft mit knapper Not davongekommen, eine Passionsgeschichte fast ohnegleichen. Anders als Urijahu, Sohn des Schemajahu (26,20ff.) aber überlebte Jeremia und erfuhr die Berechtigung seiner Anklage im Untergang des Staates. Beide Kritiker aber, bei Jeremia ist es explizit bezeugt, verstanden sich als »Propheten«, und das hieß für sie: sie hatten die Position JHWHs zu vertreten. An der Frage, was das bedeutet und zu welchen Konsequenzen es führt oder zwingt, schieden sich die Geister. Der moderne Betrachtet tut gut daran, die politischen Dimensionen der Auseinandersetzung ständig im Auge zu behalten.

1. Kritik am Tempel

Im Jahr 609 also, vermutlich im Herbst, anläßlich der großen Jahresfeste, sehen wir Jeremia im Tempel von Jerusalem, jenem königlichen Eigentempel, der sich in der Überlieferung als Haftpunkt und Hort zentraler Glaubensvorstellungen, zumindest für das Südreich, gefestigt hatte: das ideologische Zentrum des Staates, wie einst Bethel für das Nordreich des 8. Jh. s – scharf angegriffen seinerzeit von den Propheten Amos und Hosea.[1] Das Ereignis hat in der jeremianischen Überlieferung einen doppelten Niederschlag gefunden, in Kap. 7 besonders die Rede (C-Schicht), in Kap. 26 (B+C-Schicht) das Geschehen, das sie ausgelöst hat. Letzteres ist besser rekonstruierbar als die zu Homilien ausstilisierten Worte Jeremias. Ort des Geschehens war ein Tor (7,2) im Vorhof des Tempels (26,2), offenbar der Haupteingang für Besucher von Osten her. Dort hat Jeremia durch seine Worte die Zuhörer, besonders unter den Amtsträgern, so provoziert, daß er in höchste Gefahr geriet. Daß die in Kap. 7 und 26 aufgezeichneten Mahnreden[2] als solche dies allein nicht bewirkt haben, beweist der Fortgang der Ereignisse. Nur ein Anklagepunkt spielt eine Rolle, nämlich die Ankündigung, es werde Zion genau so ergehen wie einst Silo, das in den Philisterkriegen im

11. Jh. ein Ende fand (die biblische Überlieferung: 1. Sam
1ff.). Schon der zweite aufgeführte Punkt, daß Jeremia »wider diese Stadt« geweissagt habe (26,11, vgl. 6), ist eine Explikation des ersten Drohworts. Da die Ansage einer dunklen
Zukunft mit einem Vergleich aus grauer Vergangenheit für
sich allein – wie die mahnenden Worte – kaum geeignet ist,
die aufgebrachte Reaktion der Hüter des Heiligtums zu erklären, muß man annehmen, daß es eine andere Spitze war, die
ihnen unter die Haut ging. Wir vermuten, es war das Schimpf-
wort von »der Räuberhöhle«, das Jeremia benutzt, um zu illu-
strieren, wozu »dieses Haus« in den Augen des eben da
verehrten Gottes geworden sei. Welche Worte aus den Reden
der Kap. 7 und 26 seinerzeit auch noch gefallen sein mögen,
die beiden Pfeile des Wortes von der Räuberhöhle und des Si-
lo-Vergleichs genügen, um die Aufregung zu verstehen, die sie
ausgelöst haben. Wie im Frühwerk waren es offenbar Parolen,
Sprüche, Gleichnisse, Schlagworte, mit denen Jeremia auch in
dieser Situation gearbeitet hat. Neu ist – und das verdeutlicht
1,18 ja zur Genüge – die direkte Konfrontation mit den Betroffenen, die im Frühwerk so nicht auszumachen ist, hier jedoch zu einer brisanten Situation führt.

Um das Gewicht dieses Wortes zu verstehen, muß folgendes
beachtet werden. Einmal ist der Ort am Tor des Tempelvor-
hofs traditionell der Sitz im Leben für die sog. Einlaßliturgie,
jenes Pfortengespräch des Schwellenhüters mit dem Pilger, das
ihm die Zulaßbedingungen erklärt. Offenbar mit Elementen
der Beichte und des Bekenntnisses versehen – wie es die Beispiele Ps 15 und 24 belegen –, wacht es darüber, daß nur
»Gerechte« durch »die Tore der Gerechtigkeit« (Ps 118,19f.)
Einlaß finden. Es galt, sich dazu zu bekennen. Jeremias Wort
mußte von den zuständigen Instanzen formal als Anmaßung,
inhaltlich als Beleidigung empfunden werden, welche die zu
schützende Heiligkeit des Ortes zutiefst verletzen. Alle Vorstellungen von Zuflucht und Hort des Friedens wurden durch
den Begriff »Höhle« desavouiert. Alle Hoffnungen, die an
Zion als heiliger Stätte haften – wiedergegeben in Jeremias
Zitat: »Der Tempel JHWHs, der Tempel JHWHs, der Tempel
JHWHs ist hier« (7,4), einem fast beschwörend wiederholten
Credo-Satz aus der Zion-Theologie –, wurden dadurch ver-
höhnt. Alle frommen Gedanken über die communio sancto-
rum der Tempelbesucher, Priester und Propheten, wurden
durch den Ausdruck »Räuberbande« vergällt, worüber sich
wieder die Kultträger besonders erbosen mußten.

Zum zweiten galt der Angriff einer Kultideologie, welche – ein altes gravamen der Propheten – sich selbsttragend und selbstgefällig von der Wirklichkeit der sozialen Verhältnisse abgelöst und isoliert hatte. Der heilige Ort war zur sakralen Selbstverständlichkeit verkommen. Jeremia weist darauf hin, daß der Ort die Qualität hat, die ihm seine Besucher erteilen. Wo sich Räuber versammeln, ist eine Räuberhöhle.[3] Und die den Priestern, Propheten und Besuchern damit zugesprochene Qualität mußte verletzen, weil sie – auch hier ist Jeremia Schüler der Sozialkritik seiner Vorgänger, zuletzt Habakuks (2,5ff.)[4] – soziales, wirtschaftliches, politisches Verhalten betraf, nicht eigentlich kultisches. Räuber bringen ihre Beute in Sicherheit – die Opfer- und Votivgaben geraten in ein schiefes Licht.

Zum dritten war ein Anwurf gegen den Staatstempel auch ein politisches Delikt der Königs- und Staatsbeleidigung. Von den Behörden wird implizit darauf Bezug genommen, indem nur für ein solches Delikt unmittelbar die Todesstrafe (*mišpaṭ-māwet*) verlangt werden konnte (26,11), während anderes für die politisch urteilenden Minister zum Nebiim- und Theologengezänk gehören mochte. Störung der Ordnung, Aufruhr, Majestätsbeleidigung waren schon andere Anklagen.

Die Reaktion auf Jeremias Provokation ist in Kap. 26,7ff. geschildert. Aufruhr der Priester und Propheten; Standgericht der Minister, die vom Palast her zum »Neuen Tor«, wohl über den Palasthof südlich des Tempels eilen; Rettung des Provokateurs durch die Vernunft der Minister, durch den von den Ältesten aus Landjuda – die immer ihre Reserven gegenüber der Hauptstadt hatten – eingebrachten Präzedenzfall des Micha von Moreschet, der sich einst (701) ähnlich radikal geäußert hatte (Mi 3,12), und durch den einflußreichen Ahikam, Sohn des Saphan, einst »Schreiber« Josias, und Vater des späteren Statthalters Gedalja (40,1ff.). So blieb dem jungen Jeremia in Jerusalem zunächst das gewaltsame Schicksal seines prophetischen Landsmanns Urija aus Kirjat-Jearim erspart, von dem Kap. 26 am Ende beziehungsvoll berichtet (V. 20-23). Das denkwürdige Ereignis aus dem Jahre 609 muß Jeremia in Jerusalem schlagartig bekannt gemacht haben. Er ist also von Anfang an eine persona non grata in der Stadt. Seine Passion beginnt schon 609. Seine besondere Gabe, eine Sache sprachlich auf den Punkt zu bringen, hat einen Effekt gehabt, der weit über Jeremia hinaus in Erinnerung blieb.[5] Für die dtr Bearbeiter wurde die Szene Anlaß zu einer großen

Predigt über Tempel und Kult (im Großkapitel 7,1-8,3), wobei die Dicta aus der Jeremia-Überlieferung (7,4.11.12; 26,6.9) die Textgrundlage bilden. [6]

2. Kritik am Königtum

Das Ereignis am Tempeltor scheint der Auftakt zu weiteren kritischen Auseinandersetzungen gewesen zu sein. Dabei stand die Kritik an Instanzen und Ständen des judäischen Staates ganz auf der Linie früherer prophetischer Aktionen. Schon die vorklassische Prophetie, Elia, Elisa u. a., sah im König das Ziel ihrer Verkündigung. Dies wurde von der Prophetie des 8. Jh. s fortgesetzt und auf die tragenden Institutionen ausgedehnt: Hof, Kult, Wirtschaft. Auch ein Habakuk oder Zephanja haben ihre Worte an die staatstragenden Kräfte gerichtet. Zeph 1f. zeigt in der Sammlung der Logien eine hierarchisch bestimmte Ordnung, die auf ein systematisches Vorgehen schließen läßt. [7] Jeremias Vorstoß gegen das Staatsheiligtum zielte aufs Zentrum. Es ist leicht vorstellbar, daß auf diesen Schritt weitere gefolgt sind.

Mit Sicherheit ist anzunehmen, daß Teile der in Kap. 21,11ff. gesammelt vorgelegten Königskritik sich zeitlich unmittelbar anschlossen. Die Worte über Joahas (Schallum), den Zwischenkönig des Jahres 609 (22,10ff.), und die Worte gegen Jojakim (Eljakim) (22,13ff.) gehören in die Zeit unmittelbar nach dem Schicksalsjahr 609. Wahrscheinlich auch die in vielen Punkten grundsätzliche Auseinandersetzung mit den Jerusalemer Nebiim (Kap. 23,9ff.), die sich allerdings über den Höhepunkt der Auseinandersetzung mit Hananja (Kap. 27-28) und den Heilspropheten im babylonischen Exil (Kap. 29) der Jahre um 595 und darüber hinaus fortsetzte. Die Einzelsprüche sind nicht datiert, gehören aber sachlich in die kritische Phase am Beginn der Jerusalemer Tätigkeit. Möglicherweise sind die Priester, die zusammen mit den Propheten angesprochen sind, in diesen theologisch geführten Streit mit einbezogen. Dies läge jedenfalls ganz in der Konsequenz des Tempelworts. Es wäre schließlich naheliegend, die allerdings von den ordnenden Editoren erst in Kap. 11f., also später angesetzte, wiewohl nicht datierte, prophetische Krise mit der ersten Klage oder »Konfession« in die frühe Jerusalemer Zeit zu setzen, als der Schock der Umgebung in Gestalt der Familie und der Dorfbewohner von Anatot auf die Aktionen Jeremias noch nachwirkte und zu emotionalen Reaktionen führte. Doch ist diese Annahme nicht letztlich beweisbar. Die Logik der Ereignisse indes spricht dafür.

Die Königsworte aus dem Komplex 21,11-23,8, eingebettet in das Großkapitel: 21-24 (»Das Ende der Königszeit« – D), waren ursprünglich kurz und konzis und entsprachen so dem Tenor der kritischen Zeit. Das Wort über Schallum (22,10. 11f.) ist nicht mehr rekonstruierbar. Dem Inhalt nach betraf es die Trauer um den nach Ägypten deportierten Josia-Sohn, für den Jeremia eine Rückkehr ausschloß. Das Wort gegen Jojakim jedoch, dargeboten in 22,13-19 scheint besser erhalten zu sein. Es war ein Wehewort und schon als solches, gegen den König gerichtet, eine ungeheuerliche Provokation; erklärte es doch den regierenden Monarchen als reif für die Totenklage, also für tot. Weheworte in der Prophetie sind meist kurz, Zwei-, auch Vierzeiler. Es ist zu erwarten, daß auch Jeremias Jojakim-Wort sehr knapp formuliert war. Wir vermuten, es bestand aus einem Vierzeiler: 13* (»Wehe«); 14a/14b/18*/19* in dem ungewöhnlichen Metrum (3+2+2). Alles übrige ist explizierendes Beiwerk für die dtr Homilie.

13 f. Wehe dem, der sagt: ›Ich will mir bauen ein weites Haus mit luftigen
Geschossen,
14   Mit Fenstern verziert, zederngetäfelt und rot bemalt. ‹
18   Gar nicht beweint wird er: Ach Herr! Ach seine Majestät!
19   Ein Eselsbegräbnis erhält er, fortgeschleift und hingeworfen!«

Der Sinn des Textes erschließt sich erst, wenn man ihn nicht auf die doch wohl weniger anstößigen Palastbauten eines jungen Königs bezieht – 609 war Jojakim 25 –, vielmehr in Erwägung zieht, der König von Ägyptens Gnaden habe in Nachahmung seiner pharaonischen Vorbilder sich ein Grabmal gebaut oder bauen wollen. Dafür sprechen die bautechnischen Bezeichnungen »Haus nach Maßen«, »offene Obergeschosse«, Fenster, aber auch die für den Palast selbstverständliche, für ein Monument ungewöhnliche Täferung sowie die m. E. noch nicht geklärte rote Bemalung.[8] Vor allem aber verlangt die Logik des Wehewortes, die häufig auf der Talio-Vorstellung eines Tun-Ergehen-Zusammenhangs beruht, daß es sich um das Königsbegräbnis auch schon in V. 14 handeln muß, wenn dieses im Nachsatz thematisiert wird. Und es würde ins Bild passen, daß der Tempelschänder von Kap. 7; 26 nun zum Grabschänder der königlichen Bauvorhaben wird. Das Wort ist nicht datiert. Doch die Jahre nach 609 bis zur

Schlacht bei Karkemisch 605 scheinen für ägyptisierenden Luxus eher offen gewesen zu sein als spätere Notzeiten etwa nach 601.[9]

In denselben Zusammenhang gehört vermutlich auch das Wort gegen das »Tyrus der Ebene«[10] (21,13f.), offenbar nicht Jerusalem, vielmehr eine von Jojakim als Residenz ausgebaute Festung, wofür am ehesten *Ramat Raḥel (Bêt-Hakkerem)* zwischen Jerusalem und Bethlehem in Frage kommt.[11] Die Ausgrabungen sind dieser Annahme günstig. Fand man doch einen Palast und eine Zitadelle, vor allem aber jene denkwürdige Scherbe, welche einen thronenden König (oder Fürsten) darstellt *(Abb. 2)*. Die Vermutung, daß es sich um Jojakim handeln könnte, liegt nahe. Jeremia sah diesen Königsbau mit anderen Augen. Er kündet einen Waldbrand an, der die »Thronende über dem Tal« und ihre Umgebung vernichten wird (21,14).

Dunkler klingen die Stellen aus den Königslogien, welche vom »Libanon« und seinen Zedern, von »Gilead« und »Basan« und anderen Orten[12] sprechen (22,6ff.; 22,20ff.) und Jerusalem meinen, also methaphorisch zu verstehen sind. Man kann fragen, ob sie sich auf in Jerusalem geplante oder eingerichtete Parkanlagen mit künstlichen Landschaften (Basan, Gilead) und Zedernhainen beziehen, ähnlich wie sie dann später in großem Stil Nebukadnezzar in Babylon gebaut hat. Doch fehlt dazu eine Bestätigung.

Man darf annehmen, daß die sog. Völkersprüche, jedenfalls in den Teilen, die auf Jeremia selbst zurückzuführen sind, als direkte und indirekte Kritik an der Außenpolitik der Könige und ihrer – nach seiner Meinung – fundamentalem Fehleinschätzung der politischen Weltlage entstanden sind und daß sie insofern auf derselben Linie liegen wie die Königssprüche. Daß Jeremia diese Linie auch in den letzten turbulenten Jahren Zedekias beibehalten hat, bestätigen die Berichte der Kap. 27-45.

Als Beispiel sei das erste Ägyptengedicht genannt aus 46,1-12, dessen Datierung in das Jahr 605 den Schlüssel bietet für die ihm innewohnende Intention, die in jenem Jahr, genauer mit der Schlacht bei Karkemisch, eingetretene weltpolitische Wende zur Kenntnis zu nehmen.[13] Dies fiel vor allem der dominierenden Ägyptenpartei Jojakims offenbar aus ideologischen Gründen so schwer, daß der Prophet mit jenem Gedicht dagegen anzugehen sich gezwungen sah. Dieser typische Vorgang mag sich wiederholt haben. Doch die konkreten Anlässe und Hintergründe der Völkersprüche sind uns weithin verborgen.

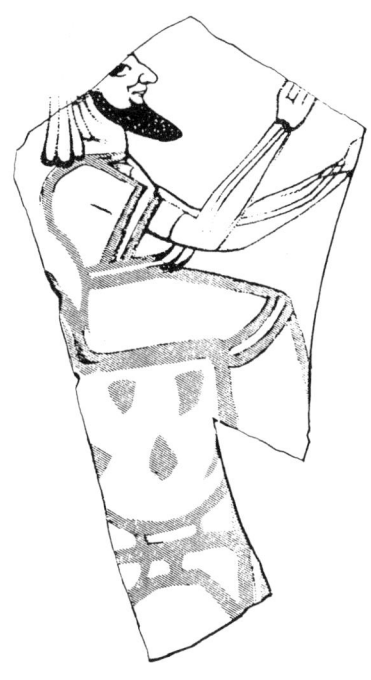

Bemaltes Ostrakon aus *Ramat Raḥel (H. eṣ-Sālih),* wohl identisch mit dem biblischen *Bêt-Hakkerem,* der Sommerresidenz der judäischen Könige am Ende des 7. Jh. s. Es zeigt einen Fürsten auf seinem Thron, möglicherweise König Jojakim, den Erbauer der Residenz. Vgl. Jer 22,13ff. (Abb. nach ANEP Suppl. Nr. 771,341).

Daß es, vor allem bei den öffentlichen Interventionen Jeremias, auch um Politik ging, bringen die Berichte von Kap. 27ff. deutlich zum Ausdruck. Schon die Zeichenhandlung »Joch« (27f.), wohl zu datieren in das Jahr 594, zielte ja betontermaßen auf die Jerusalemer Konferenz der Vasallenstaaten und deren Bestrebungen, eine gemeinsame antibabylonische Strategie zu entwickeln. Jeremias Spott – ein eher seltenes Instrument seiner Kritik – galt der Koalition der »unbeschnittenen« Beschnittenen und Geschorenen (9,24f.). Dazu gehören die Ägypter, Judäer, Edomiter, Ammoniter,

Moabiter und die Steppenbewohner – 27,3 nennt die ersten und die letzten nicht, dafür Tyros und Sidon, aus unbekanntem Grund. Leider ist der Spottvers am Ende lädiert, so daß der Witz nicht voll zum Zuge kommt. Doch wird er sich am Kontrast zwischen Anspruch und Wirklichkeit der Beschneidung entzündet haben.[14] Wie immer, der Prophet kritisiert die groteske Fehleinschätzung der Machtverhältnisse. Zedekia wird ja auch nach 51,59ff. alsbald nach Babylon reisen. Über das Ergebnis der Verhandlungen verlautet nichts.

Die willen- und ziellose Politik Zedekias im letzten Jahrzehnt hat Jeremia offensichtlich häufig aufs Korn genommen, wenngleich er an den chaotischen Verhältnissen und panischen Reaktionen nichts ändern konnte. Er blieb auf der Linie, daß die Unterwerfung die einzige Überlebenschance ist, und vertrat diese Einsicht in den verschiedenen offenen oder heimlichen Begegnungen mit Zedekia, die ihn wieder in größte Lebensgefahr bringen (Kap. 37ff.). Kritik an innenpolitischen Maßnahmen – sofern die zeitweilige Freilassung der Schuldsklaven zur Verteidigung Jerusalems (Kap. 34) oder der Abriss von Häusern zum Bau von Verteidigungsanlagen (33,4) diese Bezeichnung noch verdienen – deckt völliges Versagen der Führung auf. Daß man später die Kritik umgedeutet und – vor allem im Falle der Amnestie – als Kritik am Bruch des deuteronomischen Sklavengesetzes aufgegriffen hat,[15] zeigt bloß, wie unverständlich Jeremias konkrete Kritik in anderem Kontext erscheinen mußte. Seine Kritik an den Königen und »Hirten« als solchen indes (23,1ff. u. ö.) wurde aufgenommen und tradiert. In »Predigten« wurde sie variiert und interpretiert (21,1ff.; 22,1ff.; 23,1ff. auch 17,19ff.). Auch entstand in 23,5f. durch ein Spiel mit dem Namen »Zedekia« (»JHWH meine Gerechtigkeit«) ein königliches Gegenbild: »JHWH unsere Gerechtigkeit«

3. Kritik an den Propheten

Grundsätzlicher und theologisch war die Kritik Jeremias an den $n^e bi'im$, den Propheten Jerusalems. Die Dokumente liegen gesammelt, aber undatiert in 23,9-40 vor. Auch diese sind intensiv bearbeitet und auf diese Weise erweitert worden. Es ist oftmals nicht sicher, ob wir Jeremias Worte, und noch gar aus einer bestimmten Epoche, vor uns haben. Doch werden die Grundlinien seiner Argumentation deutlich. Abzuziehen sind alle moralischen und pauschalen Verurteilungen, welche die

Texte überdecken. Sie sind später entstanden und entstammen dtr Interessen. Der junge Ankömmling mußte sich mit den etablierten Größen in Jerusalem doch wohl sehr ernsthaft auseinandersetzen.

Der Deutlichkeit wegen beginnen wir mit der letzten Perikope 23,33-40, der Diskussion um die *maśśā'* JHWHs. *mś'* ist ein prophetischer Terminus technicus, abgeleitet von der Wendung *nś' ql* ›die Stimme erheben‹[16], also ›Ausspruch‹, ›Ausruf‹, ›Orakel‹, der neben dem homonymen Wort aus dem Alltag *mś'* ›Last‹ steht. Aus dem Spiel der beiden Begriffe lebt das in dreifacher Spiegelung tradierte Logion (V. 33f. 35f. 37ff.) wie die ganze Perikope. *mś'* war traditionell die Aufgabe des *nābî'*, offenbar Orakelworte, Voten, Antworten auf bestimmte Anfragen, zumeist politischer Natur, zu geben. Viele sog. Völkerorakel zählen dazu, tragen auch diese Überschrift, z. B. Jes 13-23; aus Jeremias Zeit: Nah 1,1; Hab 1,1 – man vergleiche Klgl 2,14. Die Pointe des Jeremia-Wortes liegt offenbar darin, daß er den Jerusalemer *nᵉbî'îm* klarmachen wollte, daß die wohlfeilen Aussprüche mit ihren Heilsworten zu Ende sein müssen, daß ein neuer prophetischer Ausspruch Unheil verkünden, darum als echte »Last« empfunden werden müsse. Nur von Hesekiel ist bekannt, daß er sich zu einer solchen Verwendung des Begriffs noch später (12,10) verstanden hat. Sein »Ausspruch« gilt dem »Fürsten zu Jerusalem und allen vom Hause Israel« und sagt die Verbannung an. Anders die Exilspropheten nach Jer 29, aus deren Hand auch Teile aus Jer 50f. stammen mögen.[17]

Ein weiterer Streitpunkt war der theologische Stellenwert der Traumdeutung 23,25-32. Der im ersten und letzten Teil stark überarbeitete Text umfaßte primär 23,25aα. b. 28. 29. Den Rest bilden Diffamierungen der sog. falschen Propheten, ein ganzes Arsenal von Beschimpfungen. Jeremias Auseinandersetzung war seriöser und vorsichtiger. Er billigt der Traumdeutung eine positive Bedeutung zu. Sie kann ein Mittel der Offenbarung sein, freilich nur eines. »Der *nābî'*, der einen Traum hat, erzähle den Traum; wer aber mein (JHWHs) Wort hat, der rede getreulich mein Wort!« (23,28a) Und dann die theologische Wertung: »Was hat Stroh mit Korn gemein? – Spruch JHWHs« (23,28b). Wieder ein Gleichnis für den Wertevergleich: ›Stroh‹, ›Häcksel‹ ist nicht wertlos wie die ›Spreu‹; vielmehr dient es zur Herstellung von Lehmziegeln, von Viehfutter, von Flechtwerk. Aber ›Korn‹ ist natürlich viel mehr wert, weil lebensnotwendig. So haben Träume ihren

Sinn und Wert – für die Antike vorwiegend zur Zukunftsschau, nicht Analyse der Vergangenheit. Aber viel bedeutsamer ist – so es denn verfügbar und vorhanden ist – das Wort JHWHs, das direkt vermittelte Wort der Offenbarung. Kein Zweifel, Jeremia war überzeugt, das Gotteswort »bei sich« zu haben, darum Wichtigeres anbieten zu können als die Traumdeuter – deren Seriosität vorausgesetzt. Dieses Wort aber – ein weiteres Gleichnis – ist »›sengend‹ wie Feuer«[18] und wuchtig »wie ein Hammer, der Felsen zerschmeißt« (23,29). Jeremia verwendet dabei das Wort für den Schmiedehammer. Die Schläge dieses »Hammers« trafen bereits den Tempel und die Könige; die Propheten – spätestens 594, jedenfalls nach Jer 27-29.

Ein weiterer Diskussionsgegenstand scheint die Frage der Legitimation gewesen zu sein, die sog. Berufung, die beglaubigte Sendung des Nabi als Gottesboten. Zweimal jedenfalls ist in dem Komplex 23,16-22 die Rede von dem Kriterium prophetischer Sendung, nämlich »im Rate (sôd) JHWHs gestanden zu haben« (23,18 und 22). Illustriert wird dies etwa durch die Erzählung von der Berufung Micha ben Jimlas (1. Kön 22) oder den Bericht Jesajas von seiner Sendung (Jes 6) und in besonderer Weise natürlich von Jer 1 (Primärfassung). Darin erkennt Jeremia seinen entscheidenden Vorsprung und Vorteil gegenüber den Propheten Jerusalems. Was dies für ihn selbst heißt, deutet der erste Spruch der Sammlung (23,9) an: wie ein Trunkener ist er nicht mehr er selbst – er ist ein anderer geworden. Die Klagen kommen auf diesen Punkt zurück (Kap. 11; 15; 17 u. s. w.). [19]

Die Jeremia-Erzählungen in Kap. 26-29 befassen sich ebenfalls mit dieser Auseinandersetzung. [20] Bei drei Konfrontationen kommt es zum Konflikt. Von der ersten, der sog. Tempelrede (nach Kap. 7; 26 im Jahre 609), war schon die Rede hinsichtlich der dort vorgebrachten radikalen Kritik an der Basis des judäischen Jahwismus, des Königstempels auf Zion. In diesem Zusammenhang steht auch der dort ausgetragene Streit über das Rollenverständnis des Nabi Jeremia zur Debatte, wie es Kap. 26 dokumentiert. Speziell auch die Konfrontation mit Propheten und Priestern, der wohl mehr oder weniger eng im Dienst des Hofes stehenden Gruppierung von religiösen Experten und Ideologen, zu denen Jeremia im übrigen selbst gezählt wird (vgl. 29,26), bringt ihn in Gefahr. Der Vergleich mit Micha von Moreschet, einer anerkannten prophetischen Gestalt der Vergangenheit, rettet ihm das Leben. Man spürt auch das das Ringen um die richtige Einschätzung. Für die Überlieferung ist die Sache natürlich entschieden.

Der Konflikt mit Hananja von Gibeon im Jahre 594 (Kap. 27f.), der zweite, gibt wieder, wie sich die beiden Propheten aneinander messen. Beide verfügen über gleiche Waffen und setzen sie ein; ein Unentschieden scheint das Ergebnis zu sein. Doch Hananja hat zu hoch gepokert. Das Fundament für seine Interpretation der göttlichen Richtlinie war brüchig und nicht verläßlich. Mag sein, er hat sich selbst getäuscht. Das ist ja auch der Vorwurf, der in der Verwendung des Begriffs *ḥānēf* (›Heuchler, Verräter, Täuscher‹, vgl. 23,11; 23,15)[21] zum Ausdruck gebracht wird. Aber die Fassade bricht, er überlebt den Zusammenstoß nicht: »Hananja, der Prophet, starb in jenem Jahr, im siebten Monat« (28,17).

Den dritten Konflikt löst die Frage aus, wie lange die Geiselhaft der Erstdeportierten aus dem Jahre 598 in Babylon andauern werde. Die Debatte darüber ist ebenfalls um das Jahr 594 anzusetzen. Die in Babylon auftretenden Propheten – »JHWH hat uns auch in Babel Propheten erweckt« (29,15) – schüren offenbar die Erwartung baldiger Rückkehr (vgl. 29,8ff.), die möglicherweise durch den Besuch Zedekias entzündet wurde. Ihnen tritt Jeremia in einem Brief entgegen, dessen Wortlaut in 29,4-7 erhalten zu sein scheint. Der Brief führte zu wütenden Reaktionen der Propheten Achab, Sohn des Qolaja, und Zedekia, Sohn des Maaseja, sowie des Schemajahu von Nehelam. Vor allem der letztere suchte ein Komplott gegen Jeremia in Jerusalem einzuleiten, indem er an den zuständigen Priester und Prophetenaufseher schrieb: »JHWH hat dich an Stelle des Priesters Jojada zum Priester gemacht, Aufseher zu sein im Hause JHWHs über jeden Verrückten (*'îš mᵉšuggā'*), der sich als Prophet aufspielt, daß du ihn in den Block oder ins Halseisen schließest. Wie kommt es denn, daß du den Jeremia von Anatot, der sich bei euch als Prophet aufspielt, nicht gescholten hast? Hat er doch zu uns nach Babel die Botschaft gesandt ...« (29,26ff.).

Wieder geht es um Einschätzungen. Jeremia, diesmal von Anfang an ganz sicher, reagiert mit persönlichen Botschaften (29,21ff.; 29,31ff.) gleichen Inhalts, welche den Vorwurf des Verrats an JHWHs Wort (*ḥᵃnufâ*; 23,15) enthalten.

Vielleicht aus derselben Diskussion mit Propheten, auch mit Priestern, möglicherweise aus etwas späteren Tagen, stammen die drei theologischen Sätze, welche in Frageform Antithesen aufstellen, die sich gegen althergebrachte Dogmen richten (23,23. 24a. 24b).

1. Bin ich denn (nur) ein Gott aus der Nähe – Spruch JHWHs – und nicht (auch) ein Gott aus der Ferne?

Der nahe und der ferne Gott – Deus revelatus et absconditus. Im Blick steht das Dictum Jer 7,4 und die Tempel-Doktrin.

2. Kann sich einer so verbergen, daß ich ihn nicht sehe? Spruch JHWHs.

Es geht um die Frage der Allwissenheit Gottes und ihrer Konsequenzen, etwa für die ehrliche Arbeit der Priester und Propheten.

3. Fülle ich nicht Himmel und Erde? Spruch JHWHs.

Es geht um die Allgegenwart Gottes und ihre weltpolitische Bedeutung – für prophetische Visionen.

Sind diese Thesen Jeremias drei Kriterien zur Beurteilung der wahren und falschen Prophetie? Man könnte es annehmen. Auf jeden Fall sehen wir ihn, wie schon seit dem Frühwerk, theologisch engagiert, versiert und sensibilisiert, die Probleme systematisch zu durchdenken und zu klären, wozu ihn seine hohe sprachliche Kompetenz befähigt.

4. Kritik an den Weisen

Die Überlieferung läßt erkennen, daß sich Jeremia auch mit den sogenannten Weisen und der Weisheit auseinandergesetzt hat.[22] Zwar ist nicht klar, in welche Zeit die in Kap. 8-10 zusammengestellten Einzelstücke gehören. Aber es ist naheliegend anzunehmen, daß die Editoren wußten, was sie taten, als sie diese Texte im Anschluß an die Tempelrede (Kap. 7) brachten, die in das Jahr 609 zu datieren ist. Es ist jedenfalls auffällig und zeugt von bewußter Absicht, daß die Texte 8,4-9,25 wiederholt die Weisen (ḥ^{a}kāmîm) nennen oder ansprechen (8,8f.; 9,11; 9,16 die weisen Frauen; 9,22) oder weisheitliche Themen behandeln, wie die Weltordnung (8,4ff.), Verwaltung (8,8ff.), Medizin (8,14ff.), Ethik (9,2ff.), Klagedichtung (9,16ff.) bis hin zu den großen Kompositionen über göttliche und menschliche Weisheit (Religion), die Kap. 10 darstellt und die, zumindest partiell, mit jeremianischen Texten arbeitet (V. 3-5.14-16; 17-22; 19. 23ff. etc.). Daraus nun und wie die Tradenten Jeremia in Beziehung zur Weisheit gebracht haben, ist zu schließen, daß diese Texte auf fester Erinnerung fußen und nicht auf späterer Erfindung beruhen. Unklar aber ist – ausgenommen der Fall der weisen Frauen –, wer denn konkret seine Gesprächspartner und Adressaten waren. Die Angaben darüber sind dürftig. Wir erfahren, daß die Weisen mit den »Schreibern« in Verbindung stehen (8,8), wobei an das Vorbild des Baruch als einem Anwalt oder Beamten im Dienste des Hofes zu denken ist. Sie führen den Schriftverkehr, sind darum Vertrauenspersonen und als solche in Verantwortung. Zu denken ist an ägyptische Weise im Dienste des Pharao, an die für Jeremias Schicksal so wichtige Familie des Schreibers Saphan. Daß zu den Weisen, deren Aufgabe der »Rat« ($\bar{e}s\hat{a}$) war (18,18), auch Gelehrte und Lehrer zu rechnen sind, ist wahrscheinlich, obgleich darüber nichts verlautet. In welcher Beziehung die Weisen zu Propheten und Priestern standen, ist gleichfalls nur durch 18,18 zu beleuchten, wo diesen eine andere Funktion (»Spruch« $d\bar{a}b\bar{a}r$ und »Weisung« $t\hat{o}r\hat{a}$) zugewiesen wird. Trotzdem behaupten die in 8,8 Angesprochenen, weise (»Weise«) zu sein und die »Weisung« JHWHs auf ihrer Seite zu haben. Die Stelle zeigt an, daß es da offenbar Verbindungen gab, und bestätigt die Annahme, daß es sich bei den sog. Deuteronomisten, also den Verfassern, Predigern und Kommentatoren der dt Überlieferungen um Weise, d. i. wohl gelehrte oder geschulte Schriftsteller handelt. [23]

Gleichwohl, Jeremias Haltung den Weisen gegenüber war – wie bei den Priestern – dialogisch, aber kritisch. In einem Text wie 8,4-7, in dem wir 8 Zeilen in 3+3-Rhythmen erkennen – also das weisheitliche Spruch- (Maschal-) Metrum –, stellt Jeremia vor allem Fragen. Aber es sind Fragen an die Weisen und Lehrer des Volkes, weshalb es nicht gelungen ist, den Widerspruch aufzuklären und zu beseitigen, daß in aller Welt allein das Gottesvolk sich nicht in die Ordnung JHWHs finden kann ($mišp\bar{a}t$ JHWH). Wir übersetzen:[24]

4   Fällt einer und steht nicht auf,
        oder geht ›einer‹ und kommt nicht zurück?
5   Gibt es: immerwährende Abkehr,
        einlinige Wurfrichtung?
6   Ich merkte auf und hörte es.
        Sie sprechen nicht so –

Keinen gereut etwas –
    und sagt: Was habe ich nur getan?
alle bleiben in ihrem Lauf,
    wie ein Roß dahinstürmt in der Schlacht.
7   Sogar der Storch am Himmel,
    er kennt seine Zeiten.
Und Taube, Schwalbe und Drossel,
    sie halten sich an die Zeit der Heimkehr.
Aber mein Volk erkennt nicht
    die Ordnung JHWHs.

Die Verse erinnern an Amos 3,3-8 und an seine weisheitlichen Frageketten. Doch hier ist die Logik eine andere. Ging
es dort um Ursache und Wirkung, Grund und Folge, so hier
um die Balance als Prinzip, um den Ausgleich der Kräfte: auf
und nieder, hin und zurück, der Pendelschlag des Lebens und
der Welt, der Bewegung, die eine Gegenbewegung auslöst und
damit das ganze System stabil hält. Man denke an das zykli-
sche System, das die späte Weisheit eines Qohelet (1,4-11) beschrieben hat. Ähnliches schwebt Jeremia vor, doch er spricht
von der Ethik des Verhaltens, nicht von kosmischen Kreisen
und Spiralen. Er bezieht in das Pendelsystem auch die Zug-
vögel ein. Sie wissen, wann es hin und wann es zurück geht.
Der Pfeil, vom Bogen abgeschossen, bleibt in einer Richtung
in Bewegung. Doch nicht so die Lebewesen. Sie pendeln. Das
ist ihr Bewegungsprinzip. Nur ein Lebewesen scheint sich der
Ordnung entziehen zu wollen, das Volk da, »mein Volk« –
Jeremia spricht als Bote Gottes. Es verhält sich wie das tote
Ding, wie ein rollender Stein, ein fliegender Pfeil. Keine Kraft
hat es, die Bewegung aufzuhalten. Es verhält sich nicht wie
andere Lebewesen. Sie kommen von selber zurück, weil es
ihnen so verordnet ist. Dieses Volk findet die Rückkehr nicht
mehr, nur die Abkehr. Das war das Thema des frühen Jeremia: Abkehr und Umkehr (Kap. 2f.; 30f.). Es ist sein Thema
geblieben. Hier spricht er von der gesetzten Ordnung, der
Schöpfungsordnung, dem Naturgesetz. Das Volk – V. 5 nennt
Jerusalem, wohl sekundär – kann sich nicht in die Ordnung
fügen, beachtet das ihm auferlegte Gesetz nicht. Die Weisen
müßten es sehen. Sie sahen es nicht.
    Ähnliche Worte Jeremias, wohl auch im Diskurs mit den
Weisen gesprochen, finden sich 6,16ff. und 18,13ff., wo jeweils auch von den ewigen Gesetzen der Natur die Rede ist,
welche dauerhaft funktionieren, während das Gesetz der Beziehung zwischen JHWH und seinem Volk nicht funktioniert.

Im Sinne der Weisheit stellt Jeremia Fragen und stellt die Weisen in Frage.[25]

Offene Kritik enthält der Spruch 8,8f., wohl ein doppelzeiliges Epigramm, von allerdings nicht ganz durchsichtigem Sinn. Der Spruch wurde viel diskutiert, vor allem wegen der Bemerkung, die sich weise dünkenden Sprecher hätten »das Gesetz JHWHs bei sich«. *tôrâ* ist hier doch wohl schon so etwas wie »das Gesetz« in schriftlich vorliegender Form. Es ist nicht nur an konkrete Weisungen der Priester zu denken, theologische Voten von Experten in fraglichen Fällen, sondern möglicherweise bereits an gesammelte »Weisungen« in der Art des Deuteronomiums oder seiner Vorformen. Weshalb die Weisen sich darauf berufen, kann nur vermutet werden. Vielleicht – sofern es sich um Beamte oder Anwälte handelt – war es in der nachjosianischen Zeit immer noch Gewohnheit oder opportun, die alten Überlieferungen oder gar das von Josia vorgesehene dt Grundgesetz, das Deuteronomium, auf seiner Seite zu wissen. Der Vorwurf, den Jeremia den Gesetzesgelehrten macht, lautet auf *šeqer*, ein Begriff, der in Kap. 8-10 – wie überhaupt im Buch – recht häufig begegnet und etwa mit ›Fälschung‹, ›Täuschung‹, ›Betrug‹ wiedergegeben werden kann. Er zielt auf unwahre, unzutreffende, unrichtige, d. h. eben falsche, Niederschriften, welche die schreibenden Experten, geübt im Abfassen von Schriftsätzen und Vorlagen, eigenmächtig zum Schaden der Klienten vornehmen und auf solche Weise unter dem Vorwand höherer Prinzipien (*tôrât JHWH*) betrügen. Der kurze Spruch 8,8 erwähnt den Griffel der Schreiber, nicht aber konkrete Fälle – wenn nicht in dem beschwichtigenden *šālôm* von 8,11f. ein solcher Fall angesprochen wird. Der Spruch selbst lautet in masoretischer Fassung:

Ja, siehe zur Lüge hat er gemacht den Lügengriffel der Schreiber.

Die plerophorische Aussage verbirgt wohl eine kürzere Form, die nach Art solcher Epigramme auf Wortspielen beruht und, entgegen späterer Interessen, Diffamierungen vermeidet. So hat es etwas für sich zu rekonstruieren:

Ja, siehe zur Lüge hat sich geneigt der Griffel der Schreiber.[26]

Während 8,13 unspezifisch »Früchte« bei allen Amtsträgern vermißt, spricht 8,14-17 indirekt zum Thema, indem das Gedicht beklagt, daß angesichts der Not aus dem Norden, der

Feinde, (Heu-?) Pferde, Schlangen, guter Rat teuer ist, weil die Ratgeber versagen. Sie wissen keine Mittel gegen die Bedrohungen. Das in 8,18ff. angefügte Gedicht paßt zu dieser Klage.

9,2ff. erhebt den Verlust der Moral zum Thema und spricht damit wieder ein weisheitliches Thema an. Denn Ethos und Moral waren es, auf die hin die Lehrer erziehen sollten. Das Ergebnis ist niederschmetternd in Jeremias Augen. Er wünscht sich, in der Wüste zu sein (9,1), es gibt zu viele »Jakob-Leute« im Volk (9,3), überall herrscht *šeqer*, ›Täuschung‹ (9,2ff.). Von den Weisen sind eigentlich nur noch die weisen Frauen brauchbar, weil – wie Jeremia nicht ohne Sarkasmus sagt – die Totenklage in schwerer Zeit überall nötig wird, so daß die professionellen Klagefrauen gar nicht ausreichen (9,16ff.). 9,19 werden sie angewiesen, für Aushilfen bei der Klage zu sorgen und ihre Töchter und Nachbarinnen aufzubieten.

Abgeschlossen wird Jeremias Diskurs mit den Weisen von den Editoren mit einem Fazit in 9,22f. – 9,24f. gehört nicht hierher, sondern zur Konferenz der »Beschnittenen« (594 d.h. zu Kap. 27f.)[27] –, welches vom Ruhm der Weisen, Starken und Reichen spricht. Weisheit ist, so das Urteil, jedenfalls in jener Zeit kein Ruhmesblatt und keine Überlebensgarantie. Die Gotteserkenntnis ist die Alternative.

Man kann Kap. 10 als einen von den Editoren komponierten Diskurs über »göttliche und menschliche Weisheit« lesen – wie 1. Kor 1f. Es ist ein mehrstimmiger Chor von Zeugen, die sich dazu äußern: aufgeklärter Götzenspott als Antihymnus zum Hymnus auf den Schöpfergott, Weisheit und Torheit, aramäisches Götterurteil (10,11), Klagegedicht über den Landverlust (als Folge der Torheit der »Hirten«), Ich-Klagen des Propheten (V. 19. 23ff. ?). Doch mit Ausnahme der beiden zuletzt genannten Genera ist die Herkunftsfrage nicht sicher zu beantworten.[28]

Was man abschließend aber sagen kann, ist dies: Jeremia hat sich sehr um die Weisheit und die Weisen gemüht und sich mit beiden heftig auseinandergesetzt. Aus seiner Sicht hatte er sehr kritische Fragen zu stellen.

5. Die Reaktion

Die Wucht und Härte der jeremianischen Kritik wird an der Wirkung deutlich, die sie ausgelöst hat. Es kam zu wahren Explosionen. Man lese dazu Kap. 36.

Es ist auch wahrscheinlich, wenngleich nicht beweisbar, daß die Ereignisse, die zu der ersten Klage oder Konfession Jeremias führen (11,18-12,6), in die erste Jerusalemer Zeit zu datieren sind. Dafür spricht die Härte der Konfrontation, die Intervention der eigenen Familie und nicht zuletzt die denkwürdige Gottesantwort (12,5), die dem selbst auch geschockten, eben noch unerfahrenen Propheten noch härtere Zeiten ankündigt.

Wir gehen davon aus, daß der Komplex 11,18-12,6, der zur Großeinheit 11,1-12,17: »Die Predigt und ihre Wirkung« (D) gehört, stark überarbeitet wurde, wobei auch sinnstörende Umstellungen vorgenommen wurden (12,5. 6. z. B.).[29] So bleibt als Kernbestand alter jeremianischer Überlieferung nur Jeremias Klage (etwa 11,18f. 21; 12,6) und die Gottesantwort (12,5). Daraus geht hervor, daß der Prophet einmal von Seiten seiner Familie verfolgt wird, indem sie ihm öffentlich nachruft: »er ist voll« (oder: »es ist voll« 12,6), was nach 29,26 etwa als ›verrückt‹ (voll des bösen Geistes) oder noch besser – vielleicht im Blick auf den Trancezustand, den er in jenen Tagen an sich selber feststellt (23,9), – als ›betrunken‹ (voll Wein) zu verstehen ist. Vielleicht wollten die Brüder den Amokläufer dadurch sogar schützen, indem sie ihn als harmlosen Betrunkenen hinstellten, damit er vor politischen Konsequenzen bewahrt bliebe.

Gefährlicher war dann der Anschlag, der von den »Männern von Anatot« ausging (11,18f.21), denen er »wie ein Schlachtschaf« vertraute und die – seine Unbefangenheit ausnützend – geheime Mordpläne schmiedeten, von denen Jeremia erst im nachhinein erfuhr. Daß sie an Mord dachten, »den Baum in seinem Saft«[30] umzulegen (11,19), zeigt, daß die Atmosphäre emotional geladen und gespannt war. Andere Wege fielen den Dörflern offenbar nicht mehr ein. Der Coup schlug zwar fehl, aber Jeremia war tief getroffen von solchen Gemeinheiten. Jedoch am Widerstand des Establishment prallte die Kritik offenbar ab.

Die Frage, ob Jeremia auch speziell Sozialkritik geübt hat, ist zu bejahen. Die Diskussion darüber ist in Gang gekommen.[31] Die Klage in 20,8, zum Zeterruf, dem Hilfeschrei des Unterdrückten *(ḥā mās)* verdammt zu sein, könnte Ausgangspunkt der Untersuchung sein. Doch die Textbasis ist in der authentischen Überlieferung klein, und so müssen weithin sekundäre Aussagen wie z. B. in 9,1-8 und 5,20-29 die Argumentation tragen. Jedenfalls finden sich Konkretionen der

Sozialkritik, wie bei Amos, bei Jeremia nur selten. Sie sind offenbar Teil seiner Fundamentalkritik am judäischen Establishment. Insofern ist Königskritik natürlich auch Sozialkritik.

Eine ähnliche Antwort muß man auf die Frage der Kultkritik geben. Außer den Tempelworten findet sich ausgesprochen wenig, was konkret dafür in Anspruch zu nehmen wäre – einmal abgesehen von der frühen Religionskritik an »Israel« (Kap. 2f.). Doch deuten das Fragment in 11,15f. , einem sehr brüchigem Text, und die zur langen Diskussion ausgebaute Kritik am Kult im Hinnom-Tal in Kap. 19 und dem Kult der Himmelskönigin in Kap. 43f. zumindest darauf hin, daß sich Jeremia mit diesem Problem weiter auseinandergesetzt hat und seine frühen Wertungen der Formen der Abkehr und des Abfalls *(šbb)* vom Glauben beibehalten und weiterentwickelt hat.

Doch im Zentrum der Kritk stand wohl der Staat, seine Autoritäten und seine Ideologie.

Jeremias kritische Anklagen fanden eine Steigerungsform in den öffentlichen Demonstrationsakten, die er vollzog, um die Publizität zu erhöhen. Sie werden als solche Gegenstand unserer Betrachtungen sein,[32] nachdem die alles bestimmende Dimension zur Sprache gebracht ist, nämlich die prophetische Schau, die Visionen dessen, der schärfer hinsah und mehr einsah als seine Zeitgenossen und die Zeichen der Zeit und der Zukunft erkannte.

Daß er Anklagen auch gegen seinen Gott vorbrachte, vielmehr Klagen, wird dann zu den Konfessionen führen, in denen sich Jeremias prophetisches Ich am direktesten aussprach.

2. Visionen

Mit »Visionen« überschreiben wir eine zweite literarische Äußerungsform Jeremias in der Jerusalemer Epoche.[1] Dabei muß zugleich betont werden, daß dies nicht so aufgefaßt werden darf, als habe der Prophet sich zuzeiten exklusiv mit Visionen beschäftigt und keine Zeit mehr für kritische Aktionen gefunden. Wir wollen mit der Überschrift nur den Versuch machen, den Gegebenheiten der weiteren Jerusalemer Epoche, vor allem der Eigenart der literarischen Überlieferung, gerecht zu werden. Da die Fülle der diesen Jahren zuzuordnenden Äußerungen ohne genaues Datum überliefert ist, ist man – wie übrigens schon die Redaktoren und Editoren des Buches –

gezwungen, thematisch zu ordnen. Doch ganz ohne Anhaltspunkt ist man eben dabei nicht. Vielmehr ist der Schilderung von Kap. 36 zu entnehmen, daß Jeremia im Jahre 605 der Zutritt zum Tempel und – vielleicht damit verbunden – alle öffentliche Wirksamkeit verboten war, was dann zum Anlaß für schriftliche Aufzeichnungen mittels des »Schreibers« und Freundes Baruch wurde. Die Frage, was auf der Urrolle gestanden hat, bleibt offen. Doch ist die Annahme nicht unwahrscheinlich, daß Jeremia die in Jerusalem besonders unerhörten Worte über den Feind aus dem Norden in die Rolle von 605 diktiert und nach deren mutwilligen Zerstörung in die Ersatzrolle übernommen hat. Das wären die vor allem in Kap. 4-6 überlieferten Jeremia-Texte gewesen. Es ergibt sich von daher die Berechtigung für den Versuch, diese thematisch verwandten und literarisch verbundenen Texte zusammenzustellen und als Werk dieser Epoche zu präsentieren.

Weiter versuchen wir, den Komplex der sogenannten Völkerorakel (Kap. 25; 46ff.) im Prinzip ähnlich zu behandeln. Auch im Blick auf ihn sprach die Tradition – zumindest die hebräische Fassung 25,13 – von einem »Buch« (*sēfer*) – und eine irgendwie zusammenhängende Abfassung oder Weitergabe muß angenommen werden. Explizite Datierungen weisen in die Jahre 605 (46,2), 604 (47,1), 601 (46,13), 598 (49,34) und 594 (51,59), also den gleichen zeitlichen Rahmen. Daß es bei den Jeremia zuzuerkennenden Texten um weltgeschichtliche Visionen geht, ist noch zu erörtern. Die Beziehung zum Zyklus »Feind aus dem Norden« ergibt sich von selbst.

Schließlich seien in lockerer Bindung die großen Unheilsvisionen dieser oder einer späteren Zeit (601 und danach) angeschlossen, welche in engem Konnex zu den thematischen Zyklen stehen. Es sind von der Edition bereits zusammengestellte kleinere Sammlungen wie Kap. 8f.; 10f.; 12f.; 14f.; 16f., die um das Thema: »Die Stadt und der Tod« kreisen. Daß sie bestimmten Zeiten zugehören, belegt das Beispiel der Worte, die anläßlich einer Dürreperiode in Jerusalem ergangen sind und jetzt in Kap. 14f. gesammelt vorliegen – natürlich im Rahmen eines editorisch geprägten Großkapitels (14,1).

1. Der Feind aus dem Norden

Daß der Zyklus »Feind aus dem Norden«[2] zu der frühen Jerusalemer Verkündigung gehört, bezeugen die Verfasser des Berufungskapitels dadurch, daß sie in das Verzeichnis der

prophetischen Themen in 1,11ff. die Vision von dem siedenden Topf aufgenommen und so gestaltet haben, daß sie zum
Symbol für das aus Norden drohende Unheil werden konnte.
Trotz einiger textlicher Unklarheiten ist der Abschnitt wohl so
zu verstehen, daß ein »angefachter Kochtopf«, d. i. ein auf der
Feuerstelle siedender Topf, geschaut wird, der – wie ein Zusatz in V. 13 etwas umständlich erklärt – »mit seinem ›Ge-
sicht‹ (= seiner Oberfläche) von Norden her«[3] geneigt
erscheint – wohl zum Ausschütten des Inhalts. Das Deutewort
in V. 14 spricht – zumindest in der griechischen Fassung deutlich – davon, daß »von Norden das Unheil über alle Bewohner des Landes angefacht« (LXX) oder geöffnet« (MT) werde.
Das Bild von der heißen Brühe aus dem Norden spricht indes
für sich selbst.

Vergleichsweise konventionell klingt der erste in der Juda-
Jerusalem-Sammlung (4,3ff.) überlieferte Text, der im Rahmen von 4,5-8 dargeboten ist. Nach den analytischen
Kriterien, die wir auch in diesen Sammlungen anzuwenden
versuchen, gehören zu dem jeremianischen Kerntext nur die
vier Zeilen 5aγ bα / 5bβγ / 6a*/7a*, die sich aus der Überarbeitung herausschälen lassen. Die Redaktionsfrage stellt sich
bei den Texten, die für die sogenannte Urrolle in Frage kommen, auf neue Weise, weil grundsätzlich mit der Möglichkeit
zu rechen ist, daß Jeremia selbst beim zweimaligen Diktieren
erklärende Zusätze beigefügt haben kann, welche die einst in
die aktuelle Situation hineinsprechenden Texte für eine spätere Zeit verständlich machen. Doch ist auch die Frage zu bedenken, ob es wahrscheinlich ist, daß der Prophet seine
eigenen Texte derart üppig mit prosaischen, theologischen
Kommentierungen ausgestattet und dadurch auch z. T. verun-
staltet hat. Die Kernverse aus 4,5ff. lauten:

5   Stoßt ins Horn, ruft laut:
    Kommt zusammen und hinein in die festen Städte!
6   Nach Zion flüchtet! Bleibt nicht stehen!
7   Der Löwe aus dem Dickicht, der Würger ist los!

Aufrufe, Appelle im Staccato-Rhythmus 2+2 suggerieren
die zu Jeremias Zeiten wohl noch reale Bedrohung, daß ein
Löwe aus dem Jordandickicht aufgestiegen ist und unter den
Landleuten auf den Feldern und dem fahrenden Volk auf den
Straßen Angst und Schrecken verbreitet. Man sucht Mensch
und Vieh in die festen Städte zu bringen. Besonders gefährdet

waren die Viehherden. Schon tönt das Arlamsignal, warnende Rufe gehen um, der Prophet inszeniert eine Bedrohung, die er auf Juda-Jerusalem zukommen sieht. Nur der Löwe, der Würger bleibt anonym. Doch die Deutung fällt nicht schwer. Der Kommentar von V. 6b. 7b spricht im Stil der Gottesrede vom »Unheil aus dem Norden«, vom »Würger der Völker«, der von seinem Ort aufbrach (so sieht es die Zeit post eventum), »dein Land zur Wüste zu machen«.

Andere Bildmotive verwendet das in 4,11-17 verpackte, wohl ursprünglich sechszeilige (3 mal 2 Verse) Gedicht. Es spricht vom »heißen Wind« aus der Wüste, der weder zum Worfeln des Getreides noch zum Saubermachen geeignet ist (4,11), von Kriegswagen und -rossen wie Sturmgewölk und schneller als Raubvögel (4,13) und von »Panthern« (korrumpierter Text: »Wächter« MT, »Feindscharen« LXX) »aus der Ferne«. Diesmal kommt die Bedrohung aus dem Osten, aus der Wüste. Es ist daran zu denken, daß die fremden Heere für die Betroffenen – in 4,15 sind Dan und das Gebirge Ephraim genannt – dem Bogen des fruchtbaren Halbmondes entlang – zuletzt aus Richtung Norden zu kommen scheinen.

Eine Vision der Zukunft bieten die Verse 4,23-26, die man als apokalyptisch bezeichnet und gerne en bloc Jeremia abspricht. Doch dies ist keineswegs zwingend geboten. Mit kleinen restaurativen Eingriffen und der Abtrennung der letzten theologisch ausdeutenden Zeile (V. 26bβ) ergibt sich ein ebenmäßig in Form einer Pyramide gebautes Textstück.

23 Ich sah und siehe die Erde war wüst,
        und alle Himmel waren ohne Licht.
24 Ich sah und siehe die Berge bebten,
        und alle Hügel schwankten.
25 Ich sah und siehe da war kein Mensch
        und alle Vögel entflohen.
26 Ich sah und siehe das Fruchtland versteppt,
        und alle Städte zerstört.

Das aus immer gleichen Quadern wie »Ich sah und siehe«, »und alle« aufgebaute Gedicht ist so gestaltet, daß die erste Zeilenhälfte gleich lang bleibt, die zweite jedoch von Zeile zu Zeile deutlich abnimmt, so daß der Eindruck eines Stufenturms entsteht, der von oben nach unten geschrieben auf dem Kopf steht. Diese Pervertierung entspricht der Absicht der Aussage, den Vorgang der Schöpfung als reversibel darzustellen und auf diese Weise den Kosmos der bestehenden Welt

wieder ins Chaos der Urzeit absinken zu lassen. In rückläufi-
ger Bewegung werden Erde und Himmel, Berge und Hügel,
Menschen und Vögel, Kulturland und Städte in ihren Urzu-
stand zurückgeführt, da das Tohu (wabohu), die Finsternis,
Instabilität, die Lebensfeindlichkeit, Wüste und Zerstörung –
eben chaotische Verhältnisse herrschen. Die dem Sintflutmy-
thus verwandte, an Texten wie Gen 1 orientierte Vision des
zukünftigen Chaos ist Jeremia nicht von vorneherein abzu-
sprechen, wenngleich sie innerhalb der Sammlung etwas aus
dem Rahmen fällt.

Ein unbestrittenes Beispiel jeremianischer Lyrik bietet 4,19-
21, das aber auch wieder zuerst aus seinem Kontext geschält
werden muß.

19 Meine Brust, meine Brust! Ich zittere. [Weh mir!]
   Mein Herz schlägt und schreit!
   [Mein Herz stürmt und will nicht schweigen.]
   Da! Hörnerschall [höre ich im Geist]!
   Kriegslärm!
20 Krach auf Krach [wird gerufen]!
   [Denn das ganze Land ist verwüstet.
   Plötzlich sind meine Hütten verwüstet.]
   Schnell [weg] meine Zelte!
21 [Wie lange muß ich das Panier (Flüchtlinge) sehen,
   hören den Hörnerschall?]
22 [Denn: Töricht ist mein Volk. Mich kennen sie nicht.
   Einfältige Kinder sind sie und uneinsichtig.
   Weise sind sie, um Böses zu tun. Aber Gutes zu
   tun verstehen sie nicht.]

Die Analyse ergibt, daß das Gedicht mit zwei Prosaversen
(V. 18 und V. 22) eingerahmt wird, die ihm seinen theologischen Stellenwert zuweisen.

  Das ist die Frucht deiner Bosheit, daß es nun so bitter steht und dir ans
  Herz greift.

So leitet V. 18 zur Klage des Herzens über, die V. 19f. zur
Sprache kommt. Wie üblich ist der knapp andeutende lyrische
Stil des Gedichts durch Kommentierungen erweitert, welche
jedoch zum Ausdruck bringen, daß das Grundgefüge des Gedichts aus akustischen Signalen besteht – »höre ich im Geist«,
»wird gerufen« –, die Kriegsgeschrei suggerieren. Die Idee ist
nun die, daß das sprechende Ich – sei es der Prophet, sei es die
Stadt – in dem lauten Schlag seiner Herztöne und also in der

eigenen Angst wie im Echo jene Schreie (*qîr[r]ôt libbî* »Schreie[4] des Herzens«) mit raschen *i*-Tönen, im voraus wahrnimmt, die einmal die ganze Stadt füllen werden. Sie sind lautmalerisch und expressiv hinausgerufen: Hörnerschall (langgezogenes *o*), Kriegsgeheul (*u/a*), krachende Einbrüche (*šbr*), Klage um das Heim (*re/a – ri'o* -Tonfolge). Und aus dem expressiven Ton der Herzschläge entsteht das Bild der Zerstörung der Stadt. Die Szene reicht vom Arlarmruf der Wächter bis zur Flucht aus den Häusern, eine Horrorszene. Noch ist sie nur ein Alptraum, ein Gebilde der Angst. Doch es ist ein Kassandra-Ruf. Der Seher hat es schon durchlebt.

Die nachfolgende theologische Erklärung (in V. 22) gibt als Grund für die (bereits eingetretene) Katastrophe ein dreifaches Versagen an: (1) ein theologisches Versagen in der Gotteserkenntnis, (2) ein pädagogisches Versagen und (3) ein ethisches Versagen. Das Urteil »unklug«, »unreif«, »ungut« erkennt die harte Strafe an, welche über »das Volk« verhängt wurde. Das ist dtr Theologie. Für sie ist die Vision Erinnerung.

Das gleiche Thema prägt das dreistrophige Gedicht, das in 4,29-31 – nur leicht bearbeitet offensichtlich – überliefert ist. Die noch gut erkennbare, dreifache rhythmische Struktur mit der Formel 2+2+2/2+2/2+2 in I (V. 29), II (V. 30) und III (V. 31) zeigt wieder die erstaunliche Beweglichkeit der jeremianischen Lyrik.

I   Vor dem Lärm der Reiter und der Bogenschützen flieht das ›Land‹.
        Hinein ins Dickicht, hinauf auf die Felsen.
        Die Stadt verlassen, kein Bewohner darin.

II   Und was willst du tun? Dich kleiden in Purpur, dich schmücken mit
                           Gold?
        Mit Schminke aufreißen (die Augen) – umsonst machst du dich
                           schön!
        Die Buhlen verschmähen dich, begehren dein Leben.

III Geschrei einer Kreißenden, ich höre Geheul, wie von Gebärenden.
        Zion ächzt und streckt die Hände:
        Wehe mir, meine Seele erliegt den Mördern.[5]

Drei Strophen – drei Szenen der Gewalt. Das Land (Juda) flieht vor dem anstürmenden Heer in die Berge. Die Stadt (Jerusalem) macht sich bereit, den Fremden zu empfangen in der Meinung, es gehe um ein Abenteuer. Die Begegnung wird gewalttätig, der Ausgang für die Stadt ist tödlich. Die Erwähnung der Kavallerie weist auf die »nordischen Heere« hin (vgl. Hab 1,6ff.). Das Bild der willigen Hure enthält ätzende Kritik an der heiligen Stadt und der Politik ihrer Mächtigen (vgl. Nah 3,1ff.). Die dritte Strophe kündigt die grausame Ermordung (der Tochter) Zions an. Wieder ist Krieg.

Weniger deutlich und greifbar sind die in Kap. 5 und 6 überlieferten Jeremia-Worte. Vor allem Kap. 5 ist stark thematisch überarbeitet und zu einer Großeinheit stilisiert worden, die mehr nach dem Warum als nach dem Wie der Ereignisse fragt und darin ein späteres Interesse vertritt. Allenfalls in 5,1. 6. 10 sowie 5,26-28 und 5,30f. zeichnen sich noch Umrisse von Fragmenten jeremianischer Prägung ab. Auch Kap. 6 macht den Eindruck einer Sammlung von Texten, die sowohl nach Herkunft als auch Zeitansatz nicht klar bestimmbar sind. Ja, man ist geneigt, gelegentlich an unfertige Entwürfe zu Gedichten zu denken, die sich im Nachlaß des Propheten fanden. Von daher erklären sich wohl zu Teilen die Doppelüberlieferungen von 6,13-15 (= 8,10-12) und 6,22-24) (= 50,41-43 mit neuer Adressierung). Zwei solche Entwürfe vermuten wir in 6,1-8 und 6,9-11.

Der Text 6,1-8, eigentlich ein drei- oder vierstrophiges Gedicht (V. 1/2-3/4-5/6-8 – letzteres unsicher), beschwört die Kriegsszenerie wie die bisher besprochenen Einheiten. Das Thema wird explizit angeschlagen gleich am Anfang: »Denn Unheil blickt drohend von Norden herab und großes Verderben« (V. 1). Daraus entsteht die von Aufforderung zur Flucht bestimmte 1. Strophe: »Flieht, ihr Benjaminiten, heraus aus der Stadt«. Offenbar sind Flüchtlinge aus dem nördlich angrenzenden benjaminitischen Umland nach Jerusalem gekommen. Dies deutet eigentlich auf eine spätere Zeit, ab 601. Doch die hier vorausgesetzten Hintergründe kennen wir nicht. Die Flüchtlinge werden aufgefordert, die Stadt Richtung Süden zu verlassen – auch Thekoa und Bet-Kerem sind schon bedroht, dann bleibt nur das judäische Wüstengebirge. Die 2. Strophe nennt – textlich unsicher – Jerusalem eine »liebliche Weide«, auf der alsbald Hirten ihre Herden lagern und ihre Zelte aufschlagen werden (2f.). Das erinnert an Texte aus 12,7ff. – und wieder kommen wir in das Jahr 601 mit seinen Bedrohungen. Die 3. (und 4.) Strophe schildert dramatische Szenen eines Dialogs unter den Belagerern der Stadt, ohne daß die literarische Beziehung zu den beiden ersten Strophen deutlich würde.

4 Weiht euch zum Kampf gegen sie! -
   Auf, wir wollen sie stürmen am Mittag! -

Wehe uns, schon neigt sich der Tag! -
Ja, es dehnen sich die Schatten des Abends! -
5   Auf, wir stürmen in der Nacht
und wir zerstören ihre Paläste!

Die Belagerung – Szenen, wie man sie 598 und 588 erlebt –
steht Jeremia vor Augen. Der Feind aus dem Norden ist da.
Ist die auf den Namen Thekoa anspielende Wortwurzel *tq'*
mit ihren Bedeutungen – schallnachbildend: ›schlagen‹ (mit
dem Hammer), ›klatschen‹ (mit den Händen), ›stoßen‹ (mit
dem Atem ins Horn) – das Band, das die Strophen dieses Gedichts zusammen mit dem gleichlautenden Wort *tq'* (*<jq'*
»sich mit einem Ruck abwenden«) zusammenhalten soll
(V. 1.3.8 – dazu der dreifache *q*-Laut in der oben zitierten Ge-
spächsszene), scheint in dem nachfolgenden Textstück die
Wurzel *'ll* in ihren verschiedenen Verwendungen (I ›hantieren
mit ‹; II ›unrecht handeln‹; ›Nachlese halten‹, III vgl. dazu *'wl*
›säugen‹; etc.) die Einheit zu bestimmen (V. 9. 11). Doch die
sinnstiftende Idee entzieht sich unserer Einsicht.
Das zweistrophige Gedicht in 6,22-26, mit je 5 fünfhebigen
Zeilen gestaltet, ist wie gesagt in der Babel-Spruchsammlung
(50,41-43) mit der ersten Strophe wiedergegeben und um-
adressiert worden. Heißt es 6,23: »wider dich, Tocher Zion«,
liest man in 50,42: »Tochter Babel« – wohl ein Indiz, wie ver-
wendungsfähig solche Gedichte waren. Der Sachverhalt wirft
ein Licht auf die Entstehung der Sammlung 50f. Noch einmal
sehen wir das Feindthema variiert. Der konventionell formulierte, rhythmisch nicht eingepaßte V. 24 scheint zwischen die
Strophen eingefügt worden zu sein (4,31; 30,6).

22   Sieh, ein Volk kommt aus dem Lande des Nordens.
Eine große Nation bricht auf von den Rändern der Erde.
23   Bogen und Sichelschwert führt es, grausam und hart.
Es braust heran tosend wie das Meer und reitet auf Rossen.
Gerüstet wie ein Kriegsmann – wider dich, Tochter Zion! …

25   Geht nicht hinaus auf das Feld, nicht auf die Straße. Denn dort wütet
das Schwert des Feindes – Grauen ringsum!
26   Tochter meines Volks, gürte das Trauergewand, wälze dich in der
Asche!
Traure wie um den einzigen Sohn in bitterer Klage!
Denn plötzlich kommt er, über uns der Verwüster.

Je weiter die Zeit fortschritt, desto konkreter und massiver
wurde der Druck aus dem Norden auf Jojakim, der seine

Sympathien für Ägypten auch nach der Schlacht von Karkemisch 605 nicht aufgegeben hatte. So wurde das Thema »Feind aus dem Norden« in Jerusalem immer aktueller und die Visionen des Jeremia immer gefährlicher. Die Weissagungen begannen sich zu erfüllen. War die in Kap. 36 geschilderte Aktion des Königs ein verzweifelter Versuch, die lästigen Voraussagen zu verbrennen und zu verdrängen, der Vorfall beleuchtet, wie brisant sie geworden waren. Sie werden sich wie ein Lauffeuer verbreitet haben, denn latent sind böse Ahnungen und Befürchtungen vorhanden. Jeremia diktiert eine neue Rolle mit seinen Weissagungen. Sie bildet wohl die Basis von Jer 4-6, möglicherweise mit offenem Schluß, so daß auch Texte aus 7ff. noch hinzugehören oder jedenfalls die Linie von Kap. 4-6 thematisch weiterführen. Im einzelnen herrscht Unklarheit über die Datierung. Wir fügen aus sachlichen Gründen noch einige Texte hinzu, von denen wir annehmen, daß sie dieser Reihe zuzuordnen sind, auch wenn sie erst der Zeit der ersten Belagerung Jerusalems, also den ersten Jahren des beginnenden 6. Jh. s angehören sollten. Präzisere Zuordnungen sind leider nicht möglich.

Das Gedicht 8,14-17 könnte ein Nachtrag im Sinne von 36,32 sein. Wir erkennen 3 Strophen mit je 3 Zeilen im Kurztaktrhythmus 2+2 – in V. 15 (= 14,19b) unterbrochen und am Schluß durch zu engen Kontakt mit 8,18*ff. beschädigt.[6]

14	Warum denn	sitzen wir stille?
	Auf, laßt uns alle	gehen in feste Städte!
	Dort untergehen,	vom vergifteten Wasser...
16	Von Dan hört man	Schnauben seiner Pferde.
	Vom Wiehern der Rosse	erzittert das Land.
	Sie kamen und fraßen	Stadt und Bewohner.
17	Siehe, ich sende	giftige Schlangen.
	Beschwören hilft nicht,	sie werden euch beißen.
	Es gibt keine Heilung	–

Die drei Strophen schildern drei tödliche Gefahren, welche die Landleute bedrohen. Der Ort Dan wird genannt. Ist es die alte Königsstadt im Norden, spielt die Szene in nördlichen Regionen – eine Reminiszenz an die Frühzeit? Man vergleiche auch das Sirjon-Wort 18,13ff.[7] Drei Bedrohungen kommen auf die Menschen zu: vergiftetes Wasser, d. i. Belagerung; »Pferde«-Plage[8], d. i. Durchzug von Heeren; giftige Schlangen, gegen die kein Kraut gewachsen ist, d. i. Verwundung durch Giftgeschosse. Der Feind aus dem Norden taucht am Horizont auf.

In den gleichen Zusammenhang stellen wir das Gedicht von 10,17. 20. 22: »Raffe dein Bündel«[9], das in der Schlußstrophe den Bezug explizit herstellt:

22 Horch! Was hört man?   Sieh, es kommt!
    Ein gewaltiges Dröhnen   vom Land des Nordens!

Auch die im Anschluß an die Symbolhandlung »Linnenschurz« in 13,15-27 überlieferten Zeugnisse scheinen zum Thema der Zeit zu gehören. Doch hat man den Eindruck, daß die Gefahr von Flucht und Gefangenschaft sehr viel näher gerückt ist. Wahrscheinlich ist der Vorabend der Belagerung von 598 schon angebrochen. Wir wählen als Beispiel 13,18-19, ein kurzes Gedicht über die Aussichten des Hofs, und 13,20-27, ein längeres Gedicht über die der Stadt Jerusalem.

18 Sprich zum König und zur Gebieterin: Setzt euch herab!
    Vom Haupt gefallen ist euch   die Krone der Pracht.
19 Die Städte im Süden verschlossen;   keiner macht auf.
    Juda ist weggeführt ganz   in die Verbannung.

Das im Rhythmus der Totenklage (3+2) gehaltene Gedicht zeichnet eine höfische Szene, bei der der König und die Königsmutter auf den Ernst der Situation hingewiesen werden: Der Thron ist verloren, die Krone – V. 18b imitiert den scheppernden Klang – zu Boden gefallen, die Fluchtziele im Süden verschlossen, die Landbevölkerung abgeführt – was bleibt? Die Frage richtet sich an die offizielle Politik.

Von gröberem Korn und derberem Stil ist das zweistrophige Gedicht, das aus 13,20-27 mit einigen Unsicherheiten herausgelöst werden kann.[10] Im üblichen Staccato-Metrum 2+2 wird das Los der unheiligen Stadt drastisch dargestellt am Schicksal der Vergewaltigung einer Dirne.

20 Sieh auf und schau: Sie kommen von Norden!
21 Was sagst du dazu: man setzt über dich,
    die du gelehrt,   die Buhlen, auf dich? …
22 Deine Schleppe gehoben,   die Scham mißbraucht.
25 Das ist dein Los,   der Anteil, dir zugemessen,
26 die Schleppe gehoben,   die Schande zu sehen,
27 für Ehebruch, Geilheit,   schändliches Buhlen.
    Weh dir, Jerusalem,   du reinigst dich hinten nicht mehr.

Einzelheiten sind unklar. Man hat sie schamhaft versteckt. Das sieht man an V. 27b. Wie grell und schrill das Gedicht geklungen hat, kann man nur ahnen. Es zeigt fast durchgehend Klangformen mit Silbenspiel, Anfangs- und Endreim. Spitze Töne finden sich in V. 27a, wo *s,z* und *t* mit *i, u* und *ē/aj*-Lauten zusammentreffen: Die Rede ist vom »wiehernden« (*ṣhl*) Gelächter im Freudenhaus. Welche erkennbaren und nicht erkennbaren Züge das Bild der prostituierten Dirne auch trägt, Jerusalems Los erscheint – wie in Hesekiels Dichtung (Kap. 16) – wenig schmeichelhaft, vielmehr beklagenswert. Der Stadt geht es dreckig – wie schon Zeph 3,1 formulierte – und schändlich. Die Buhlen aus dem Norden fallen über sie her. –

2. Die Völkerwelt

Das Problem der prophetischen Völkersprüche im allgemeinen wie das der jeremianischen im besonderen scheint mir noch nicht plausibel gelöst zu sein. Darum haftet dem folgenden Abschnitt eine gewisse Unsicherheit an. Der vorgeschlagene Weg ist der, daß die Probleme bewußt gemacht und einige mögliche Schritte zu einer Lösung vorgetragen werden.[11]

Zuerst ist festzustellen, daß die Völkersprüche im Buch Jeremia (Kap. 25,15ff.; Kap. 46-51) einer prophetischen Tradition zugehören, die von Amos (Kap. 1f), über Jesaja (Kap. 13-23*), Nahum, Habakuk (Kap. 1), Zephanja (Kap. 2) bis hin zu Hesekiel (Kap. 25-32) und auch Deuterojesaja (Kap. 45ff.) verläuft. Die Annahme liegt nahe, daß diese Propheten eine bestimmte ihnen zugefallene Aufgabe wahrnehmen, die von andern allerdings nicht übernommen wurde – soweit die Überlieferung der Prophetenbücher diesen Schluß zuläßt. Zu denken ist an Hosea, an Micha und andere sog. kleine Propheten, auch Tritojesaja. Jeremia scheint sich ausgiebig literarisch mit der Völkerwelt befaßt zu haben, wie die große Partie Kap. 46-51 dies suggeriert. Doch hier stoßen wir auf ein zweites Problem, das Problem der Authentizität. Hier gehen die Meinungen der Forscher sehr weit auseinander. Im Grunde fehlen brauchbare Kriterien, die eine Unterscheidung der echten von den unechten Worten ermöglichen würden. So kann man nur grobgliedernde Gesichtspunkte nennen, die in etwa als Grundlage einer Verteilung dienen könnten.

Sodann ist festzustellen, daß es unwahrscheinlich ist, alle Völkersprüche in Jer 46-51 für nicht-jeremianisch zu halten. Dagegen sprechen in besonderer Weise die Ägyptengedichte in Kap. 46. Wohl aber wird man bei der Analyse der Komplexe zu beachten haben, was auch für die übrigen Sammlungen gilt: Sie bilden eine Zusammenstellung sehr unterschiedlichen Materials, wobei die kleineren Einheiten vorherrschen. An sie ist die Frage der Herkunft im einzelnen zu richten. Geht man von den Ergebnissen der Analysen anderer Sammlungen aus, kann man erwarten, daß ein Teil der Dichtungen auf Jeremia zurückgehen wird. Den Problemkomplex Kap. 50f. allerdings klammern wir vorläufig aus, in der Annahme, daß sich vor allem dort – wie aber auch in dem großen Moab-Kapitel 48 – andersartiges Überlieferungsgut niedergeschlagen hat. Der Gedanke an Gedichte zeitgenössischer Nebiim, die hier über-dauert haben, drängt sich auf.

Grundsätzlich ist jedoch festzuhalten: Jeremia hat sich in den Jahren vor 609 mit den Nordreichregionen beschäftigt, begann in seiner Jerusalemer Zeit nach 609, vom Feind aus dem Norden zu sprechen, und bezog sich seit 605 auf die Weltmacht der Babylonier. Folglich mußte er auch die in den Bannkreis Babylons geratenen Völker im Westen im Blick ha-ben. Insofern ist es nicht verwunderlich, daß er die Nachbar-völker und -staaten in seine weltpolitischen Betrachtungen einbezog und manch eine Einsicht fixierte, welche in seiner prophetischen Weltsicht wurzelte. Die Bucheditoren jedenfalls sahen es so. Sie schufen den Begriff des Völkerpropheten (1,5. 10) und boten in dem Komplex der Völkersprüche die gesam-melten Äußerungen gesondert, aber im Anschluß an die Sammlung Kap. 1-25 dar. Sie schlossen – nach der griechi-schen Auflage steht die Bechervision am Ende der anders als im Hebräischen arrangierten Völkerorakel (LXX 32,13ff.) – analog zu diesem von Visionen (Kap. 1/24) gerahmten Teil auch die Völkersprüche mit einer Vision ab, welche für sie als Schlüssel zum Verständnis dienen sollte, mit der sog. Becher-vision (25,15ff.).

Die Bechervision – es ist eine Vision, auch wenn die ent-sprechenden Begriffe fehlen – geht wohl wie die Vision vom siedenden Topf (1,13f.) auf eine genuine »Idee« Jeremias zu-rück, die ihm angesichts der politischen Verhältnisse im vor-deren Orient »gekommen« ist und die auch für ihn selbst den Sinn seiner Völkergedichte erschloß. Es sah – das ist der Kern der explizierten Darstellung –, daß ihm die Funktion über-tragen war, den Weinbecher aus der Hand JHWHs zu nehmen und ihn weiterzureichen »an alle Völker, zu denen ich dich sende«, wie 25,15.17 wohl dtr und in Übereinstim-mung mit dem Berufungsauftrag nach 1,10 formuliert, d. h.

an eine ganze Reihe von Staaten, die in V. 19-26 in einer Liste aufgezählt werden (der ursprünglichen Einleitung von Kap. 46ff., vgl. die griechische Anordnung), dann an Jerusalem und die Städte Judas, wie ein offensichtlicher Nachtrag 25,18 ergänzt. Eine solche Szene ist realiter kaum vorstellbar, auch nicht im Rahmen einer Konferenz, wie sie 594 in Jerusalem unter Beteiligung einiger Nachbarstaaten stattgefunden hat (Kap. 27). Vielmehr handelt es sich um die Übertragung einer Ordal- bzw. Strafszene, wie sie aus kultgerichtlichen Vorgängen geläufig war – die konkreteste Schilderung bietet Ps 75 (V. 9): den Konfliktparteien werden mit dem Urteil dem Ritual entsprechend die Becher gereicht, der Becher des Heils (Ps 23,5; 116,13) für den Freigesprochenen, der Becher des Zorns, der sog. Taumelbecher, möglicherweise mit vergiftetem Wein, dem Schuldigen. Jeremia sieht sich als Gerichtsdiener, der den personifizierten Völkern, den Schuldigen also, den »Becher des Weins/Zorns« zu übergeben hat, daß sie »trinken und taumeln und toll werden« (25,16 vgl. mit 25,27), was doch wohl heißt, daß er mit seinen Worten die Geschicke dieser Völker vorwegnehmend erhellt. Denn eine direkte Einwirkung auf den Gang der weltpolitischen Ereignisse mit seinen Dichtungen konnte er doch wohl nicht erwarten. Überhaupt ist ja davon auszugehen, daß seine Möglichkeiten der Einflußnahme – sieht man einmal von den Symbolhandlungen mit dem Jochbalken (Kap. 27f.) und der Fluchrolle (Kap. 51) ab – doch weitestgehend im Literarischen lagen, weil die direkten Adressaten, also die Völker, nur schwer direkt ansprechbar waren und man ohnehin vermuten muß, daß die eigentlichen, nichtgenannten Ansprechpartner die politischen Instanzen in Juda und Jerusalem waren. Die Reihe der ursprünglich gemeinten Völker ist wohl kaum mehr zu rekonstruieren. Nimmt man als inneren Kern Ägypten und Philistäa an (25,19f.), kommen zusätzlich am ehesten noch Edom, Moab, Ammon und die Phönizierstädte dazu (25,21). Alle weiteren, in 25,23ff. noch genannten, unter Einschluß von Babel, gehören wahrscheinlich nicht dazu.[12]

Nach Art der Edition des Jeremia-Buches sind die Völkersprüche thematisch zusammengestellt und ansatzweise in sich chronologisch geordnet. So entspricht die Sammlung der Ägyptenworte in Kap. 46 den Sammlungen der Philister- (Kap. 47), Moab- (Kap. 48), Ammon- und Edom-Reihe (Kap. 49), aber auch den Sammlungen der Nordisraelworte (Kap. 2f.), der Königs- und Prophetensprüche (Kap. 21ff.). Zeitlich und sachlich am nächsten stehen die Völkerworte der Sammlung »Feind aus dem Norden« (Kap. 4-6), weshalb sich hier deutliche Überschneidungen ergeben mit Gedichten wie 4,5ff.; 4,11ff.; 4,29ff.; 6,1ff. Gleich das erste fünfstrophige Ägyptengedicht in Kap. 46,3-12, das nach der langen und präzisen Einführung in das Jahr 605 gehört und die Schlacht bei Karkemisch am Euphrat schildert (1f.), steht in unmittelbarem Zusammenhang mit den Nordfeindvisionen. Zwar gibt das Gedicht keine Vision wieder, stellt aber jenes weltpolitische Ereignis aus der Sicht des Propheten – im übrigen mit erstaunlicher Detailkenntnis, die in den Völkerworten immer wieder überrascht – als Entscheidungsschlacht der Großmächte um die Vorherrschaft über den vorderorientalischen Halbmond dar. Im genauen Sinne ist es kein Schlachtgemälde, vielmehr ein Hörspiel, das, auf fünf kurze Szenen verteilt, das rapide Gefälle der entscheidenden Ereignisse deutlich macht. Akustische Mittel wie Befehle, Parolen, Schlachtrufe, Fragen, Zitate, Schreie, lautmalerische Motive, aber auch durch Detailangaben anschauliche Bilder werden eingesetzt – alles, um den Jerusalemer Hörern die Bedeutung dieser weltpolitischen Wende bewußt zu machen, die indes, wie die offizielle Politik des Hofes zeigt, solchen Einsichten sich weitgehend verschlossen. Die Schlacht zwischen dem babylonischen Heer unter dem Kronprinz Nebukadnezzar und dem ägyptischen Heer des Pharao Necho im Sommer (Mai, Juni 605) am oberen Euphrat bei Karkemisch nahe Aleppo – an der heutigen syrisch-türkischen Grenze beim Dorf *Jarablus* – war das erste Zusammentreffen der neuen Großmächte. Die Machtverhältnisse sollten entschieden werden. Die Ägypter erlitten eine vernichtende Niederlage und mußten die Euphratfestung Karkemisch aufgeben. Der Damm, der die babylonische Macht aufhalten sollte, war gebrochen. Der siedende Topf neigte sich.

Jeremias Gedicht, das in V. 5. 11 und mit 6. 8a. 10. 12b einige Erweiterungen erfahren hat, ist in 5 Strophen symmetrisch angelegt. Die mittlere, die 3. Strophe dient als »Chorlied« – anders rhythmisiert – der Reflexion über das Geschehen. Die beiden ersten führen ins babylonische, die beiden letzten ins ägyptische Kriegslager. Man hört Stimmen, Laute, Rufe – auch in der Fragestrophe wird zitiert: ein Hörer, Betrachter, Augenzeuge; sie fällt insofern nicht aus dem Rahmen – und macht sich ein Bild. Der kurze Staccato-Rhythmus erinnert an Nahums Ninive-Gedichte. Sie könnt Jeremia als Vorbild gedient haben – auch in der Szenendarstellung. Jeremias Rhythmus folgt offenbar der Formel: I II (je 3 + 6mal 2) III (3:3 + 4mal 2) IV V (je 6mal 2 + 3) mit Abstrichen. Versuch einer Wiedergabe:

3 Rüstet Schild und Tartsche!
   Rückt aus zum Kampf! Schirrt an die Rosse!
4 Besteigt die Pferde! Stellt euch mit Helm!
   Macht frei die Lanzen! Legt an die Panzer!

5 Warum sind diese in Panik?
   Sie weichen zurück. Ihre Helden geschlagen.
   In wilder Flucht. Wenden sich nicht um.
   Grauen ringsum... Sie straucheln und fallen.

7 Wer ists, der anstieg wie der Nil?
   Wie der Euphrat[13], dessen Wasser schwellen?...
8 Der sprach: Auf! Ich will bedecken die Erde?
   Will verderben die Stadt und die darin wohnen?

9 Auf, ihr Rosse! Raset, ihr Wagen!
   Ab, ihr Helden! Kusch und Put!
   Ihr Schildträger und die lydischen (Söldner)!
   Ihr bogenbewehrten Schützen!...

11 Hinauf nach Gilead und hole Balsam!
   Jungfrau Ägypten! Umsonst ist Arznei.
12 Es gibt nicht Genesung. Man hört deine Stimme[14].
   Die Erde erfüllt dein Schrei.

Daß die Parallelstrukturen teilweise zerbrochen sind, kann an der mangelhaften Erfassung der Textsymmetrie liegen, könnte aber auch ein bewußt eingesetztes Mittel sein, die in Panik sich auflösende Ordnung anzudeuten, die hier ihren Anfang nimmt. Das Gedicht jedenfalls spiegelt eine grundlegende Einsicht des Propheten, die er – soweit wir sehen – nicht aufgegeben hat und die ihren Niederschlag in vielen Äußerungen fand: Ägypten durch Gottesschrecken (V. 5ff.) besiegt und in panischer Flucht (V. 9ff.). Eine weltpolitische, ja theo-politische Entscheidung ist gefallen.

Die nachfolgenden Ägyptenworte bestehen offensichtlich aus kleineren Einheiten, die aus verschiedenen Zeiten stammen. 46,13 gibt eine explizite Datierung in das Jahr 601. In diesem und den nächstfolgenden Jahren sind die in 46,14-28 überlieferten Verse entstanden, wie auch das Wort über den

Pharao Hophra (ab 594) 46,17 zeigt. Ansonsten gleichen die Einheiten den Spruchformen der Frühzeit im Gleichnischarakter und in der Bildverwendung. Wieder erstaunt die genaue Kenntnis der ägyptischen Verhältnisse, wie z. B. im Hophra-Wort. Folgende Sprucheinheiten sind zu eruieren:

V. 14. 16. 21: Wort über Söldner in ägyptischen Diensten,
V. 15: Apis-Stier-Wort,
V. 17: Hophra-Wort,
V. 19: Memphis-Wort,
V. 20. 22a. 23b. 24: Wort von der ägyptischen Kuh, von babylonischen Bremsen und Schlangen gestochen, »preisgegeben dem Volk aus dem Norden«,
V. 22b. 23a. 18b: Wort von den Holzhauern, die über Ägyptens »Hochwald« kommen wie über den Tabor und Karmel.

Faßt man diese Aussagen zusammen, kann man sagen, daß nach Jeremias Auffassung die Brühe aus dem babylonischen Topf auch die zentralen Institutionen des ägyptischen Reiches erreichen wird, den Pharao, den Apis-Stier, Memphis und Theben. Aus dieser Sicht der Dinge, komplettiert durch entsprechende Erwartungen für die anderen Völker der Region, stammen seine Stellungnahmen und Voten zur außenpolitiischen Lage, insbesondere was die offenbar stark verwurzelten Neigungen Jerusalems angehen, sich nach Süden zu orientieren, einen Hang, den schon ein Jahrhundert zuvor der Prophet Jesaja zu bekämpfen hatte (Kap. 30f.)

Die fast obligatorischen Philisterworte , zusammengestellt in Kap. 47 – man könnte auch von einem Spruchgedicht mit mehreren Zweizeilern sprechen (2a/2b. 3a/3b. 4aα/4aβ.b/ /5/6/(7)) – sind tendenziell ähnlich angelegt. Sie kündigen eine gewaltige Überschwemmung an (V. 2), welche den phönizisch-philistäischen Küstenstrich bezeichnenderweise »von Norden her« überflutet. Was gemeint ist, verdeutlicht das Bild vom selbsttätig wütenden Kriegsschwert, das, einmal entfesselt, nicht mehr in die Scheide zu bringen ist, weil es seinen eigenen Gesetzen folgt (V. 6, vgl. die theologische Erklärung in V. 7). Trotz der Bedeutung der im Blick auf den Westen verkündeten Unheilsworte, die von den Editoren der hebräischen Ausgabe in die Zeit datiert werden, »bevor der Pharao Gaza schlug« (V. 1b) – dies kann 610, 609, 605 oder 601 gewesen sein –, sind sie merkwürdig blaß und konventionell, so daß die jeremianische Verfasserschaft angezweifelt werden kann. Doch in der Sache geben sie sicher die Meinung des Propheten wieder.

Das entgegengesetzte Problem bietet die Moab-Logien-sammlung. Hier werden die allzu detaillierten und kleinräumigen Aussagen zum Rätsel.[15] Weshalb geht der Prophet ausgerechnet bei Moab so ins Einzelne, nennt er so viele Orte und Namen, wie er es bei Israel und Juda nicht getan hatte? Geht das listenartig aufzählende Gedicht 48,1ff., das an ähnliche Worte Michas (1,10ff.) und Jesajas (10,28ff.) erinnert, die aber gerade die engere Heimat der Propheten betreffen, auf besondere Beziehungen des Benjaminiten aus Anatot zu den Nachbarn auf dem gegenüberliegenden Gebirgsplateau östlich des Jordans zurück? Hat er seine Ortskenntnis auf Reisen dorthin gewonnen? Die geographische Karte, die der Mescha-Stein aus dem moabitischen Dibon des 9. Jh.s zu zeichnen erlaubt, ähnelt der, die hinter Jer 48 steht.[16] Was war Jeremias Anliegen? Wollte er die Hebräisch verstehenden Moabiter – die hebräischen Dialekte und der moabitische Dialekt liegen sehr nah beieinander – direkt ansprechen, was bei den Ägyptern und Philistern offenbar nicht möglich war? Das Problem wird dadurch kompliziert, daß Jer 48 in einem nicht ganz durchsichtigen Verhältnis zu der Moab-Dichtung in Jes 15f. steht, dessen Einfluß vor allem ab Jer 48,29ff. sich stark bemerkbar macht. Die Frage drängt sich auf, was denn von Jer 48 noch von Jeremia selbst ist. Wir nehmen an, es ist der Ortslistentext 48,1-6.18ff. in einer bestimmten Form und dann eine Reihe von Einzelsprüchen ab 48,7ff., die in der Art der Frühverkündigung aus Bildworten und kurzen Logien bestehen. Also ein ähnlicher Fall wie der Ägyptenzyklus (Kap. 46) und – zumindest partiell die Zyklen 47; 49 – offenbar ein editorische Kompilationsmuster.

Das listenartig angelegte Gedicht »gegen Moab« liest sich wie ein Itinerar, das die Hauptorte nennt und charakterisiert. Auf die merkwürdige Ähnlichkeit mit der Inschrift auf dem Mescha-Stein wurde schon hingewiesen. Die Orte liegen entlang der alten Nord-Süd-Straße, die Num 20,17 den »Königsweg« nennt. Sie verfallen alle dem Schicksal, das für sie vorgesehen und z. T. in ihren Namen angelegt ist. Der Tenor lautet: »Flieht, rettet euer Leben, und seid wie der Wildesel in der Steppe« – so LXX, der MT läßt eher an die Tamariske denken (der Text ist beschädigt, man vergleiche 17,6).[17]

In der Tendenz sind alle Moab-Sprüche ähnlich. Jeremia spricht das: et tu, auch du wirst eingenommen, und der Gott Kamosch muß in die Verbannung wandern (48,7). Moab wird zum »Salztal« (48,9)[18], wie die Regionen südlich des Toten Meeres. Weil es nicht von der Hefe genommen wurde (49,11), nicht umgeschüttet von Gefäß zu Gefäß, wie man tun muß, wenn man guten Wein herstellen will (vgl. Zeph 1,12f.), hat sich sein Geschmack und Geruch nicht geändert: es gibt nur Essig. Doch das soll sich ändern. Die Küfer kommen (48,12f.).

Verlaßt die Städte, wohnt in den Felsen, Bewohner Moabs.
Werdet wie die Taube, die jenseits nistet der gähnenden Schlucht (48,28). [19]

Nur drei Sprüche enthält die kleine Ammon-Sammlung:

Hat Israel keine Söhne...?« (49, 1.2).
Wehklage Hesbon..., denn Milkon muß in die Verbannung! (49,3)
Was rühmst du dich deiner Täler, treulose Tochter (49,4)?[20]

Die etwas umfangreichere Edom-Sammlung (49,7-22) ist wieder literarkritisch durch die Berührung mit dem Büchlein Obadja[21] belastet, zudem durch Dubletten im Buche selbst (49,17 – 19,8; 49,18 – 50,40; 49,19-21 – 50,44-46; 49,22 – 48,40f.). Offenbar waren dergleichen Sprüche austauschbar, sowohl, was den Sprecher, wie die Adressaten betrifft. So wird man über eine Verfasserschaft Jeremias zurückhaltend urteilen. Auch das 49,12f. im Anklang an 25,13ff. formulierte Wort vom erzwungenen Trinken des Giftbecher auch bei erwiesener Unschuld ist sekundärer Abkunft. Es bleibt nicht viel, das in Frage kommt. Gleiches gilt für die Damaskus-Reihe (49,23-27), die fast ganz aus sekundärem Material besteht (Jes 57,20; Jer 50,30; Am 1,14 etc.), die Qedar-Reihe, die vielleicht ein ursprüngliches Hazor-Logion enthielt (49,28ff.), und die Elam-Reihe, die in das Jahr 588 datiert ist (49,34-39). Über die große Babel-Sammlung (50f.) ist in anderem Zusammenhang zu sprechen.

Was bleibt, ist der Eindruck, daß sich Jeremia, der »Prophet der Völker«, sehr wohl mit der weltpolitischen Lage seiner Zeit beschäftigt und über verschiedene Staaten und Völker der vorderorientalischen Szenerie gesprochen hat. Auch wenn weite Partien der sog. Völkersprüche nicht von seiner Hand stammen, sondern von Kollegen wie Obadja, den Verfassern von Jes 15f. und Jer 50f., ist anzunehmen, daß ein Kernbestand auf ihn zurückgeht und seine Sicht der politischen Situation nach 605 wiedergibt. In klarer Konsequenz

zeichnet er im Detail das Geschick verschiedener Nachbarstaaten aus, was er als den weltweiten Geschichtsplan
erkannte, daß nämlich Babel das Schwert der Vorherrschaft
anvertraut war und Nebukadnezzar als JHWHs Knecht
Befehle auszuführen hatte, welche das System der Staaten
grundsätzlich neu gestalten sollten. In diesem Spannungsfeld
wuchsen die Visionen, die Jeremia in seine Dichtungen faßte,
wohl von Anfang an schriftlich, d. i literarisch konzipierte
Arbeiten. Daß er auch auf andere Weise sich Gehör zu verschaffen wußte, zeigt sein Auftritt bei der Konferenz der Vertreter der Nachbarstaaten in Jerusalem 594 nach Kap. 27f. .

3. Die Stadt und der Tod

Wir glauben, daß der Höhepunkt des literarischen Schaf-
fens Jeremias im dritten Zyklus von Dichtungen erreicht wird,
der der Stadt und ihrem Untergang gewidmet ist. [22] Was sich
in den Visionen zum Thema »Feind aus dem Norden« an-
bahnt, findet in den Gedichten von »der Stadt und dem Tod«
seinen Fortgang und sein Ziel. Es war ein tragisches Ziel. Die
Tragik liegt über allen Texten dieser Epoche. Düster glänzend
begegnen Bilder des Todes, der Trauer, des Endes. Die Gruppe der Texte, die wir hier zusammenstellen, sind in der Regel
nicht genau datierbar. Deshalb ist eine biographische Lokalisierung oder eine Skizzierung des Weges zwischen den Texten
so gut wie unmöglich. Wir gehen davon aus, daß die Teilsammlungen im Jeremiabuch nicht ohne Ordnung arrangiert
wurden und ein grobes zeitliches Raster erkennen lassen, wie
es selbst für die Völker-Zyklen offenbar gilt. Demnach fallen
in die hier zu besprechende Phase vor allem Dichtungen, die
in den Kapiteln 8-9; 10; 12; 13; 14f.; 16f. überliefert sind. Es
handelt sich um die Epoche der Jahre etwa von 601 bis 588,
die Jahre vor der ersten Belagerung (598) und der Zwischen-
zeit vor der zweiten Belagerung (588) Jerusalems durch die
Babylonier. Vor diesen Daten wären die Todesgedichte als
krankhafte schwarzmalende Phantasien, danach als Beschöni-
gung der entsetzlichen Realität in ihrer Intention doch wohl
grundsätzlich mißverstanden worden, wovor sie natürlich
auch in den Jahren von 598-588 nicht geschützt waren. Das
Thema für diesen Zyklus entnehmen wir dem Gedicht 9,16-
21: »Der Tod ist uns durchs Fenster gestiegen«, aus dem Lied
der Klagefrauen (9,20). Es wird sich zeigen, daß das Motiv
den Zyklus durchzieht. Es kann vermutet werden, daß das
Thema etwas mit der Krise zu tun hat, in die Jeremia in dieser

Epoche fiel (15,10ff.; 20,7ff.), der wir aber aus Unkenntnis der genauen Zusammenhänge ein eigenes Kapitel widmen.

Wir setzen ein bei dem Gedicht 8,18-23, das bereits im Kapitel zur Überlieferungsgeschichte kurz besprochen wurde (I.2).[23] Es handelt von den letzten Tagen Jerusalems, ist also möglicherweise erst relativ spät anzusetzen (588 oder schon 598). Es ist ein Meisterstück jeremianischer Lyrik. Die Klage über das todkranke Mädchen fügt einen Rahmen um die drei Fragen, welche die Gegenwart bewegen. Die in den Fragen schon fünffach angelegte Negation deutet an, daß sie mit Nein jeweils zu beantworten sind. »Ist denn JHWH nicht auf Zion, ist Zions König nicht mehr dort« (V. 19a)? Die Doppelfrage ist die in Parallele gesetzte Glaubensfrage, ob denn auf Zion kein Gott mehr ist. Daß das Credo in Frage steht, zeigt der althergebrachte Königstitel, der zur Ziontradition prinzipiell gehört (Ps 24; 29; 93 u. a.). Jeremias Nein ist weniger schroff als das des Amos im 8. Jh., aber nicht weniger radikal. Er überläßt dem Hörer die auf Nein programmierte Antwort. Die Konsequenz ist ungeheuerlich. Wo ist Gott dann, wenn nicht mehr in Zion? Erinnerungen an den gottleeren Tempel bei Zeph (1,9) werden wach. Jerusalem, die gottverlassene Stadt?

Die zweite, die politische Frage, drückt die Enttäuschung über allzu optimistische Erwartungen aus (V. 20). Die Frage liegt implizit und unausgesprochen in der Klage. »Der Sommer ist vergangen, der Herbst vorüber« (Wortspiel *qāṣîr/qājiṣ*, vgl. Am 8,2). Wo bleibt die versprochene Hilfe? Hilfe aus Ägypten?

Die dritte Frage knüpft offenbar an ein Sprichwort über Gileads ärztliche Kunst an (man vgl. 46,11; 51,8). Doch ist auch im Wunderland der Medizin kein Kraut gewachsen, das Jerusalem noch helfen könnte (V. 22). Die Absurdität der Frage spiegelt die absurde Situation. Nur noch Wunder und Magie versprechen Hilfe. Doch das für Jerusalem? Die Situation ist ausweglos, weil ein dreifaches: »Nein, nicht mehr!« Zion blockiert. Diese Blockade aber entspricht für den Propheten einer Entscheidung des Königs von Zion. Was bleibt außer Tränen?

In 9,16-21 ist ein Gedicht enthalten, das wir in den Versen 16.17.20.21 wiederfinden. Es ist ein Gedicht in Form der Totenklage (Qina), zwei Strophen mit je drei oder vier Zeilen:

16	Paßt auf und ruft	nach Klagefrauen!
	Nach den weisen Frauen schickt,	daß sie kommen.
17	Sie sollen eilends über uns anstimmen	die Weheklagen!
	Daß unsere Augen von Tränen fließen	und unsere Wimpern
		(von Wasser strömen)...

20	Der Tod ist uns durchs Fenster gestiegen	hinein in die Paläste.
	Zu schlagen das Kind auf der Gasse,	den Jüngling auf dem Markt.
21	Es liegen die Leichen der Menschen	wie Mist auf dem Feld.
	Wie Büschel hinter dem Schnitter,	die keiner sammelt.[24]

Mag die Plerophorie der ersten Zeilen poetische Absicht sein oder redaktionelle Ausweitung – die Häufung der sonoren Klänge auf *m* und *n*, als *nû, nâ, nô, nâ, nên*, gehört zur Qina, die ja von den langgezogenen Klagetönen und schrillen Lauten lebt. Auch *i* und *l*-Klänge gibt es genug. Der Stand der professionellen Klagefrauen und der weisen Frauen wird aufgeboten, *n^ehî* (betont *n^ehî*; das Wort besteht aus den Klangelementen *n* und *ī*), eine ›Wehklage‹ anzustimmen, die nach V. 9. 19 parallel gesetzt, also verwandt oder identisch ist mit der *qînâ*, der ›Totenklage‹[25]. Diese neue Wehklage »über uns«, gleichsam aus heiterem Himmel, soll einüben in die Klagen, die fortan gesungen werden, aus denen 9,18[26] und dann die zweite Strophe 9,20f. eine Probe geben. Die zweite Strophe ist durch den Zwischentext als Wort JHWHs, »Spruch seines Mundes«, durch den Propheten vermittelt zur Weitergabe in der Tradition der weisen Klagefrauen, charakterisiert (9,19), was ohnehin in der Intention des Gedichts liegt. Diese Strophe aber ist bemerkenswert.

Die Personifikation des Todes in V. 20 geht nicht auf die kanaanäische Tradition vom Gott Mot zurück – im ugaritischen Pantheon des 2. Jt.s der Gegenspieler Baals –, vielmehr auf den Pestdämon, der im Babylonischen Lamaschtu heißt.[27] Von ihm gilt, daß er Mauern besteigt und durch Fenster einbricht, Paläste und Hütten erobert, jung und alt erschlägt. Auch auf freiem Feld liegen die Leichen, die niemand mehr beerdigen kann (V. 21). Das Bild vom »Schnitter Tod« hat offenbar hier seine Wurzel.[28] Verglichen werden die Menschen mit Halmen, die hinter dem Schnitter ungebunden liegen bleiben, zertreten werden von den Herden (vgl. Zeph 2,1ff.), weil niemand mehr da ist, aufzulesen was aus der Hand gefallen ist.[29]

Das Gedicht, das in 12,7-13 überliefert ist und nach unserer Erkenntnis[30] aus zwei dreizeiligen Strophen im Kurzmetrum 2+2 besteht, wird im allgmeinen in das Jahr 601 datiert. Es ist das Jahr, in dem nach 2. Kön 24,1f. König Jojakim sein Vasallenverhältnis zu Nebukadnezzar aufkündigte und dieser ihn zunächst dadurch bestrafte, daß er die eigenen Garnisonen und Freischärler aus Aram, Moab und Ammon »wider Juda los ließ« und offenbar erheblichen Terror auslöste. Die Situation Judas mit Jerusalem war nicht unähnlich der vor hundert Jahren (701), die der Prophet Jesaja in eindrückliche Bilder faßte: »Die Tochter Zion ist geworden wie eine Hütte im Weinberg, wie ein Nachtdach im Gurkenfeld, wie ein Turm zur Wacht« (1,8). Sei es, daß Jeremia solche Zeilen kannte, oder daß er die Situation Judas ähnlich einschätzte, das Gedicht zeigt Nähe zu Jesaja.

8	Geworden ist mir mein Erbe	wie eine Koppel[31] im Walde:
9	Ringsum Hyänen	darüber der Geier.
	Auf ihr Tiere	kommt zum Fraß!
10	Viele Hirten	verheerten den Weinberg.
11	Zur Öde gemacht	das Laub verwelkt…
13	Die Weizen säten,	ernteten Dornen.

Das restaurierte Gedicht verwendet für die Sicht der Lage Judas zwei Vergleiche. Der erste vergleicht den drangsalierten Staat mit einem mitten im Wald angelegten Stall, einem Gehege oder einer Koppel für die eigenen Tiere: Pferde, Vieh o. ä. Der im Urwald kaum geschützte Ort wird von allen Seiten bedroht: ringsum streifende Hyänen, darüber kreisende Geier. Der in V. 8b (MT) erwähnte Löwe fehlt in der Erstfassung. 601 war ja auch der babylonische Löwe nicht in Juda, wohl aber andere wilde Tiere waren da. Diese werden, falls die dritte Zeile so zu deuten ist, sogar noch aufgefortert, sich zum Fraß dorthin zu begeben, zu den dort aufgestellten Futterkrippen oder zu den Herdentieren selbst? Raubtiere bedrohen das kleine Land mitten im Wald – und der Eigner der Koppel ruft noch die Tiere herbei!

Geläufiger ist der zweite Vergleich: Ein Weinberg oder -garten, der von den vorbeiziehenden Hirten und ihren Herden nicht geschont wird, vielmehr zertreten, ja zerstampft wird – wie die Erklärung in V. 10 beifügt. Wegen des knappen und konzisen Stils wurde offensichtlich das Bildmotiv in V. 11b. 12 aufgefüllt und eingeebnet durch deutende Prosasätze, welche auf die Lage von 601 anspielen, z. B. V. 12a: »Über alle Pisten der Wüste kamen die Verwüster. Ja, ein Schwert führt

JHWH...« etc. Etwas abrupt dann der (vermutete) Schluß in V. 13a, der feststellt, was aus dem Land geworden ist: ein verwilderter Weingarten mit Dornen und Disteln, ohne Getreide zum Leben. Das haben die Herden aufgefressen.

Der Schock des Jahres 601, nach relativ ruhiger Zeit, saß tief. Jeremia gab ihm beredten Ausdruck. Doch sah er die Folgen in dem düsteren Licht, in das alle diese Texte getaucht sind. Für die Koppel im Urwald und den Weingarten am Weg der Herden sah er keine Zukunft. Das Erbe JHWHs, das Land, das heilige Land bot weder Schutz noch Nahrung mehr. Eine tödliche Bedrohung hängt über Juda (12,12). Ein so wunderschön klingendes[32] und malendes Gedicht mit einem so hoffnungslosen Inhalt! Wie lange ist das durchzuhalten?

Aus dieser Zeit muß auch das Gedicht stammen, das anläßlich einer Dürre entstanden ist und nun in dem diesen Ereignis gewidmeten Komplex (14,1-15,4)[33] den Anfang macht: 14,2-9, vier Strophen mit je 4 Zeilen, davon 3 im Kurzmetrum 2+2, die vierte als isolierter Dreier oder Zweier (3/2). Wir versuchen zu übersetzen:

2	Juda ist welk,	man schmachtet im Tor,
	sinkt trauernd zur Erde;	Geschrei steigt empor.
3	Man schickt nach Wasser,	kommt zu Zisternen:
	Man kehrt leer zurück.	
4	Enttäuscht ist der Bauer,	verhüllt sein Haupt.
5	Die Hindin im Felde	gebiert und geht weg.
6	Die Wildesel stehen,	schnappen nach Luft:
	Es gibt kein Grün.	
7	›Wenn unsere Sünden	wider uns zeugen,
	so greife ein, JHWH,	deines Namens wegen.
	Denn zahlreich sind	unsere Verirrungen,
	Hoffnung Israels!	
8	Warum denn bist du	ein Fremder im Lande,
9	ein Wanderer zu Gast,	ein verunglückter Mann,
	wie ein Krieger	der nicht helfen kann?
	Verlaß uns nicht!	

Dieses schöne Gedicht oder Lied[34] und ein gleichartiges, mit ähnlicher Schlußzeile gebautes in 14,19-22, bestehend aus 3 Strophen mit weniger Zutaten als beim vorigen, sind wohl als Gelegenheitsarbeiten anläßlich der Dürre aufzufassen. Dabei entsteht ein Problem. Denn diese den Klagepsalmen nahen Gedichte passen gar nicht zu der in dieser Gruppe zusammengefaßten Visionen und Weissagungen. Das erste formuliert die Klagen Judas, schildert die Auswirkungen für Natur und Wirtschaft: kein Wasser, kein Getreide! (I, II) und stellt Fragen: Warum? (IV) und appelliert an die Hoffnung Israels (III): Verlaß uns nicht! (14,9). Das zweite besteht in den Strophen I und III nur aus Fragen: »Hast du Juda ganz verworfen? Ist deine Seele Zions überdrüssig geworden? Warum hast du uns so geschlagen?« etc. (I) und : »Sind unter den Götzen der Heiden auch solche, die Regen spenden? Oder gibt der Himmel Schauer von selbst? Bist du es nicht....?« (III). In der Zwischenstrophe Bekenntnis und Mahnung: »Wir erkennen, JHWH, unsern Frevel...« etc. (14,20f.).

Soll man diese Texte Jeremia absprechen? Was beim zweiten einleuchten könnte, scheint beim ersten, dem oben zitierten, doch recht schwierig, wenngleich nicht unmöglich, wie die Sekundärbildungen vor allem im Bereich der sog. Konfessionen zeigen werden. Doch gerade die Klagen Jeremias in den Konfessionen weisen einen anderen Weg. Es könnte ja auch sein, daß Jeremia mit diesen Gebeten und Klagegedichten für Juda sich auf einen Weg locken ließ, den er alsbald wieder verlassen mußte. Es ist zumindest denkbar, daß er zur Zeit der Dürrenot um 601 dem Vorschlag und der Versuchung erlag, wie es der Brauch war, Lieder und Gebete zu schreiben, die liturgisch verwendbar waren. Der Gedanke, die Klagegedichte seien ironisch gemeint und als Parodien konzipiert, der bei einem Zephanja naheliegt,[35] muß bei einem Jeremia verworfen werden. Solche Texte wie den oben zitierten schreibt man nicht in satirischer Absicht, jedenfalls Jeremia nicht.

Aber gibt nicht der Kontext in Kap. 14f., von wem immer er stammen mag, deutliche Hinweise darauf, daß Jeremia »das Beten um das Wohl dieses Volkes«, dem er sich, dem Vorbild der »Propheten« folgend, offenbar unterzogen hatte (14,13ff.), untersagt wurde (14,11)? Sollte diese Auseinandersetzung, wie sie in 14,10ff. überliefert wird, ganz und gar erfunden sein? Das ist schon darum nicht wahrscheinlich, weil sich dieser Dialog im Anschluß an das zweite Klagegedicht in 15,1ff. wiederholt: »Wenn gleich Mose und Samuel vor mich träten, mein Herz würde sich diesem Volke nicht zuwenden. Schicke es hinweg aus meinen Augen, sie sollen gehen!« (15,1). Spiegelt sich darin nicht das Dilemma, in das Jeremia geriet, dadurch, daß er – wie in der Frühzeit – für dieses Volk sprach, dichtete und betete? Wo doch sein Auftrag auch in der schweren Zeit nach der Berufung und den Weisungen in den Antworten auf seine Klagen (Kap. 12-20) der gleiche blieb?

Wir nehmen an, Kap. 14f. stellen die sich abzeichnende erste Krise richtig dar. [36] Sie berichten von einem Problem, ja Konflikt, ja Dilemma, aber auch von Weisungen und Fingerzeigen, die ihm gegeben wurden (14,10ff.; 15,1ff.), unter denen zwei herausragen. In ihnen glaubt man, die alte Stimme und ihren düsteren Klang wieder zu hören: das kurze, dreizeilige Gedicht 14,17f. und das längere, dreistrophige Gedicht von 15,5-9. Die Zwischentexte, die zwar im Tenor der Unheilsweissagungen gehalten sind und von Schwert, Hunger und Pest (14,12ff.), von den »vier Sippen«: Schwert, Hunde, Vögel, Raubtiere weissagen (15,2f.), mögen auf jeremianische Motive zurückgehen. Von ihm gestaltet sind sie nicht.

14,17 zeichnet das Bild eines Trauernden, nicht angesichts der gegenwärtigen Dürre, vielmehr im Blick auf das zukünftige Unheil:

> Meine Augen zerfließen in Tränen
> Tag und Nacht
> und dürfen nicht ruhen.
> Gehe ich aufs Feld – siehe, vom Schwert Gefallene!
> Und gehe ich in die Stadt – und siehe: an Hunger Gestorbene!

Wer geht trauernd durch Stadt und Land? Offenbar ist es der Prophet. Oder ist es JHWH? Er hat nicht Anlaß, seine Trauer zu beenden. Krieg und Hunger haben die Menschen dahingerafft. Kap. 16 deutet sich an.

Dazu kommt das Gedicht 15,5-9. Wir versuchen es in drei Strophen (5.6/7.8/9) zu je drei Zeilen zu gliedern, in dem offenbar von Jeremia bevorzugten Rhythmus 2+2, mit den Stilzügen und Klangmotiven, die seine Werke auszeichnen. [37] Das Gedicht schließt an 8,18ff.; 9,16ff.; 12,8ff. an. Sein Thema ist wieder »die Stadt und der Tod«.

5	Wer erbarmt sich dein,	wer beklagt dich?
	Wer kehrt ein,	zu fragen: wie gehts?
6	Meine Hand liegt auf dir,	müde der Nachsicht.
7	Worfelte mit der Gabel	in den Toren des Landes.
8	Brachte über sie	den Würger am Mittag.
	Jählings fielen	Panik und Schrecken.
9	Welk, die gebären soll,	verhaucht ihre Seele.
	Es sank ihr die Sonne	noch hoch am Tage.
	In Schimpf und Schande,	im Angesicht ihrer Feinde.

Das in rhythmischen Klängen komponierte Gedicht – man kann beim Lesen noch manches verspüren oder erahnen – hat nichtsdestoweniger ein sehr düsteres Gepräge. Die erste Strophe der als Gottesrede konzipierten Dichtung stellt die Frage an die todkranke Frau, wen es noch geben könnte, der sie besuchen komme, da doch der Redende selbst seine Hand auf sie legen mußte, an sie legen mußte, »müde der Nachsicht«, überstrapaziert in der Geduld, die selbst solche Klagegebete wie 14,2ff.; 14,19ff. nicht mehr ertragen konnte. »Müde geworden, es sich reuen zu lassen«, liegt seine Faust auf der Stadt – eine Wendung, welche Krankheit zum Tode anzeigen will (vgl. z. B. Ps 38,3, aber auch Jer 15,17 und 17,14). Von *šālôm* keine Rede mehr. Es geht ihr sehr schlecht.

Nicht nur ihr, der Hauptstadt! Auch die Städte im Land hat der Tod erreicht – so die zweite Strophe. Das Worfeln des gedroschenen Getreides gegen den Wind geschieht auf der Tenne, auf Anhöhen und freien Plätzen. Doch hier werden Menschen geworfelt, in Korn, Stroh und Spreu geschieden in den Städten selbst. Das heißt, sie werden wahllos erfaßt von der Worfgabel und in den Wind gestreut. Die zweite Zeile wird deutlich. Der Mittagsdämon, der bei großer Hitze einherschleicht, erfaßt die Landstädte: der schwarze Tod, die Pest (vgl. 9,20; 14,18; 16,3f.).[38] Plötzlich und unerwartet ist sie da und verbreitet Schrecken und Panik.[39]

Die vitale Frau – so die dritte Strophe –, die Stadt Jerusalem, ist am Ende. Jeremia sieht vor sich eine Sterbende. Ein blühendes Leben geht am Mittag zu Ende, noch dazu in Schimpf und Schande, vor den Augen ihrer »Feinde«. Ein trauriges Bild, als Weissagung düster und hoffnungslos, als Gotteswort unfaßbar tragisch.

Verfolgt man die Reihe der Visionen vom Ende der Stadt, kann man sich dem Eindruck nicht entziehen, daß Jeremia immer stärker selbst mit seiner Person in den Sog dieser Unheilsweissagung gerät. Wir vermuteten, daß die Krise mit den Klagegebeten nach 14f. damit zusammenhängt und als Fluchtversuch aus der Auswegslosigkeit zu deuten ist. Doch wurde ihm dieser Ausgang durch die Tür zurück in die Vergangenheit verwehrt, was die Krise erheblich verschärfen mußte. Wir wissen nicht genau, wo die in den Konfessionen geschilderten Zweifel und Ausbrüche anzusiedeln sind. Aber es ist sicher, daß sie durch diese Krisen vorbereitet oder gar ausgelöst worden sind. Dazu wird noch einiges zu sagen sein.

Die Überlieferung von 16,1-9, von der Edition auf ein Selbstzeugnis des Propheten zurückgeführt, bildet den Kulminationspunkt der Entwicklung. Sie berichtet davon, daß die Verkündigung den Propheten selbst ereilt. Die Todesweissagung holt sein Leben ein und zieht es mit in den Abgrund. Davon zeugen die Zeichenhandlungen, welche Jeremia abgefordert werden.

Die Ehelosigkeit, zu der Jeremia nach Kap. 16 verpflichtet wird, ist Zeichen der eschatologischen Zeit – wie der Verzicht auf Geselligkeit. Der Prophet demonstriert vorwegnehmend, daß Ende und Tod auf alle warten, insbesondere die in solchen chaotischen Verhältnissen besonders anfälligen Kinder. Sie werden den Seuchentod sterben müssen (16,4). Weshalb sollten ihm eigene Kinder geboren werden?

3. Zeichen

Die prophetische Symbolhandlung – oder wie man heute lieber sagt – die prophetische Zeichenhandlung[1] ist ein Phänomen, das aus dem Ungenügen der reinen Wortverkündigung entstanden ist und den Zweck hat, die Öffentlichkeitsarbeit dadurch zu intensivieren, daß die allgemeine Aufmerksamkeit durch auffällige Aktionen auf die Botschaft gelenkt wird. Insofern hat sie dienende Funktion. Magische, dramatische, sittenwidrige Elemente werden nur eingesetzt, um bewußt zu provozieren; eigene Bedeutung haben sie nicht.[2] Im eigentlichen Sinne bilden sie nur eine bewußte Gestaltung des Sprechaktes prophetischer Rede, sind Inszenierungen der Redesituation mit sozusagen theatralischen Mitteln, ganz auf Publizität angelegt. Da die prophetische Rede öffentliche Rede ist, mindestens seit der sog. Schriftprophetie, nicht mehr nur im Sinne der Botschaft an Könige und Machthaber, sondern der Anrede des Volkes nach Ständen, Gruppen, selten auch Einzelnen, macht sie sich publikumswirksame Gags zunutze. Weit ist der Weg nicht vom Ausrufen einer als Spruch geformten Nachricht (Botenspruch), vom Vortrag der zum Gedicht gefügten Verse im Sprechgesang oder als Lied zur lauten Aktion auf der »Bühne« eines symbolträchtigen Ortes vor oder nach der Rede. Das Medium wird erweitert; die Vehikel der Überlieferung ändern sich; die Lautstärke wechselt; das Wort aber bleibt als Sinnträger erhalten. Seine Resonanz ist es, worauf es den Propheten ankommt – auch Jeremia.

1. Geschriebenes Wort

Für Jeremia ist es charakteristisch, daß einige der gut zehn Zeichenhandlungen damit zu tun haben, daß das Medium der Übermittlung vom gesprochenen zum geschriebenen Wort übergeht. Dies ist in der Prophetie zwar nicht neu. Schon Jesaja schrieb Parolen auf Plakate (8,1ff.), versiegelte die Botschaft auf Buchrollen (8,16ff.). Ähnliches ist von Habakuk berichtet (2,1ff.); auch er wendet sich mit beschriebenen Tafeln an die Öffentlichkeit. Die in Jer 36 geschilderten Vorgänge um die sog. Urrolle sind aber – wenngleich nur in weiterem Sinne eine Zeichenhandlung – ganz einmalig. Die wohl mit den Feindvisionen beschriebene Schriftrolle wird bei Hofe drei Mal verlesen, zuletzt vor dem König, der sie im Kohlenfeuer verbrennt. Solche publicity hat Jeremias Dichtung, sagen wir der Kap. 4-6 oder auch 2-3. 30-31, zuvor nicht erreicht, auch wenn sie – was wahrscheinlich ist – nach Nabi-Art vorgebracht und vorgetragen wurde, doch wohl zuerst im kleineren Kreis der Nebiim. (Nach 23,25ff. bespricht man die Träume untereinander.) Möglich auch, daß sie kaum eine Resonanz fanden und mit dem Ende des Vortrags verklangen. Nur der Auftritt im Tempel und die öffentliche Beschimpfung des heiligen Ortes (609) hatte eine vergleichbare Wirkung wie die Verlesung der Schriftrolle von 604.

Die Briefe an die Gola in Babel (Kap. 29) gehören in die gleiche Reihe. Der Brief hat die direkte Anrede zu vermitteln. So kommt es zu dem folgenreichen Briefwechsel, den Kap. 29 dokumentiert und der nicht wenig zum Nachruhm Jeremias beigetragen hat. [3]

Sinn der Aktion war zunächst, die illusionären Hoffnungen der Deportierten auf baldige Rückkehr, die von den Nebiim geschürt wurden, zu dämpfen. Unter diesen Vorzeichen klingen die Worte weniger hoffnungsfroh, als wenn sie aus dem Zusammenhang gerissen werden. Im Grunde wollen sie nichts anderes sagen, als was Jeremia auch seinen Mitbürgern in Jerusalem deutlich machen wollte: Man muß sich in das Geschick ergeben. Es entspricht dem Willen JHWHs. So gilt es auch für die Weggeführten in der Ferne: »Baut Häuser und wohnt darin und pflanzt Gärten und eßt ihre Frucht! Nehmt Frauen und zeugt Söhne und Töchter und nehmt euren Söhnen Frauen und gebt eure Töchter Männern!... Mehrt euch dort und werdet nicht weniger! Und suchet der Stadt[4] Bestes (*šālôm*) ... und betet für sie zu JHWH! Wenn durch ihr Wohl (*šālôm*) kommt euer Wohl (*šālôm*).«

Im einzelnen ist bemerkenswert, welche Freiheiten die Gola in Babylon offenbar genießt und auch welche Vorstellungen Jeremia von einem »normalen« Leben hat. Denn darum
geht es ihm, darauf zu verweisen, daß dies keine Episode,
kein vorübergehendes Mißgeschick, kein Provisorium ist,
vielmehr eine Chance, die Chance der Weggebrachten und
darum Davongekommenen, deren Leben nicht so direkt und
massiv bedroht ist wie das der Judäer und Jerusalemer. Insofern ist dieser Brief auch ein Zeugnis verhaltener Hoffnung
und als solches aufbewahrt worden – wie die Interpretatio-
nen ab V. 10ff. zeigen –, freilich einer Hoffnung, mit welcher
sich die Angesprochenen nicht befreunden wollten und
konnten. Bezeichnenderweise enthält das Zitat des ersten
Satzes Jeremias im Brief des Nabi Semaja von Nehelam nach
Jerusalem am Anfang einen Zusatz: »Hat er uns nicht nach
Babel folgendes gesandt: Es dauert noch lange. Baut Häuser...« (29,28). Nur dies hörte man heraus, daß es noch
lange dauern würde, was man ganz nahe glaubte. Und das
war unerträglich (29,26ff.).

In das gleiche Jahr (594/3) und möglicherweise zu dem gleichen Briefwechsel gehört auch die in 51,59-64 überlieferte
Aktion, die Jeremia durch den Bruder seines Schreibers
Baruch, Seraja, am Euphrat in Babel ausführen ließ. [5] Dieser
sollte, so der überlieferte Text, eine mit den Babel-Orakeln
Kap. 50f. beschriebene Schriftrolle verlesen und im Euphrat-
wasser versenken. Die gewiß von der Tradition und Edition
des Buches legendär ausgestaltete Erzählung könnte darin
ihren historischen Kern haben, daß Jeremia im Zusammenhang seiner Korrespondenz mit der Gola auch für die Hauptstadt selbst eine Botschaft hatte und diese spektakulär
übermitteln ließ. Doch war sie wie alle anderen Signale dieser
Jahre (vgl. Kap. 27f.; 9,24f. u. a.) eigentlich an Zedekia und
seine Regierung gerichtet, um ihn zur Anerkennung des
Unausweichlichen zu bringen. Inhalt der Schriftrolle war
darum wohl nicht der umfangreiche Babel-Komplex (Kap.
50f.), vielmehr vermutlich eine Kap. 27,5ff. entsprechende
Designation Nebukadnezzars und seiner Hauptstadt, JHWHs
Weisungen durchzuführen.

2. Auftritte

Die Reihe der von Jeremia überlieferten Zeichenhandlungen, wobei er selbst zwar als Ausgangspunkt, doch nur selten – d. h. wohl nur bei Kap. 16 – als Tradent in Frage

kommt, zeigt den Propheten, wie er bei passender Gelegenheit mehr zufällig, nicht systematisch geplant, Zeichen setzt.

Die Aktion »linnener Schurz« (Kap. 13) ist zeitlich die erste, die überliefert ist. Sie gehört in die Frühzeit und nach Anatot (I,III.1). Anderswo hat diese Demonstration keinen Sinn. Auch betrifft sie doch wohl ursprünglich (13,11) Nord-»Israel« und seine Verfassung nach der langen Zeit »im Versteck« vor den Assyrern. Doch war diese Aktion für neue Deutungen offen – im Blick auf das babylonische Exil am Euphrat.

Die erste in 16,2-4 überlieferte Weisung betrifft die Ehelosigkeit. Mit kargen Worten wird ein Gebot in Form eines Prohibitivs wie bei den Dekaloggeboten wiedergegeben, das Jeremias Leben einschneidend betrifft. Alle Diskussionen um Zweitehe oder Anatot-Ehe u. ä. sind mit einem Schlag zu beenden dadurch, daß man eine Spätdatierung der Geburt auf das Jahr 626 annimmt und daraus schließt, Jeremia sei um 601/600 – so datiert man gewöhnlich 16,1ff. – etwa 26 Jahre alt. Der Eheverzicht wird damit begründet, daß in der Zeit des Endes von Jerusalem Kinder als Todgeburten anzusehen sind. Eigene Kinder würden in dieser Zeit unerträglich belasten. Ziel aber ist, auf solche Weise vor aller Welt den Ernst der Lage zu demonstrieren, daß für Jerusalem die letzte Stunde geschlagen hat. Verzicht auf Kinder bekundet Verzicht auf Leben und Aufgabe aller Zukunftshoffnung. Die Endzeiterwartung verlangt – man denke an Paulus – solche radikalen Entscheidungen. Jeremias Entscheidung unterstreicht das Logion, das er in dieser Zeit als Parole auszurufen hatte und wohl auch – denn dies war auch Aufgabe seiner prophetischen Sendung, nicht nur die durch Auftritts- und Redeverbot veranlaßte literarische Arbeit an den Dichtungen – verbreitet hat: »So spricht JHWH über alle Söhne und Töchter, die an diesem Ort geboren werden: Den Seuchentod sollen sie sterben (16,3a. 4a)![6] Der Satz: $m^e môtê taḥ^a lu' îm jāmutû$ trägt die Kennzeichen eines Schlag- und Stichwortes an sich, das als eine Art Slogan haften bleibt.

Die beiden anderen Zeichenhandlungen, das Verbot, das Kulthaus ($bêt marzē^aḥ$)[7] für Trauerfälle aufzusuchen (16,5-7) und ins Wirtshaus ($bêt mištê$) zu gehen (16,8f.), unterstützen die Demonstration: Trauerriten wird man wegen der Masse der Fälle nicht mehr veranstalten können; Feste, vor allem Hochzeiten zu feiern, ist jetzt nicht mehr die Zeit. Die Todeszeit läßt die Lebensgewohnheiten absurd erscheinen. Umgekehrt will Jeremia durch die vermeintliche Absurdität seiner Handlungen aufschrecken aus dem Schlaf der selbstverständlichen Zukunftssicherheit und seinen Zeitgenossen den Ernst der Lage demonstrieren – sein Beispiel macht das unübersehbar. Sie müssen erkennen, wenigstens dies, daß die Zukunft von ihm radikal in Frage gestellt wird, daß er, ein lebendes Zeichen der Todverfallenheit, vorweg darstellt, was ihnen beschieden ist.

Der persönliche Verzicht auf ein normales Leben hat Jeremia aber auch selbst in Frage gestellt. Konnte er sich des Zweifels erwehren, es könnte in der Tat absurd sein, was er sagte und was er tat? Nur ein Schritt war es oder weniger, was ihn vor dem Abgrund des Sinnlosen noch trennte. Die Konfessionen zeugen davon, daß er in den Abgrund schaute, aber vor dem Absturz bewahrt blieb.

Angefügt werden müssen hier die in Kap. 18-20 überlieferten Berichte von symbolischen Handlungen des Propheten: der Töpferbesuch (Kap. 18), der zerbrochene Krug am Scherbentor, kombiniert mit der Umbenennung des Tophet (Kap. 19; 7*) und der Beschimpfung des Tempelaufsehers mit dem ägyptisch klingenden Namen (Kap. 20). Die Ereignisse werden nicht datiert, so daß eine Zuordnung nur vermutungsweise möglich ist. Denkbar ist der Zeitraum von Jeremias Tempelauftritt 609 – 7,32 verbindet damit ja die Tophet-Drohung – bis zur Katastrophe der in Scherben gefallenen Stadt 586 als Teminus ad quem. Für späte Zeit spricht die Edition, die Kap. 18-20 mit den Klagen der Krisenzeit Jeremias verbindet – sofern es richtig ist, diese nach 601 anzusetzen, und auch die dezidierte Ankündigung des Endes. Für einen früheren Termin – sagen wir nach 609 – spricht die Verknüpfung mit der Tempelrede, die Erwähnung des später deportierten und ersetzten (29,26) Pashur als Aufseher und die spontane kritische Haltung Jeremias gegenüber den Jerusalemer Realitäten – besonders in der Kritik an dem phönizischen Tophet-Opfer.

Relativ klar und deutlich ist das Töpfergleichnis (18,1-12). Der Bericht (B?) allerdings referiert nur die Ereignisse, ohne den Wortlaut der Rede (C?) zu bieten. Offenbar ließ sich der Prophet vom oder beim Zusehen in der Werkstatt des Töpfers inspirieren zu der grundsätzlichen theologischen Einsicht, daß alle Völker wie »das Haus Israel« Ton in der Hand des Schöpfers sind; daß der Schöpfer auch die Geschichte der Völker »schafft«; daß er frei ist, aus den Völkern Geschöpfe seiner Wahl zu machen. Jeremia demonstriert den Mythos von der Entstehung der Völkerwelt mit der besonderen Absicht, das »Haus Israel« zu warnen davor, die Willensfreiheit des Schöpfers durch Insistieren auf die frühere Erwählung zu ignorieren. Wieder – wie bei den theologischen Leitlinien in der Auseinandersetzung mit den Propheten (23,23ff.) – stellt Jeremia durch seine Voten feste theologische Positionen »in Frage«, hier das Dogma von der Erwählung. Typisch ist die Verwendung des in der Frühverkündigung noch politisch gemeinten Begriffs »Haus Israel« in theologischem Sinn. Es ist darum nicht unmöglich, daß diese Zeichenhandlung als die erzählerische Veranschaulichung einer theologischen Erwägung entstanden ist und nicht primär auf einer Aktion des Propheten basiert. [8]

Die Aktion am Scherbentor im Südwesten der Altstadt[9] – wo es zum Müllplatz im Tal Hinnom[10] hinausgeht; dort lag auch das Tophet (19,1ff.) – vor den »Ältesten des Volkes (d. i. der Stadtbevölkerung) und den Priestern« (die Nennung der »Ältesten der Priester« scheint sekundär zu sein),[11] die 19,1ff. (B und C) berichtet wird, bestand in dem Zerbrechen eines Wasserkrugs[12] mit den begleitenden Worten: »So zerbreche ich (JHWH) diese Stadt« (19,10f.). Mit diesem »Scherbengericht« – mag sein, er spekulierte mit dem Glauben der Zeugen an Magie – wollte Jeremia den irreversiblen Vorgang des Untergangs der Stadt ankündigen, an den bis 598 so richtig niemand glauben mochte. Aber auch nach 598 würde die Aktion vor den Augen unverbesserlicher Optimisten noch Sinn machen. Die Datierung bleibt offen. Auffällig ist, daß die Regierung, König und Hof, nicht beteiligt sind. Die Szene wurde zum Forum dtr Predigt ausgestaltet – wie 7; 18; 26 u. a.

Weniger durchsichtig ist die Aktion gegen das Tophet, die in 7,32 an die Tempelrede, in 19,1ff. an die Handlung am Scherbentor, in 19,14ff. an die Ereignisse der Gefangensetzung (20,1-6) angeschlossen wird. Eine versuchsweise Rekonstruktion könnte so aussehen: Jeremia tritt beim Tophet im Tal Hinnom auf – eine Wiederholung von 19,1. Tophet nennt das AT eine wohl ursprünglich phönizische Opferstätte – der Ausdruck heißt vermutlich *tpt* ›Feuerherd‹, ›Opferherd‹[13] –, an dem offenbar Kinderopfer dargebracht wurden.[14] Das Tophet erfreute sich im Jerusalem der Königszeit nicht geringer Beliebtheit, muß aber ein Dorn in den Augen der Zion-Priester gewesen sein und aller JHWH-Gläubigen.

Jeremia ruft eine Umbenennung aus: Statt *tpt* (sc. und »Tal ben Hinnom«): »Tal der Tötung«. Da dies so keinen Sinn ergibt, hat er vermutlich ursprünglich das Wort *ṭbḥ* ›Schlachtung‹ benützt, um den Namenswechsel *tpt/ṭbḥ* zu bezeichnen. Erklärt wird dies im Kontext damit, daß in Zukunft dort nur noch Leichen herumliegen – ein großer Friedhof für Jerusalem. Der »Feuerherd« wird zum Ort des »Schlachtens« für die ganze Stadt (7,32=19,6). Dies macht nur Sinn, wenn Jeremia anschließend – wie 19,14 berichtet – zum Tempelberg hinaufstieg und in einer zweiten Umbenennung den Opferaltar im Tempelhof seinerseits ein »Tophet« nannte – wie es nicht aus 19,15, aber aus 19,12 (wo es allerdings auf die Stadt bezogen wird) hervorzugehen scheint. Das würde bedeuten, daß er den Altar als heidnisch, durch Menschenopfer entweiht, als unerträgliche Schande beschimpft hätte, ähnlich wie er schon den Tempel nach 7,4 eine »Räuberhöhle« tituliert hatte. Dann wäre auch die Reaktion des Tempelaufsehers Pashur plausibel, den Altarschänder unter den ihm unterstellten Propheten im »Stock« gefangen zu setzen und eine Nacht lang im »oberen Tor«, dem Benjamintor, wohl im Norden des Tempelbezirks, festzuhalten.

Diese Reaktion veranlaßt Jeremia zu einer dritten Umbenennung. Pashur ist ein ägyptischer Name *p³ šrjn Ḥr* »Sohn des Horus«. Ein Priester dieses Namens am JHWH-Heiligtum deutet auf eine ägyptenfreundliche Stimmung hin. Er benennt diesen Pashur nun neu: »Grauen ringsum«. Dies ist sofern etwas rätselvoll, weil dieser Ausdruck verschiedentlich im Buch vorkommt,[15] dort aber keine Beziehung zu Pashur erkennen läßt. Versuche einer Auflösung werden von W. L. Holladay vorgeschlagen.[16] Wir vermuten, daß Jeremia ursprünglich das Wort *pšḥwr* verwendet hat, hebräisch zu deuten als *p³ šḥwr* »Sohn der Rußschwärze« oder »Finsternis«, was leicht aus *pšḥwr* abzuleiten ist und wohl später dann als »schwarzes Grauen ringsum« gedeutet wurde. Die Explikation in V. 4-6 ist ex post entstanden.

Wenn eine frühe zeitliche Ansetzung, für die Tophet-Pashur-Episode zumindest, anzunehmen ist, die ja die kritische Linie von 609 durchaus weiter verfolgt, erklärt sich auch, weshalb Jeremia nach 36,5 im Jahre 605 Tempelverbot hatte und gezwungen, noch mehr: beauftragt war, zur literarisch-schriftlichen Verkündigung überzugehen, wie sie in der zweiten Phase seiner Jerusalemer Tätigkeit in den Vordergrund tritt. In dieser zweiten Phase – mag das nun an der Eigenart der Überlieferung liegen – begegnet ja auch vermehrt jene spektakuläre Auftrittsform der Zeichenhandlung, wie sie die Kap. 26-43 beschreiben.

Der spektakulärste Auftritt wird in Kap. 27f. geschildert. Die Aktion »Joch« wird dabei zur dramatischen Auseinandersetzung. Und die Szene wird zum Tribunal. Jeremia macht sich aus Hölzern des Rinderrüstzeugs ein tragbares Joch, um den zur Konferenz in Jerusalem versammelten Diplomaten aus den Nachbarländern die politische Richtung zu weisen. In diesem Zusammenhang ist auch das Theologumenon von Nebukadnezzar als »Knecht JHWHs« (»mein Knecht« 27,6) überliefert, dem die Weltregierung anvertraut ist und dem es sich jetzt zu unterwerfen gilt. Es ist das Jahr 594.

Der Prophet Hananja wird zum Mitakteur und Kontrahenten Jeremias, indem er das Joch zerbricht mit dem JHWH-Wort: »Hiermit zerbreche ich das Joch des Königs von Babel« (28,2.10f.). Jeremia, überrascht und konsterniert, vermag nur zu sagen: »So sei es« (*'āmēn*, 28,6). »Und Jeremia, der Prophet, ging seines Weges« (28,11). Er erhält neue Weisung, sich ein Joch aus eisernen Stangen zu machen (28,12ff.). Er erkennt, daß Hananja kein Gotteswort verkündet hat, und spricht ihm das Urteil (28,15ff.). Hananja überlebt das Jahr nicht. [17]

Was die in 25,15ff. bezeugte Aktion »Taumelbecher für die Völker« angeht, ist eher an eine Vision zu denken als an einen doch wohl schwer vorstellbaren Akt des Völkergerichts, wobei ein Giftbecher gereicht wird (III.2.2). [18]

Konkret und vorstellbar sind hingegen die in Kap. 32f. beschriebenen Handlungen, allen voran der Ackerkauf im Jahre 588/7 nach Kap. 32. In der durch ein ägyptisches Entsatzheer ausglösten Belagerungspause kommt Jeremias Vetter Hanamel nach Jerusalem, um ihm, dem das Vorkaufsrecht zusteht, einen Acker in der Flur Anatots zu verkaufen. Das Geschäft wird unter Zeugen im Wachhof des Tempels, wo Jeremia in Haft gehalten wurde, abgewickelt, unter anderem auch im Beisein Baruchs. Die Verkaufsurkunden werden gefertigt und unterzeichnet, wie es offenbar der Brauch war (32,8ff.). Am Schluß des Handels benützt Jeremia die gebotene Gelegenheit, ein Zeichen zu setzen. Er übergibt beide Urkunden, die offene und die versiegelte Rolle[19], – nicht, wie eigentlich vorgesehen, nur die versiegelte, während die offene beim Käufer verbleibt – dem Schreiber Baruch mit den Worten: »So spricht JHWH, ...: Nimm diese Briefe, nämlich diesen versiegelten Kaufbrief *und* diesen offenen Brief, und tue sie in einen Tonbehälter, damit sie lange Zeit erhalten bleiben« (32,14). Nach 32,15 fügt er ein weiteres Gotteswort hinzu, daß man nämlich »noch einmal in diesem Lande Häuser, Äcker und Weingärten kaufen« wird. Doch dieses Wort klingt wie ein Nachtrag, der das erste in bonam partem interpretieren will. Denn dieses besagt, zusammen mit der Übergabe der ihm gehörenden Besitzurkunde zur Verwahrung ins Archiv, daß es »lange Zeit« dauern wird, ehe man wieder so etwas tun kann, und daß vor allem er, Jeremia, nicht glaubt, daß er den Acker noch einmal in Besitz nehmen kann. So tritt er faktisch sein Recht ab, weil in dieser Endzeit solche Rechte ausgesetzt sind. Von Hoffnung keine Rede.

Die Aktionen gegen Häuserabriß (Kap. 33), zum Verstoß gegen die Amnestieverordnung betreffs der Schuldsklaven in der Stadt (Kap. 34) und zum Test der Standhaftigkeit der schwer angeschlagenen, weil in die festen Stadtmauern geflohenen Gruppe der Rekabiten (Kap. 35), letztere in einem besonderen Lokal in einem Nebengebäude des Tempels (35,3f.), sind Interventionen gegen politische Maßnahmen der Regierung Zedekia und haben als solche ebenfalls Zeichencharakter. Die Überlieferung hat sie jeweils zum Thema einer besonderen »Predigt« gemacht. Sie zeigen, daß Jeremia nie aufgehört hat, tätige Opposition im Namen JHWHs zu betreiben, auch nicht, als die Handlungsräume für ihn immer enger wurden. Und offensichtlich verstand er auch seine Entscheidung für Mizpa und gegen Babylon, die ihm die Babylonier freigestellt hatten (40,1ff.), als ein Zeichen und Signal. Außer Baruch aber (und den Babyloniern) nahmen davon nicht viele Notiz, am wenigsten die Fluchtgruppe, die in Ägypten ihr Heil suchte und den Propheten zum Mitgehen zwang.

Die letzte überlieferte Zeichenhandlung führte Jeremia in Ägypten aus (43,8-11). Sie hat klassischen Zuschnitt: Sie nimmt Zukunft vorweg. Der Prophet verbirgt zwei große Steine im Pflaster *(meleṭ)* [20] am Eingang zum »Haus des Pharao«, wohl dem Gouverneurspalast o. ä. in Tachpanhes (Daphne) im östlichen Nildelta, dem Zielort der Flüchtlinge aus Juda. Die judäischen Männer sind Zeugen. Das begleitende Dictum deutet das Zeichen. Der babylonische König Nebukadnezzar wird an der markierten Stelle Thron und Baldachin *(šprwr)* [21] aufschlagen und von da aus Ägypten besiegen, soll heißen: Dem babylonischen Großkönig entkommt man nicht, auch nicht in Ägypten. Das Zeichen galt den judäischen Flüchtlingen. Es ist nicht sicher, ob und wie sich die Vorhersage erfüllt hat.

3. Aktion und Passion

Überschaut man die Kette der Zeichen, die sich durch Jeremias Wirksamkeit zieht, wird man sagen können, daß solche Aktionen Teil seiner Verkündigung sind. Doch weder ist ein Plan noch ein Konzept erkennbar, noch läßt sich aus den Anlässen auf kalkulierte Zielsetzungen schließen, so daß der Eindruck sicher richtig ist, daß Jeremia solche Inszenierungen seines Wortes bei Gelegenheit vorgenommen hat, wenn die Situation es nötig machte oder dazu einlud. So ist auch den Inszenierungen keine besondere dramaturgische Idee oder Regie zu entnehmen. Sie unterscheiden sich nur unwesentlich von Aktionen etwa eines Jesaja, mehr schon von denen des eigenwilligen Hesekiel. Was sie aber unterscheidet, ist das Gleiche, was eben die Texte nach Tonart, Stil und vor allem nach Gehalt und Sinn unterscheidet. So tragen auch Jeremias Zeichenhandlungen seine Handschrift, was nicht zuletzt die Prophetensprüche verdeutlichen, welche den Aktionen mitgegeben sind, vielmehr: welche durch die Aktionen erhöhte Wirkung erhalten sollen. Darum geht es mehr um Beleuchtung und Verstärkung der Worte, um die verbesserte Resonanz in der Öffentlichkeit, als um ein gänzlich neues Medium prophetischer Kommunikation. Es sieht nicht danach aus, daß sich Jeremia darüber Gedanken grundsätzlicher Art gemacht und neue Formen gefunden hätte. Wohl aber scheint es, als ob seine Schüler und Tradenten, allen voran Baruch, sich solche Gedanken gemacht hätten.

Es fällt ja auf, daß die Zeichenhandlungen nur in wenigen Fällen und nur zum Teil auf Eigenberichte Jeremias zurückgeführt werden. Ich-Berichte finden sich in Kap. 13; 16; 18; 25; 32. Es dominiert aber auch hier der Fremdbericht, d. h. der Bericht der Augen- und Ohrenzeugen, denn nur Teilstücke jener prosaischen Überlieferungen in Kap. 13; 16; 19f. können mit der nötigen Wahrscheinlichkeit auf authentische Zeugnisse des Propheten selbst zurückgeführt werden. Sie gehören in ihrer Mehrheit der erzählenden Literatur an, die ihre Vorstufe in der sog. Prophetenlegende hat. Auch der Tagebuchbericht, der wahrscheinlich dem Sekretär Baruch zuzuschreiben ist (Kap. 37-45), zeigt sich in seiner Grundform davon beeinflußt.

Denn für ihn könnte die Einsicht ausschlaggebend gewesen sein, die sich bei der Erinnerung an Jerusalems und Jeremias

letzte Jahre nahelegen mußte, daß es nicht bloß die prophetischen Worte waren oder die prophetischen Zeichentaten, in
denen sich JHWHs Wort Bahn zu brechen suchte, sondern
daß eigentlich sein ganzes Leben und Leiden zeichenhaft als
Offenbarung des Gottesworts zu verstehen ist. Daraus entstand die Idee, eine Geschichte der Passion Jeremias als der
Geschichte des *d^ebar JHWH*, des Wortes Gottes zu schreiben,
wie es sich in der Katastrophe zu Gehör brachte und zugleich
erfüllte. Oder anders gesagt: Der Untergang Jerusalems war
die Zeichenhandlung, mit der JHWH das Wort seines Spre-
chers bestätigte. Diese Erkenntnis führte dazu, ein Protokoll
aller Ereignisse in Form eines Annalenberichts anzulegen, in
der Meinung, der Tatsachenbericht als Zeichenbericht spreche
für sich selbst. Zugrundegelegt wird ihm das Bekenntnis, daß
es der Nabi Jeremia war, in dem sich der *d^ebar JHWH* verkör-
pert hat, daß sein Leiden das Leiden des Gotteswortes bedeutet, das in der Ohnmacht des Kerkers und im Untergang der
Stadt lebendig bleibt, vielmehr gerade seine Macht erweist.
Die Tradenten schließen sich dem an und schaffen so das
Buch vom »Geschehen des Wortes JHWHs zu Jeremia«,[22]
dessen Passion Zeichen der Aktion Gottes ist.

3. Selbstzeugnisse

1. Die sogenannten Konfessionen

Die Passionsgeschichte Jeremias in der Zedekia-Ära wird
uns von Zeugen, allen voran wohl Baruch, erzählt. Die
Passionsgeschichte der prophetischen Krise hat Jeremia selbst
niedergelegt. Die Texte, die diese Geschichte dokumentieren,
sind bekannt als die Konfessionen Jeremias. Der Begriff ist –
von Augustin entlehnt – vielleicht geeignet, die stark über-
arbeiteten Überlieferungen in ihrer C- und D-Rahmung zu
charakterisieren, wobei wohl noch eine psalmistische Überfor-
mung hinzukommt.[1] Was diese Partien in Kap. 11-12; 15; 17;
18 und 20 im literarischen Kern bieten, sind jedoch eher La-
mentationen als Konfessionen, d. h. Klagen, genauer Klagegebete[2] Jeremias und – in einigen Fällen – Antworten Gottes, die
ihm offenbar zuteil wurden.

Die Analyse dieser Textpartien ist eine lang schon erkannte, geradezu klassische Aufgabe der Prophetenforschung. Sie
muß solange in Angriff genommen werden, bis sich eine Lö-

sung anbietet, welche den Grundproblemen der Jeremia-Texte gerecht wird. Soweit ich sehe, zeichnen sich einige Konturen ab.[3] Indes scheint das Hauptinteresse sich begreiflicherweise wegen der analytischen Schwierigkeiten wieder mehr auf die überlieferten Fassungen zu richten. Man sucht – zu Recht – das Prophetenbild späterer Zeit, das sich hier niedergeschlagen hat.

Legt man dieselben kritischen literarischen Maßstäbe wie an andere Jeremiatexte auch an die sog. Konfessionen an, kann man aber – wie es Beispiele belegen – durchaus zu plausiblen Annahmen kommen, plausibel deshalb, weil sie zu den Jeremiaworten der Verkündigung passen, insofern sie dieselbe Handschrift zeigen wie diese. Die Textanalysen werden an Ort und Stelle vorzuführen und zu begründen sein.

Zunächst geht es um die Frage nach dem Grund der Aufzeichnung solcher persönlichen Texte. Man kann natürlich sagen, daß ein Prophet, vorgestellt etwa nach Art eines Hosea, sein ganzes Leben und eben auch dessen private und innere Seiten in den Dienst seiner Verkündigung zu stellen hatte und daß auch Jeremias Lebenskrise davon nicht ausgenommen sein konnte. Und in der Tat sah dies die Nachwelt so, angefangen von den Tradenten und Editoren seiner Worte und Taten. Diese gewannen im Nachhinein auf dem Hintergrund der jeremianischen Klagen eine durchschlagende Glaubwürdigkeit, weil die Menschlichkeit auf diese Weise zum Medium der von ganz anderswo herkommenden Offenbarung wurde. Nur der »Prophet wider Willen«[4], der leidende Prophet, der mitleidende Prophet ist der echte und wahre Prophet.

Dem Betroffenen selbst werden solche Überlegungen fern gewesen sein. Jeremias Niederschrift seiner Klagegebete und der erhaltenen Erhörungsbescheide könnte so am ehesten verstanden werden nach Art und Weise, wie die Psalmbeter ihre aus der Not gesprochenen Gebete, nachträglich zumeist, zu Papyrus oder Pergament gebracht und mit Erhörungszeugnissen versiegelt und bewahrt haben.[5]

Jeremia aber war, entgegen der Tradition, die ihn zum Psalmdichter – man denke an Ps 6; 31 u. a.; er wurde ja selbst in der Auslegung zum Protagonisten des Klagelieds des Einzelnen gestempelt – und zum Verfasser der Klagelieder d. i. des Büchleins Threni machte,[6] kein Psalmist im Sinne der Klagepsalmen. Er blieb, auch wo er betete und dabei von sich sprach, der Nabi und prophetische Dichter, als der er sich in seinen Orakel-Sprüchen und -Dichtungen, in seinen Visionen und seiner Kritik erwies.

Da es anzunehmen ist, daß er jene »Worte«, sobald sie sich fanden (15,16), gleich niedergeschrieben und gestaltet hat oder, was dem nahekommt, eine Zeitlang fest im Gedächtnis hatte, ist es naheliegend, daß dies auch für die Klagen und »Konfessionen« galt, eben vor allem für die denkwürdigen Antworten, die er als Gottesworte empfing.

Die Niederschrift lag so auf der Linie seiner prophetischen Arbeit.[7] Ihr Zweck jedoch mag ein anderer gewesen sein als bei den thematisch davon unterschiedenen »Botensprüchen«. Er lag wohl eher darin, was die sog. Berufungsberichte sonst intendierten, nämlich, auch für sich selbst eine Legitimation und Begründung der Verkündigung zu haben. Insofern sind die Konfessionen Jeremias – wie übrigens auch die sog. Gottesknechtslieder des Zweiten Jesaja – Zeugnisse, die zur Berufung des Propheten gehören oder zumindest mit dieser in Beziehung stehen.[8] Die Rückbezüge der genannten Texte auf Kap. 1 bestätigen dies.

Es mag zuletzt auch so sein, daß die Niederschrift dem Propheten zur Bewältigung der Krisen verhalf. Gerade bei der letzten Klage in Kap. 20, dem absoluten Tiefpunkt der Geschichte der prophetischen Passion, wo jedes Zeichen der Hoffnung fehlt, blieb nur das schriftliche Zeugnis. Gab es ihm die Möglichkeit, aus dieser Tiefe wieder herauszukommen? Wir wissen es nicht. Die Editoren der Kap. 1(2)-25 beginnen unmittelbar danach mit den Anhängen (Kap. 21ff.). Auch daraus sind Schlüsse auf die biographische Situation nach Kap. 20 nicht zu ziehen.

2. Krisen und Klagen

Krisenerscheinungen läßt die Frühverkündigung nicht erkennen. Über den Israel-Worten der Kap. 2f.; 30f. hängt zwar ein Klageton, doch er erklärt sich aus dem Mitgefühl mit der desolaten Situation im Lande Ephraim, das der Prophet ja als seine weitere Heimat ansah. Wenn indes das Metallprüfer-Gleichnis 6,27-30 – was nicht unwahrscheinlich ist[9] – in diese frühe Zeit gehört, hätten wir ein erstes persönliches Gotteswort an Jeremia, das wegen seiner impliziten Kritik aufhorchen läßt. Der Prophet wird hier in seiner Funktion definiert als jemand, der bei einem technisch-industriellen Prozeß die Aufsicht führt und das Ergebnis begutachtet: »Zum Metallprüfer habe ich dich gesetzt, in meinem Volk zum Kontrolleur« (6,27). Das klingt, als ob Anlaß bestanden hätte, den

Propheten auf seine Kompetenzen festzulegen und ihn darauf aufmerksam zu machen, daß er eindeutige Testergebnisse abzugeben hatte: »verworfenes Silber sagt man dazu!« War Jeremia in seiner elegischen Stimmung zu weit gegangen? Oder war er aus Sympathie mit den Landsleuten zu wenig eindeutig und entschlossen im Urteil gewesen? Oder hatte er gar versucht, in den Läuterungsprozeß, der nach dem Abzug der Assyrer in den Nordgebieten in Gang gekommen war, einzugreifen, da beschönigend und dort entschuldigend? Denkbar ist das schon, wenn man die Reihe der frühen Sprüche und Gedichte Revue passieren läßt, auch im Blick auf die in jenen Kapiteln feststellbaren Nuancen in der Beurteilung – man vergleiche Kap. 2 mit 3 und beide mit 30f. Doch Kritik solcher Art löst sicher keine persönliche Krise aus, macht doch wohl eher nachdenklich und einsichtig. Interessant ist es aber schon, zu sehen, wie der Prophet zurechtgewiesen wird. Denn darin wird eine Korrektur seiner – sagen wir einmal – Amtsführung sichtbar, auf jeden Fall ein Tadel an einem allzu intensiven Engagement, das offenbar den jungen Jeremia auszeichnete. Und allemal ist es ein Dämpfer, den er zu verkraften hatte. In diesem Sinne ist die spröde technische Sprache beachtenswert, mit der Jeremias heißes Mitgefühl und glühender Zuspruch, wohl auch zu seinem Besten, abgekühlt wird.

Erste Anzeichen von Fragen und Zweifeln an seiner Tätigkeit begegnen in der nach 609 anzusetzenden Verkündigung. Dies ist nicht verwunderlich, denn die mit den Unheilssprüchen (»der Feind aus dem Norden«) und den Äußerungen öffentlicher Kritik an den Grundfesten des judäischen Staates (Tempelrede Kap. 7; 26) provozierte Reaktion konnte nicht ausbleiben und mußte auf den Urheber selbst zurückschlagen. Die erste Todesdrohung erfolgte ja bereits 609, und sie blieb wie ein Damokles-Schwert über Jeremia, und zwar Zeit seines Lebens, hängen. Man wird nicht annehmen wollen, daß diese ständige Gefahr ohne Wirkung auf Jeremias Selbstgefühl geblieben ist. Die Klagen wie 4,19ff. z. B. und die Gedichte über den »Tod und die Stadt« zeigen, daß die Tonart gewechselt hat und das Thema, und damit auch die Befindlichkeit des prophetischen Dichters. Mag er selbst zunächst noch unangefochten, von seinem Auftrag erfüllt gewesen sein, so gibt es doch indirekte Hinweise und direkte Zeichen, daß sich das änderte. Von Baruch wird eine kritische Phase um 605 im Zusammenhang mit der Urrolle (Kap. 36) berichtet (Kap. 45).

Er erhält ein Trostwort, das ihn schwerlich ganz getröstet haben kann. Die Situation war ja für beide höchst gefährlich. Jeremia denkt gelegentlich an Flucht und Emigration.

> O daß ich eine Herberge hätte in der Steppe!
> So wollte ich mein Volk verlassen...
> Denn sie sind alle Ehebrecher, eine Rotte von Treulosen. (9,1f.)

Einen Versuch macht er jedoch nicht. Die Klage bricht aus ihm heraus:

> Wehe mir ob meines Bruchs!
> Der Schlag ist unheilbar!
> Ich sprach: Es ist mein Leiden,
> ich muß es tragen. (10,19)

Der Vers 10,19 gehört nicht in den Kontext von 10,17f. 20ff. Dies ist ein Gedicht für sich. Vielmehr gehört er wohl mit 10,23ff. zusammen und bildet eine – später ergänzte (10,25) und verarbeitete – prophetische Klage (Metrum: Totenklage 3+2). Beachtenswert ist zuerst, daß der Prophet sich als beschädigt (Bruch, Riß), verwundet (Schlag) und krank bezeichnet, was zunächst auf seinen seelischen Zustand bezogen werden muß. Er sieht sich großen Spannungen und Zwängen ausgesetzt, die ihn zerstören. Er weiß zwar, daß ein Mensch nicht Herr ist über seine Wege und Schritte (10,23). Aber er wußte nicht, daß er derart ins Räderwerk der Gewaltabläufe geraten würde, daß ihm nur noch der Klageruf bleibt.

Beachtenswert ist ferner, daß er bildhaft von einem Riß (*šbr*) spricht, der durch ihn hindurch geht. Es ist nicht unmöglich, daß das Wort, das vom Zorn Gottes spricht, das sich an 10,23 anschließt, auf Jeremia und die Deutung seiner ruinösen Situation zurückgeht.

Beachtenswert ist vor allem, daß diese Klage Ausdruck eines Dilemmas ist, aus dem Jeremia einen Ausweg nicht mehr sieht und er sich sagen muß, daß ihn sein Auftrag in diese Zwangslage gebracht hat. Dazuhin spürt er, daß er die Worte »Es ist mein Leiden, ich muß es tragen«, die er in Hiob-ähnlicher Akzeptanz (Hi 1,21; 2,10) gefunden hat, bald wohl nicht mehr sprechen kann.

Zwei Faktoren kommen hinzu und verschlechtern, so unterschiedlich sie sind und so wenig sie datierbar sind, längerfristig die Situation. Der erste ist zu beschreiben als eine Art Gebetskrise. Die Zeugnisse sind schwer greifbar und schlecht einschätzbar. Aber der wiederholte Verweis für Jeremia, für dieses Volk keine Gebete mehr zu sprechen (7,16; 11,14; 15,1) muß wohl eine reale Basis in einem bestimmten Ereignis haben. Es geht wahrscheinlich nicht – wie man früher meinte – um ein Fürbitteramt des Propheten. Es ist zweifelhaft, ob es ein solches überhaupt gegeben hat. Näher liegt, daran zu denken, daß Orakeleinholung auch bei einem Nabi wie Jeremia mit Gebeten verbunden war (vgl. 37,3ff.; 42,1ff.). Daß dabei besondere Anliegen des Propheten zur Sprache kamen, ist leicht begreiflich, aber auch, daß solche dem Orakelgeber und -herrn lästig geworden sein könnten, vor allem, wenn sie eine gewisse Penetranz annahmen. Darf man daraus schließen, daß der Dialog im Gebet dadurch nicht unbeeinträchtigt war und das Wortereignis der Inspiration dadurch getrübt wurde?

Der zweite Faktor ist die Tatsache, daß es Jeremia auferlegt war, ehelos und d.h. ohne familiäre Bindung zu leben. Kap. 16 erklärt, weshalb das so war. Es war eine symbolische Handlung angesichts der letzten Tage vor dem Ende. Sie bedeutete für den noch jungen Jeremia völlige Vereinsamung, weil ja auch der Besuch im »Gemeinschaftshaus« (wohl eine Art Kult-, bzw. Vereinslokal, 16,5) und im »Trinkhaus« zugleich untersagt wurde, aus eben denselben eschatologischen Gründen (16,5. 9). Auf diese Weise war Jeremias Leben bar jeder sozialen Einbettung, zumal ja die Familie und das Dorf, aus denen er stammte, die gewohnte Sozialbeziehung bewußt zerschnitt (11,18ff.). Mindestens eine schwere zusätzliche Belastung muß man in dieser Tatsache sehen, daß es dem Propheten verwehrt war, in einem *bajit* (Haus), einem *sôd* (Freundeskreis) oder einer *'îr* (Dorf- oder Stadtgemeinschaft) zu leben. Es ist schwer vorstellbar, wie ein Mensch, dazu ein antiker Mensch, dies alles aushalten kann.

Die sog. Konfessionen offenbaren denn auch außerordentlich kritische Situationen im Leben des Propheten. Da sie schwer datierbar sind und nur durch textliche Abfolge zueinander in Beziehung gesetzt sind, gehen wir am besten von Station zu Station und beginnen mit dem Textkomplex 11,18-12,6.

3. Gebetszeugnisse

1. Kap. 11f.

Die Analyse der ersten Konfession wird entgegen der Komplexität des Textes dadurch erleichtert, daß allzu disparat zusammengestellte Teilstücke jedenfalls noch die Bauelemente im einzelnen erkennen lassen. Zu den Basisteilen zählen wir 11,18f.21-23; 12,6 als wie immer zustande gekommene Lagehinweise, welche in ihrer Konkretion schwerlich erfunden sind, vielmehr auf prophetische Notizen oder Berichte zurückzuführen sind, sowie den poetisch gestalteten, vierzeiligen Doppelstichos (12,5), der ein Gotteswort an Jeremia festhält. Alles Übrige ist sekundär (C), ja tertiär (post D?), z. T. anderweitig entlehnt und als Dublette einzuschätzen, z. T. psalmistisch ausgeschmückt und übermalt und darum ohne Aussage auf der Primärebene.

Diese aber läßt eine Rekonstruktion der Rahmensituation zu. Völlig unerwartet, wie ein zur Schlachtung geführtes Lamm (11,19), sieht sich Jeremia konfrontiert mit den Mordplänen seiner Familie (12,6) und der »Bürger von Anatot!« (11,21). Während die Bürger von Anatot auf ein Ende der Nabi-Tätigkeit Jeremias durch Tötung sinnen – überliefert ist das etwas beschädigte Dictum: »Wir wollen den Baum in seinem Saft (?) umbringen« (11,19), oder : »Soll er nicht von unserer Hand sterben?« (11,21) –, geht die Familie anders vor. Brüder und Verwandte rufen ihm bekanntlich nach: »Er (es) ist voll«, soll heißen: betrunken (12,6). Der Plan schlägt fehl , aber Jeremia hat es schwer getroffen. Er hatte mit einem Schlag sein soziales Umfeld, seine Heimat, seine Familie verloren, war plötzlich allein, ganz auf sich gestellt. Es ist – mit der Buchedition – anzunehmen, daß der Vorfall in die »kritische« Zeit Jeremias, also in die Jahre nach 609 gehört. Eine Gebetsklage entringt sich ihm. Ihr Wortlaut ist aus 11,18-23 nicht rekonstruierbar. Auch 12,1-4 bietet anderes Material aus theologischer Reflexion. Erstaunlicherweise aber ist die Gottesantwort erhalten. Sie bildet einen der denkwürdigsten Texte aus der Prophetie und weit darüber hinaus.

12,5 Wenn du mit Fußsoldaten läufst und ermüdest
        wie willst du den Kampf bestehen mit Rossen?
Und: Fällst[10] du schon hin im friedlichen Land,
        wie wird es dir ergehen im Hochwuchs des Jordans?

Die Antwort besteht aus zwei Sprüchen in rhythmischem und klangvollem Stil, die einen Parallelismus membrorum bilden. Das Metrum ist 4+4||4+4. Auffallend sind die Klangfiguren, vor allem in der ersten Doppelzeile. Das gutturale *r* imitiert das Keuchen der Läufer; die rollenden Wagen werden mit dem ratternden *t^etaḥ^arê* untermalt. Im Angelpunkt der Satzmitte steht das emphatische *'ēk* »wie«, das sonst Klagetöne ausdrückt, und wird wie im Echo variiert (*'ēk/-ûk-(a) ||'ēk/ -ṭēḫ*). Zu diesem Zweck wählt der Prophet offenbar das seltene Wort für ›fallen‹. Aber auch das Wort für den Wettkampf ist sehr selten belegt. Es kommt bezeichnenderweise noch im Spruch gegen Jojakim (22,15) vor, dem ein ganz unköniglicher Wetteifer beim Bauen vorgeworfen wird.

Die beiden Sprüche in Frageform leben aus Gleichnissen. Das erste spricht wohl vom militärischen Wettkampf der Truppenteile Fußvolk, Wagenkolonne (oder Reiterei – sie kommt eben erst als neue Waffe auf), beide von unterschiedlicher Schnelligkeit. Das zweite Gleichnis erinnert an das Dickicht in der Jordanaue, einen echten Urwald , wo es nach der Darstellung des Madeba-Mosaiks im 6. Jh. n. Chr. noch Löwen gab. Ihm wird das gerodete, kultivierte, d. i. der Wildnis abgerungene Land gegenübergestellt, das »befriedete« Land, wo Menschen leben.

Die rhetorischen Fragen sind eine herbe Zurechtweisung des klagenden Propheten. Sie bringen zweierlei zum Ausdruck: einmal, daß prophetisches Leben keine normale Existenz ist, unter Fußvolk, auf beackerter Scholle, vielmehr eine außergewöhnliche, mit härteren Anforderungen und Belastungen, sozusagen auf Neuland mitten im Urwald; zum andern, daß der prophetische »Normalfall«, also der Extremfall, noch gar nicht eingetreten ist und insofern noch gar kein Grund zur Klage besteht. Die prophetische Klage wird zurückgewiesen. Man nimmt zur Kenntnis, wie hart der Prophet hier angefaßt wird, in einer Situation, die für ihn schrecklich gewesen sein muß. Er jedoch notiert diese Worte.

2. Kap. 15

In der Abfolge der gesammelten Worte folgen nach Kap. 14f. die Ereignisse, welche eine Dürreperiode in Juda ausgelöst haben und welche – von den Hinweisen auf ein Fürbitteverbot war schon die Rede – schließlich in der kritischen Situation kulminieren, die in der sog. zweiten und dritten Konfession 15,10-21 ihren Ausdruck findet. Als Grundbe-

stand dieses Komplexes erkennen wir zwei Dialoge oder zwei
Gänge eines Dialogs, die in ihrer ursprünglichen Form dem
beschädigten Text zu entnehmen sind und in der Rekonstruktion etwa so wiedergegeben werden können:

15,10   Weh mir, Mutter, daß du mich geboren:
        einen Mann des Haders und des Streits (für alle Welt)!
        Nicht Schuldner bin ich und nicht Gläubiger,
        doch alle verfluchen mich.

   11   Es sprach JHWH:
        Habe ich dich nicht hart gemacht gegen Gerede?
        Habe ich nicht (es) dich treffen lassen?...
   12   Zerbricht Eisen...?
        Eisen vor Pfeilspitzen aus Bronze?

Der schwierige Text ist in seinem zweiten Teil (15,11) nur
zu verstehen, wenn man sieht, daß im Zentrum das Gleichnis
vom Schutzpanzer des Propheten steht, das ja auch in 1,17f.
eine Rolle spielt. [11] Dann allerdings fügen sich die Details zum
Bild. Der Prophet trägt einen Brustpanzer (*śrjn*). Geschosse
prallen an ihm ab. Pfeilspitzen – sie waren nach den Funden
in Jerusalem in jener Zeit z. T. aus Eisen, z. T. aus Bronze –
können einem Schuppenpanzer, zumal wenn er aus Eisen-
platten besteht, wenig anhaben. Diesen Sinn etwa hat 15,12.
Der Schluß von 15,11 liegt im Dunkeln. [12]
Der erste, leichter zugängliche Teil beklagt die unerfreuli-
che Rolle, die der Prophet zu spielen hat, für die ein Vergleich
aus dem Geldgewerbe herhalten muß. Es geht in diesem ersten
Dialog wieder um Anfeindungen. Jeremia klagt darüber, daß
er überall Streit und Hader auslöst, bis hin zum Gerichtsver-
fahren (*rîb*, *mādôn*, vgl. Kap. 26). Es ist ihm so zuwider, daß
er beklagt, überhaupt auf der Welt zu sein. Mit spitzen *i*-Tö-
nen bringt er die Nadel- und Pfeilstiche zum Ausdruck (11mal
i in V. 10a), unter denen er ebenso leidet wie unter der im
Zorn nur noch lallenden (5mal *l* in V. 10b) oder gröhlenden
Menge. Der Vorwurf ist unüberhörbar – Jeremia spricht auch
im Gebet eine deutliche Sprache –: wieder Ärger! Muß das
sein, daß alles auf ihn zielt? Ist er doch nicht in unpopulären
Geldgeschäften tätig. Jeremia weiß von dem noch nicht so
lange in Jerusalem aufgekommenen, neuen Geldverkehr und
dem Fluch, der ihm anhaftet. [13]
Die Antwort, explizit als JHWH-Rede eingeführt, erinnert
den Propheten an den Schutz, der ihm gewährt ist. Es ist der

154

in der Berufungserzählung erwähnte imaginäre Panzer, der ihn umgibt. Kein dickes Fell – eher hat man den Eindruck, daß Jeremia sehr dünnhäutig und verletzlich war –, vielmehr ein göttlicher Schutzpanzer macht ihn unverwundbar. Er ist ihm zugesagt (1,17f., vgl. 15,20f.). So muß er sich darauf besinnen und sich auf diese Rüstung verlassen. Sie wehrt ab Brand- und Giftpfeile, das Gerede, Fluch und Verleumdung (*tôb* von *ṭbb*). [14] Im übrigen – so verstehen wir 15,11b – übernimmt JHWH die »Verantwortung« für diese Heckenschützen: Er hat die Geschosse auf den Propheten zugelassen, ja selbst veranlasst, indem er ihn zu seinem Vertreter und Sprecher gemacht hat. Eine bittere Erfahrung.

Mit 15,15 beginnt offenbar der Dialog von neuem. Mit einiger Wahrscheinlichkeit ist er etwa in der Weise zu rekonstruieren:

15,15   ... JHWH,
      nicht nimm mich dran, solange dein Zorn andauert!
      Wisse, Handerheben bedeutet Schmach für mich!

16   Fanden sich deine Worte, verschlang ich sie.
      Es wurden deine Worte mir zur Freude.

17   Fern deiner Hand sitze ich einsam,
      denn du hast mich mit Grimm erfüllt.

18   Wahrhaft wie ein Trugbach warst du für mich,
      Wasser, auf das kein Verlaß ist!

19   Fürwahr so spricht JHWH:
      Wenn du umkehrst, lasse ich dich wieder zurück:
        vor mich darfst du treten.
      Und wenn du Edles von dir gibst, nicht Gemeines,
        darfst du mein Mund wieder sein.

Dieser Text, herausgeschält aus einem umfangreicheren Komplex mit deutlich sekundären Zügen, bildet eine in jedem Detail stimmige Situationsschilderung. Die redaktionellen Partien sind von der Tendenz zur Verallgemeinerung bestimmt, vor allem da, wo der prophetische Konflikt nach dem Vorbild der Feindpsalmen zum Konflikt mit Verfolgern ausgestaltet ist, wie z. B. in 15,15a.17.19b-21. Diese und andere Passagen arbeiten mit Lehngut aus anderen Zusammenhängen, besonders auffällig in 15,18 und 15,19bff. (vgl. 1,18f.).

Der Stil dieser Gebetsklage unterscheidet sich von dem in 11,18ff. und 15,10ff. dadurch, daß z. T. abgekürzte Redeformen verwendet werden. Dies weist darauf hin, daß ein spezielles und persönliches Idiom durchschlägt, das der Prophet in gewohntem Umgang im Gebet offenbar verwenden konnte. Dazu gehört der Ausdruck »nimm mich dran« (dazu in unkonventioneller Wortfolge), der in diesem Jargon wohl das Annehmen, Zulassen zur Orakelfrage meint. Elliptisch ist auch der Ausdruck »mein Heben«; gemeint ist doch wohl das Heben der Hände zum Gebet. Andere Abkürzungen bleiben uns wahrscheinlich verborgen, weil nur die Betroffenen wissen, was mit den Andeutungen gemeint ist.

Doch soviel ist deutlich, daß Jeremia eine drastisch offene Rede führt. Er verweigert sich seinem Gott, und zwar deshalb, weil – wie er meint – Gott sich ihm, seinem Sprecher, verweigert hat. Das Bild vom Trugbach (15,18) macht das klar. Das Wadi bot das erwartete Wasser nicht. Der Prophet fand kein Gotteswort, als er es suchte. Offenbar hat er Situationen, in denen ihm kein Wort zur Verfügung war (vgl. 28,6; 23,28) oder sich erst mit Verzögerung einstellte (vgl. 42,7), häufiger erlebt, als ihm lieb war, so daß er jetzt, voll Zorn und Ärger (15,17b), den Dienst kündigt. Solche Szenen bedeuten Schmach (15,15b). Er fühlt sich blamiert. Er fordert, daß ihm die »Dauer des Zorns« (15,15a) mitgeteilt wird, damit er nicht umsonst das Orakel einzuholen versucht. Wir erfahren hier ganz persönliche, ja intime Gepflogenheiten des prophetischen Offenbarungsempfangs. Im glücklichen Normalfall, so hören wir (15,16), »fanden sich Worte«, und der Prophet »verschlang sie« mit Freuden. Aber die erfolglosen Handerhebungen machten ihn ärgerlich, und er begibt sich in Streik. Er setzt sich »fern von Gottes Hand« nieder und überläßt sich seinem Ärger. Er denkt über die Quelle nach, auf die kein Verlaß ist, ein Jona im Gebaren, in der Rede ein Hiob. Eine bizarre Situation, gemildert nur durch die Übermalungen von 15,17.18, die aus Jeremia einen leidenden und trauernden Büßer machen.

Aber auch die Gottesantwort redet Klartext. Sie stellt Jeremia ein Ultimatum. Noch ist der Weg zurück offen. Dann könnte er wieder in seinen »Beruf« zurück und seinem Herrn dienend aufwarten wie Elia, der nach 1. Kön 17,1 dieselbe höfische Formel verwendet: auch er steht zu Diensten, »vor Gottes Angesicht«. Doch muß er es dann unterlassen, »Gemeines« von sich zu geben – wie geschehen im Wort vom Trugbach. Noch gilt das Angebot, weiterhin »wie der Mund«, d. h. »als Mund JHWHs« tätig zu sein, als Vertreter also, Sprecher und Herold, weniger »Sprachrohr«, denn der Mund steht in organischer Verbindung zum Herzen, zur Seele, vermag adäquat wiederzugeben, was dort gedacht und geplant war. Ein Ehrentitel für den Nabi Jeremia, wenn er denn in sich gehen würde.

Zur Sprache gebracht sind hier die Grundbedingungen prophetischen Daseins mit allen Schwachstellen, die ein solches Verhältnis in sich trägt. Ein prophetisches Problem steht demnach zur Diskussion, das in jeder Hinsicht Brisanz in sich birgt. Wird es Jeremia gelingen, die Stelle wieder einzunehmen, die ihm noch einmal geboten wird?

3. Kap. 17f.

Die »Konfession« 17,14-18 überliefert keine Antwort auf die Klage. Doch steht sie im Zusammenhang einer Reihe von Sprüchen (17,5-13), die nach einem älteren Vorschlag W. Baumgartners dafür in Frage kommen könnten. Wir nehmen an,[15] daß das Steinhuhn-Logion 17,11 ursprünglich zu der Klage gehört hat und nach 17,18 umzustellen ist. Die Klage 17,14ff. beginnt mit dem Leidensmotiv »Krankheit«.

14 Heile mich, JHWH, so bin ich geheilt!
    Hilf mir, so ist mir geholfen!...
15 Sieh, diese sprechen zu mir:
    Wo bleibt denn das Wort JHWHs? Es komme endlich!
16 Ich aber habe dich nie gedrängt, als Hirte hinter dir her,
    nie herbeigesehnt den Unglückstag.
    Du weißt, was von meinen Lippen gekommen....
17   Werde mir nicht zum Entsetzen!

Weggelassen sind bei der Übersetzung Psalmelemente, die geeignet sind, die Klage zu typisieren, die Vertrauensaussagen in V. 14b. 16b. 17b und die Vergeltungswünsche in V. 18, die wie in 11,20; 12,1ff.; 15,15.21 als sekundär anzusehen sind, z. T. auch deutlich überkommene Strukturen mißachten und stören. Es geht auch hier einzig und allein um ein prophetisches Problem. Doch diesmal ist es nicht das Fehlen des Gotteswortes und der Orakelantwort, was den Propheten irritiert und Schmach einbringt (15,15). Vielmehr ist es die in 17,15f. vorgebrachte beängstigende Erfahrung, daß auf seine Ankündigungen keine Realisierung folgt. Jeremia sieht sich dem Vorwurf ausgesetzt, daß die von ihm vorgebrachten JHWH-Worte nicht eintreffen, sich nicht erfüllen. Die Wahrheit seiner Verkündigung und die Glaubwürdigkeit seiner Orakel wird damit massiv in Zweifel gezogen. Damit steht seine prophetische Existenz auf dem Spiel. Wieder ist er an einer verletzlichen Stelle gefährlich getroffen.

Er leidet ja selbst unter der Unheilsbotschaft, die ihm auferlegt ist. Er spricht vom Feind aus dem Norden, vom Tod der Stadt, dem Untergang des Reiches. Alles das betrifft ihn auch selbst. Der unheilvolle und unheilbare (*'anûš*) Tag (17,16), den er kommen sah, dieser Tag JHWHs war auch sein Tag. Ihn herbeizuwünschen, lag ihm fern. Und doch trug ihm das Nichteintreffen Schmach ein. Es war ein persönliches Dilemma, an dem er schwer litt (17,14), aus dem er keinen Ausweg sah. Denn überall warteten Schrecken und Entsetzen auf ihn – im Falle der Verzögerung Schande, im Falle der Erfüllung Leiden und Tod. In seiner Not beklagt er die Ausweglosigkeit, nicht ohne – begreiflich in der verzweifelten Lage – vorwurfsvolle, ja offensichtlich grimmige Untertöne. »Habe ich dich je gedrängt und gestoßen wie ein Hirte ein störrisches Tier« – bricht es aus ihm hervor (17,16). Wir verstehen damit den Vers nach seinem Wortlaut und leiten das rätselhafte *mr'h* von *r'h* ab mit der Bedeutung: ›auf die Weide treiben, hüten‹. Stoßen wir wieder auf nebiistischen Jargon, diesmal in geradezu zynischer Verwendung des Hirtenmotivs? Deutliche Worte fallen auch in 15,10ff., mehr noch in 20,7ff. Der Prophet kann sich das erlauben. Doch ist dies nicht fern von einer Zumutung. Als Ausbruch der Verzweiflung wird sie akzeptiert.

Wir glauben, daß mit dem Spruch 17,11 eine passende Antwort auf diesen Aufschrei erfolgte. Der Spruch wurde in einer kleinen Sammlung von weisheitlichen Logien tradiert, weil man darin wohl, und z. T. durchaus zu Recht, ein Sprichwort sah. Man bezog das Sprichwort vom merkwürdigen Verhalten des Steinhuhns auf das Schicksal des Reichen, der sein Geld durch Unrecht macht und es im Tod verlassen muß. Ein echtes Weisheitswort – doch kümmerte sich Jeremia um solche Themen? Das muß doch wohl bezweifelt werden. Was aber ist der Sinn des Gleichnisses?

11 Der ›Rufer‹ (das Steinhuhn) brütet, wo er (es) nicht gelegt
    . . .
    am Ende steht er da als Tor.

Das Steinhuhn, Rufer (*qorē'*)[16] genannt wegen seiner durchdringenden Schreie, hat nach dem Sprichwort die Gewohnheit, fremde Gelege zu brüten. Diese Fehlleistung, die durch heutige Beobachtungen offenbar bestätigt wird, kommt wohl daher, daß die Gelege der Steinhühner im Sand oft nah beieinander lagen und gelegentlich von den Vögeln nach Verlassen verwechselt wurden. Das Sprichwort vermerkt diesen Vorgang in seiner Art. Der Vogel erscheint als Tor *(nābāl),* weil er fremde Eier brütet.

Die mutmaßliche Gottesantwort bedient sich dieses Sprichworts. Daß auch der Prophet »Rufer« ist, oder in diesem Falle »Schreier«, ermöglicht eine Identifikation mit dem »törichten« Vogel. Ihm wird drastisch bedeutet, daß er fremde Eier brütet, wenn er sich um die Realisation der Weissagungen Gedanken und gar Sorgen macht. Mußte Jeremia 6,27 darauf hingewiesen werden, daß er nur der Metallprüfer und Revisor, aber nicht der Unternehmer selbst sei, wird ihm hier klar gemacht, daß er – um ein anderes Sprichwort zu benützen – bei seinen Leisten bleiben soll. Der Prophet hat sich um die Zukunft und ihre Gestaltung nicht zu kümmern. Dies geht ihn nichts an, steht außerhalb seiner Kompetenz. Er hat »Sprecher« zu sein. Die Worte hat er nicht selbst »auszubrüten«, denn vom ihm sind sie nicht.

18,19-23 enthält nach unserem Urteil keine jeremianische Klage, sondern ist ein Klagepsalm, der in der Art von Ps 35; 109; 140 u. a. über eine Feindbedrängnis spricht. Er wurde ad hoc verfaßt oder eingefügt, und zwar samt der aus Kap. 11 entlehnten Einleitung (18,18) und dem tertiär eingestellten Mittelteil: ein Jeremia-Psalm so gut wie der Jona-Psalm (Jon 2), als Selbstzeugnis nicht zu verwenden.

4. Kap. 20

Anders 20,7-18, der letzte Überlieferungsteil vor den Sammlungen 21,1ff. am Ende des Komplexes Kap. 1(2)-25. Hier finden sich, mehrfach erweitert, redigiert und arrangiert in 20,7-9 und 20,14-18 zwei Klagegebete, deren jeremianische Herkunft außer Zweifel steht. Sie sind jetzt Anfangs- und Schlußteil eines großangelegten Psalmgebets, das im Mittelstück 20,10-13 seinen liturgischen Höhepunkt hat. Die Zusammenstellung mit 20,1-6 suggeriert die Vorstellung, der nachfolgende Klagepsalm sei von Jeremia im Kerkerblock gesprochen worden oder sei jedenfalls im Zusammenhang der Ereignisse von Kap. 19f. (Symbolhandlung »zerbrochener Krug«) entstanden. Eine Datierung ist auf dieser Basis dennoch nicht möglich. Auch die letzten Klagen von Kap. 20 können biographisch nicht eingeordnet werden.

Was sie allerdings offenlegen, ist, daß der Prophet am Ende ist. Der Nullpunkt ist erreicht: Er kann und will nicht mehr.

Er wirft Beruf und Leben von sich. Die erste Strophe stellt dar, daß er nicht mehr kann. In gekürzter Übersetzung suchen wir die ursprüngliche Form wiederzugeben.

7   Betört hast du mich und verführt,
        gepackt mich und überwältigt.
    Ich bin zum Spott geworden;
        alle verlachen mich.
8   Rede ich, muß ich schreien;
        Unrecht! Gewalt! rufe ich...
9   Ich mühe mich es zu ertragen,
        ich kann es nicht mehr. «

Die Einfügung in V. 9 schwächt ab: »Ich sagte: Ich will sein nicht mehr gedenken und nicht mehr reden in seinem Namen. Da ward es mir im Herzen wie loderndes Feuer, wie ›Druck‹ in den Gliedern«. Denn nun wird das Schweigen zur Qual gemacht (nach Ps 39?), nicht das Reden und Rufen. Es ist schon so, daß Jeremia kapituliert und aufgibt. Es faßt nochmals sein prophetischen Dasein zusammen, beleuchtet grell und scharf die Berufung, welche er als Verführung brandmarkt. Er fühlt sich getäuscht, hereingelegt, ja vergewaltigt (man vergleiche im Wortlaut Ex 22,15). Harte t-Akzente und lapidare Klangfiguren unterstreichen den Vorwurf der Brutalität (V. 7a), wie das dominierende l (V. 7b) das gröhlende Gelächter widerhallen läßt, dem er sich bei seinen Auftritten ausgesetzt sah. War seine Aufgabe, den Zeterruf zu erheben und aufzuschreien, wo er Unrecht und Gewalt sah ($ḥāmās$) – man erinnere sich an das Steinhuhn-Logion (17,11: »der Rufer«), und auch hier werden gutturale Schreie imitiert (V. 8a) –, Kritik zu üben, wo er Kritisches erkannte, – die Wirkung nahm ihm den Mut und die Kraft. Jetzt gibt er auf. In einem von den Akkorden $lō'$ (»nein«) und kl (»können«, »aushalten«) getragenen, rein lautlich geprägten, grammatikalisch »zweifach abnormen«[17] Vers macht er Schluß. Denn er kann nicht mehr. Jedenfalls sagt er es so. Eine Antwort ist nicht überliefert. Die vielen Worte unterschiedlicher Herkunft, die folgen, können das nicht verdecken.

Der zweite Teil besagt, daß der Prophet auch nicht mehr will, nicht mehr leben will. Er verflucht seine Geburt.

14   Verflucht der Tag,
        an dem ich geboren...
15   Verflucht der Mann,

der dem Vater kündete:
Geboren ist dir
    ein Sohn, ein Junge...
17   Mich hat er nicht getötet...!
        daß die Mutter mein Grab,
        und ihr Leib schwanger auf ewig. «

Das Staccato sucht den hebräischen Rhythmus (2+2, wie auch in der ersten Strophe) nachzuahmen. V. 16 und V. 18 sind Beiwerk. Der ursprüngliche Vierzeiler findet offenbar das Ende nicht. Er sprengt die Form in der Schlußzeile. Die Szene ist einheitlich. Die Rede ist vom Geburtstag. Ihn trifft der Fluch. Fluchworte bedeuten Lossagung. Hier gelten sie ihm, dem Tag und dem Künder der Geburt. Sie werden wie Feinde betrachtet. In Wahrheit meint er sich selbst. Selbstverfluchung – wir wissen es von Hi 3 – ist der letzte Schritt vor dem Selbstmord. Der Tag wird verflucht, weil er das Kind am Leben gelassen hat und nicht getötet, wie so viele Kinder bei der Geburt, mit der Mutter. Die Worte sind »makaber« im wörtlichsten Sinne – Jeremia spricht vom Grab, seinem Grab; und wieder bildet er Sprachklänge. Ihm wäre es lieber als das Leben. So kann nur ein Verzweifelter sprechen. Eine Antwort ist nicht bezeugt.

Diese erschütternden Zeugnisse lassen die Frage aufkommen, wie Jeremia denn aus solchen Tiefen wieder herausgefunden hat. Wo war der Mohr, der ihn aus dem Schlamm dieser Zisterne zog? Daß er herauskam, muß daraus geschlossen werden, daß er offensichtlich die Krise überlebt hat. Dafür spricht jedenfalls eine chronologische Erwägung. Da der Prophet in den Klagen, und vor allem noch in der letzten (20,7f.), von dem Hohn und Spott spricht, unter denen er zu leiden hat, muß angenommen werden, daß dies in der Zeit vor 587/6 geschehen ist. Denn nach der Katastrophe spätestens gab es keinen Anlaß mehr zu Spott und Hohn, und jene Schmach, daß die Worte nicht eingetroffen sind, konnte ihn nicht mehr beschweren. Der Schluß ist unumgänglich, die Klagen entstammen der Zeit vor dem Zusammenbruch, die Krisen sind in die Jahre vor dem Untergang anzusetzen.

Man könnte die prophetischen Krisen mit den Leiden in Zusammenhang bringen, die Jeremia in den letzten Jahren der Zedekia-Zeit durchzumachen hatte, von denen uns vor allem Baruchs Bericht (Kap. 37ff.) Kenntnis gibt. Die Tage der Kerkerhaft – so stellen es sich auch die Tradenten von Kap. 20

vor –, die Schikanen und Folterungen, vor allem die Stunden in der Gruft der Zisterne, könnten der Hintergrund für Klage-gebete gewesen sein. Nur: Die überlieferten Grundtexte der Klagen sprechen nicht von dieser Leidensgeschichte, sondern von den Problemen des prophetischen Amtes. Daß ein Psalm-text wie 18,19-23 eine Situation in der »Grube« voraussetzt, spricht eher gegen einen Zusammenhang mit den Krisenkla-gen und auch gegen jeremianische Herkunft. Nach 37,18ff. brachte er Beschwerden über schikanöse Behandlung bei der letztlich verantwortlichen Instanz, d. h. dem König, direkt vor. Trotzdem ist nicht auszuschließen, daß äußere und innere Krisen zusammenfallen oder in Beziehung zueinander stehen. Dann aber hätte man das Recht, von einer wahren Passions-geschichte zu sprechen, deren äußerer Verlauf dem inneren entspricht. Beide führten in Abgründe und totale Finsternis. Es ist vorstellbar, daß Baruch dies so sah und darzustellen versuchte.

Die Unmöglichkeit genauer Datierungen erlaubt keine Ant-wort auf die Frage, ob der Eindruck zutreffend ist, Jeremias poetische Kompetenz sei nach 587 nicht mehr die gleiche wie vorher. Das kann am Medium der Überlieferung liegen und an der editorischen Zuordnung auch späterer Dichtungen zu den im einzelnen nicht datierbaren Sammlungen. Insofern wäre es voreilig, von Auswirkungen der Krise auf das prophe-tische Werk zu sprechen. Wahrscheinlich ist es sogar falsch. Läßt man einmal die schwerlich Jeremia zuzuschreibenden Völkerdichtungen vor allem der Babel-Kapitel (50f.) beiseite, wie überhaupt die im Baruch-Buch notierten Jeremia-Worte und -Reden, kann man immer noch mit größtem Recht darauf verweisen, daß die Krisentexte selbst, sowohl die Gebetskla-gen wie die Gottesantworten, solche Einschätzungen keines-wegs zulassen. Sie zeigen, wenn auch unter stärkerer Verwendung der Umgangssprache und des nebiistischen Jar-gons – kein Wunder, da er von seinen Problemen reden muß – keinen erkennbaren »Einbruch«, vielmehr stehen sie den großen visionären Gedichten in der Gestaltung nach Klängen, Bildern und Formaten nicht nach. Woraus zu schließen ist, daß ihm auch in der Krise gegeben war, zu sagen, was er leidet.

Geheimnisvoll bleiben die Gottesworte. Sie sind zu bewun-dern und bleiben Wunder. Vergleichbares kann ich nur in den Liedern vom Gottesknecht in Jes 40-55 und – in den Gleich-nissen Jesu finden. Und, wie diese, geben sie ihr Geheimnis nicht preis... [18]

4. Theologische Einsichten

1. *Eine Theologie?*

Kann man im Werk Jeremias eine Theologie erkennen? Die Frage ist unabweisbar, doch eine Antwort ist außerordentlich schwierig, vielleicht unmöglich. Darum ist es nötig, schon zu Beginn Klarstellungen vorzunehmen und vor allem die Prämissen darzulegen, auf denen die Schlüsse beruhen, die zu einer Lösung der Aufgabe führen könnten.

Unter der Theologie Jeremias – dies sei als erste Klarstellung vorausgeschickt – verstehen wir die in seinem prophetischen Werk greifbaren theologischen Erkenntniszusammenhänge, mit denen er versucht hat, die ihm zugekommenem Erfahrungen im ganzen zu verstehen. Diese Zusammenhänge, die Teil eines umfassenden Sinnsystems sein können, finden sich in prophetischen Schriften selten an der Oberfläche, so daß man aus expliziten Ansätzen und Hinweisen auf implizite Vorstellungen und Denkvoraussetzungen schließen muß. Ziel ist es, den Sinnhorizont zu markieren und abzugrenzen, mit dem Jeremia sich selbst, seine Person, seine Rolle, sein Werk definiert hat, um daraus zu erkennen, wie er seine Welt gedeutet hat.

Daß es sich dabei nur um eine Rekonstruktion handeln kann – zweite Klarstellung –, muß immer bewußt bleiben. Wir setzen voraus, daß es einen solchen Horizont gegeben hat und benützen ihn gleichsam als Tafel, auf der wir die einzelnen Aussagen, nach ihrem Stellenwert beurteilt, eintragen, um dadurch die Strukturen zu finden, mit deren Hilfe Jeremia gedacht hat. Die Logik der Zusammenhänge soll mit Hilfe einer solchen Nachzeichnung aufgedeckt werden, so daß im günstigsten Falle die Eigenart seines Denkens sichtbar wird.

Dabei bleiben wir – diese dritte Klarstellung versteht sich von selbst – möglichst eng am Wortlaut jeremianischer Texte. Doch will man ihren Gesamtzusammenhang bedenken, bedarf es übergreifender Begriffe und Modelle, die es verstehbar machen, wie das Einzelne zum Ganzen gehört. Wir versuchen nur, die mit »Sprüche und Gedichte« oder »Anklagen«, »Visionen«, »Zeichen« überschriebenen Teilstücke der Prophetie zu einem Ganzen zu fügen, zu dem Ganzen, das der Prophet als sein Lebenswerk geschaffen hat.

Es gibt verschiedene Versuche, die Theologie Jeremias wiederzugeben. Sie stehen meist im Kontext der Aufgabe, die

Lehrgehalte oder Inhalte der prophetischen Verkündigung zu umschreiben. Unter ihnen ragt G. von Rads »Theologie der prophetischen Überlieferungen«, besonders sein persönlicher und bewegenden Beitrag zu Jeremia, heraus.[1] Daran anschließend hat sich vor allem K. Koch um Jeremia als Denker und die »Jeremianische Metahistorie« bemüht, ein Begriff, mit dem er die von uns allgemein Theologie genannte Theoriebildung erfassen möchte.[2] Wir orientieren uns an diesen Arbeiten, gehen aber da und dort eigene Wege. Dies zur vierten Klarstellung.

Wir gehen davon aus, daß

(1) das Frühwerk Jeremias unter theologischen Gesichtspunkten gesondert behandelt werden muß. Wir können nicht davon absehen, daß die Texte aus Kap. 2f. und 30f. eine andere Prägung haben als alle anderen Überlieferungen, und müssen dem Rechnung tragen. Das heißt nicht, daß die zwei gänzlich unterschiedlichen Corpora von ganz unterschiedlichen Denkvoraussetzungen bestimmt sind, vielmehr, daß die Frage der Entwicklung und insbesondere die Frage nach der Bedeutung der sog. Berufung für die Entwicklung der Theologie Jeremias gestellt werden muß.

Wir gehen weiter davon aus, daß

(2) grundsätzlich nur echte jeremianische Zeugnisse für die Rekonstruktion der Theologie des Propheten in Anspruch genommen werden dürfen. Dazu kommen, mehr ergänzend und bestätigend, die Zeichenhandlungen, sofern sie Ausdruck theologischer Einsichten sind. Wir müssen aus bekannten Gründen eher restriktiv sein und dürfen nur Aussagen heranziehen, die nicht im Verdacht stehen, aus späterer Deutung entstanden zu sein.[3] So kommen vor allem die poetischen Zeugnisse in Betracht, von denen anzunehmen ist, daß sie Jeremias Auffassung wiedergeben.

Wir gehen dann speziell davon aus, daß

(3) eigentlich theologische Äußerungen vor allem dort zu finden sind, wo der Prophet explizit theologische Aufgaben erfüllt. Dies gilt einerseits von den Aufgaben seiner Frühzeit. Sowohl die Häufung der Aussageformen des Urteilens, Definierens, Charakterisierens in den frühen Texten – man denke an die vielen Bildworte und Gleichnisse –, wie auch die betonte, allerdings erst 6,27ff. überlieferte Aufgabenstellung, »Prüfer« zu sein, deuten darauf hin, daß er in dieser Zeit mit speziellen Aufträgen der kritischen Recherche und der theologischen Wertung beschäftigt war. Es ist zu erwarten, daß sich

dort auch prinzipielle Aussagen finden, die von dieser Tätigkeit Rechenschaft ablegen und zur Rekonstruktion seiner theologischen Auffassungen dienen können.

Andererseits gilt es von dem kritischen Werk der Jerusalemer Epoche, als sich Jeremia mit anderen theologischen Positionen auseinandersetzen und dabei die eigene offenlegen mußte. Das gilt im Konflikt mit anderen Propheten (23,9ff.; 27ff.) ebenso wie in der Diskussion mit den Weisen (8ff.), besonders aber in der Kritik am ideologischen System der offiziellen Staats- und Tempelreligion (7; 21f.).[4] Der Widerstand fordert Jeremias zur Offenbarung des eigenen Standpunktes heraus und zwingt ihm zugleich grundsätzliche Fragestellungen auf. Dadurch kommt es zu greifbaren Bekenntnisaussagen.

Wir gehen nicht zuletzt davon aus, daß

(4) auch die Klagen und Gebete insofern theologische Relevanz besitzen, als sie, im Kern jedenfalls, von Jeremias Reflexion über sich und seine Situation getragen sind. Im übrigen sind natürlich solche Äußerungen die unmittelbarsten Zeugnisse einer theologischen Existenz, weil sie praktizieren, was in den theologischen Vorstellungen zum Ausdruck kommt.

2. Theologische Elemente im Frühwerk

Zuerst also suchen wir die Elemente theologischen Denkens des jüngeren Jeremia zusammen. Dabei dient uns die weithin anzutreffende Feststellung als Ausgangspunkt, daß es vor allem persönliche Kategorien waren, die Jeremia in die Theologie eingebracht hat. Um es mit Worten von P. Volz zu sagen: »Auch der *Gott* Jeremias ist ein ganz persönliches, ganz menschliches Wesen. Er steht in der Gemeinschaft innigster Liebe zu Israel, als Verlobter, als Ehegemahl, als Vater 2,2; 3,19; 31,9; um so größer ist sein Schmerz über des Volkes Untreue, er hat den Seinen unendlich viel Gutes getan, hat ihnen die schönste Ausstattung geschenkt, ganz unbegreiflich ist ihm darum der Trotz des Volkes. Er hat ein Herz voller Empfindung: der weiche Vater, der das Lieblingskind bevorzugt, der sich über seine eigene Liebe zu dem Unwürdigen wundert und dem Verlorenen ewige Liebe bewahrt 31,3. 20, der selbst in bitterem Schmerz ein Klagelied über sein zerstörtes Eigentum anstimmt 12,7ff.«[5]

Zur Präzisierung dieser Feststellung, die nur in der zuletzt zitierten Stelle – wohl zu Recht – den Rahmen der Frühverkündigung verläßt, ist zu sagen, daß es, entgegen der Meinung von P. Volz, eben Israel, als das ehemalige Nordreich, »das Haus Jakob«, bestehend aus »allen Geschlechtern des Hauses Israel«, ist, dem die von Jeremia geschilderte »Liebe« gilt. Das gilt nach dem Gesamtkontext der Stellen, obwohl 2,1f. die Umadressierung auf Jerusalem vorgenommen hat. Es ist die Grundvoraussetzung jeremianischen Denkens und Glaubens. Er teilt diese mit dem Propheten Hosea, so daß man von einem hoseanischen Erbe sprechen kann. Es ist aber wahrscheinlich, daß dieses Erbe zur theologischen Tradition der Nordstämme gehört, die auf irgendeine Weise über Priesterkreise, denen möglicherweise Jeremias Vater Hilkia angehörte, den jungen Jeremia beeinflußt hat. Sie kann wohl als sein Glaubensbekenntnis und als Ausgangsposition seines frühen theologischen Denkens angesehen werden.

Deutlicher als die Implikationen im Blick auf Theologumena wie Erwählung, Eigentumsvolk u. ä., die diese Bestimmung des Verhältnisses zwischen JHWH und seinem Volk umfassen, sind die Linien zu sehen, die Jeremia aus dieser persönlichen Beziehung ableitet. Nicht umsonst gebraucht Volz in jenem zitierten kurzen Abschnitt das Wort Liebe vier Mal! Es geht Jeremia um die Nuancen des Begriffs (*'ah^{a}bâ*), welche die »Liebe« als engste Gemeinschaft unter Menschen erscheinen lassen, und um die metaphorische Anwendung auf Gottes Gemeinschaft mit seinem Nordreichvolk am Ende der assyrischen Epoche. Welche Farben und Klänge er dieser Metapher abgewinnen kann, zeigt das siebenstrophige Gedicht von Kap. 30f. kühn und klar. Und keine hebräische Zeile spricht dies so anmutig aus, wie der wunderbar klingende Vers 2,2. Doch diese, fast könnte man sagen: romantischen Worte dienen nur der Beschreibung eines Idealzustands, wie er längst nicht mehr bestand. Denn die intime Beziehung ist zerbrochen, schlimmer noch, wurde schuldhaft und einseitig zerstört.

Für das Verhalten der beiden Partner benützt Jeremia in diesem Zusammenhang gern die zum Begriff sich wandelnde Metapher vom »Weg« (*derek*), die geeignet ist, die Vorgänge, die zum Zerbrechen der Beziehung geführt haben, und den gegenwärtigen Realzustand zu verdeutlichen. »Wie leicht nimmst du es doch, den Weg zu ändern!« (2,36f.; 2,17). Der Begriff bezieht sich nicht nur auf die Geschichte des Gottesvolkes im ganzen, vom »Hinterhergehen in der Wüste« (2,2) an, vielmehr im besonderen auch auf die jüngste Vergangenheit und Gegenwart, da die politischen Wege zum Euphrat nach Assur und dann zum ägyptischen *šiḥ ôr* – Nil, nach Memphis und Daphne, die religiösen Wege aber in alle Richtungen, nur nicht zu JHWH führten (2,23ff.). Immer neue Bilder und Gleichnisse findet Jeremia, um dieses absurde Verhalten und die Perversität der Situation zu beschreiben und zugleich zu bewerten. Denn gemessen an den Wegen JHWHs, die wie der ewige Schnee auf dem Hermon und die auf uralten Pfaden ewigfließenden Wasserbäche (18,13ff.) unveränderlich sich gleich und sich treu geblieben sind, ist die eingetretene Lage absurd und kommt der Untreue der Geliebten, ja der Unzucht gleich (3,2ff.). Die Ursachen werden verschiedentlich erörtert. Es fehlt nicht an konkreten Hinweisen religiösen Fehlverhaltens (2,10 und die folgenden Logien, besonders 2,20; 2,27). Jeremia verwendet in diesem Kontext wohl auch traditionelle theologische Begriffe wie 'āwôn »Schuld« und ḥaṭot »Verfehlungen« (z.B. 30,15). Man kann nicht immer ganz sicher sein, ob theologische Aussagen dieser Art, auch wenn sie in rhythmisch geformten Versen stehen, authentisch sind. Doch hat man den Eindruck, vor allem im Blick auf das große Gedicht 30f., daß der junge Jeremia noch stärker mit konventioneller theologischer Begrifflichkeit arbeitet, als das später dann der Fall ist. Das zeigt seine Bemühung um das eigentlich aktuelle Problem, mit dem er sich beschäftigt, die Frage nämlich, ob und wie eine Rückkehr (šûb) möglich ist.

Es ist seit langem erkannt, daß das Problem šûb[6] für Jeremia ein zentrales ist. Nur ist dies einzugrenzen auf die ihm aufgegebene und bedrängende konkrete Frage nach dem Weg Ephraims in josianischer Zeit (3,6), als, durch die politische Großwetterlage bedingt, sich für die ehemaligen Nordreichgebiete neue Möglichkeiten auftaten. Jeremias Denken kreist um diese Möglichkeiten, die für ihn sowohl unter politischen wie unter theologischen Bedingungen stehen. Soweit ich sehe, sind es drei grundsätzliche Aspekte, die er reflektiert.

Erstens den Weg der politischen Vereinigung mit dem Südstaat, eine Rückkehr also zum davidisch-salomonischen Großreich, wie es offenbar auch der König Josia anstrebte. Die Reflexion darüber hat sich niedergeschlagen in Hinweisen auf Wiedervereinigungsmodelle, wie sie z.B. in 3,14f.; 30,18ff. und wohl auch 1,15* überliefert sind. Der Kontext der Hinweise läßt vermuten, daß er diesen Weg für gangbar hielt, dennoch skeptisch war wegen der nicht erfüllten Bedingungen einer mentalen Umkehr zu den Modellen der Vorzeit (*qedem*, 30,20).

Zweitens den Weg zur religiösen Erneuerung, d. h. zur Rückkehr zur JHWH-Religion, zur Läuterung des Glaubens an die eigene Identität als JHWHs geliebtes Eigentum. Dieser Aspekt ist es, der ihm am meisten Sorge bereitet. Denn er kann keine günstige Disposition feststellen. Es fehlt nach seiner Auffassung die Einsicht, die Erkenntnis der eigenen Untreue, ein Schuldbekenntnis, das nach überlieferter theologischer Doktrin eine wirkliche Umkehr durch Buße ermöglichen würde. Der jeremianische Anteil an Kap. 3: 3,2ff.; 3,19ff. z. B. reflektiert dieses Problem der Umkehr und kommt zu keinen positiven Ergebnis. Israel, die Abtrünnige (*mᵉšubâ*), kehrt nicht um (*lo' šābâ*, 3,6f.). Was das heißt, führen die Konkretionen der Sprüche und Gedichte vor Augen.

Drittens den Weg, den JHWH selbst bahnen wird. Jeremia baut seine ganze von Skepsis umgebene und angefochtene Hoffnung auf JHWHs neuen Weg für Ephraim. Dadurch erweist er sich als ein Prophet der sola gratia: »Israels Heil ist (allein) bei JHWH, unserem Gott« (3,23). Dieser Weg kann ausgeschildert werden (31,21f.). Er führt zurück (31,6 – nach Zion?). Man kann dazu mahnen und auffordern; selbst Zögernde und Abtrünnige könnten ihn gehen (31,22a). Er stellt ein neues Werk der Schöpfung dar (31,22b). Mit dem Begriff *br'*, dem Reservat-Wort für die göttliche Schöpfung, geht Jeremia dem Zweiten Jesaja und der Priesterschrift voraus. Jes 40 sieht die neue Straße durch die Wüste im Bau. Gen 1 beschreibt das Wunder der Schöpfung. Jeremias Hoffnung setzt auf eine neue Schöpfung in Gestalt des neuen Weges, den seine Schüler und Tradenten als »neuen Bund« gedeutet haben (31,31ff.).

Wir wissen nicht, in welchen Zusammenhang Jeremias theologische Reflexion über die Umkehr funktional hineingehört. Doch gibt die josianische Epoche und deren Ende dafür einen geeigneten Rahmen ab. Vielleicht hatte er teil an einer »öffentlichen« Diskussion des Problems in den Kreisen der Propheten, Priester und Politiker. Seine Denkansätze sind theologisch. Seine Lösungen setzen – jedenfalls ist das seine Überzeugung – ganz und allein auf neue Initiativen seines Gottes und sind sofern durch seinen Glauben bedingt.

Wir stellen gegen dieses theologische Konzept die zwei Voten, die, wenn sie in die selbe Phase gehören, sich wie kritische Stellungnahmen dazu ausmachen. Es sind die Zeichenhandlungen »linnener Schurz« (13,1-11) und das Schlußvotum 6,27-30. Beide enthalten den indirekten bzw. direkten Vorwurf, daß Jeremias theologisches Urteil nicht radikal genug ausgefallen ist und daß er allzu riskant seine Hoffnung auf Gnade gesetzt hat, ohne sicher sein zu können, daß noch Zeit für Gnade ist. Der Schurz in der Felsspalte ist »nach vielen Tagen« total verdorben und zu nichts mehr zu gebrauchen. Er repräsentiert den einstigen »Ruhm« und die »Zierde JHWHs«, »das Haus Israel« (13,11). Das Silber – hier hat der Schmelzprüfer und Kontrolleur nicht genau genug hingesehen – ist unrein und unbrauchbar: »Verworfenes Silber, sagt man dazu« (6,30). Es klingt wie eine Zurechtweisung. Der Prüfer wird selbst geprüft. Er unterliegt der Kritik der höchsten Instanz – eine Parallele zu den Antworten auf die Klagen der Konfessionen?

3. Destruktion und Reflexion

In der Jerusalemer, der babylonischen Phase ändert sich das Bild vollständig. Es ist damit zu rechnen, daß diese Änderung mit den in Jer 1 wiedergegebenen Ereignissen zu tun hat, von denen neue Impulse auf Jeremia ausgegangen sind. Sein Wirkungsfeld ist nunmehr die Hauptstadt, sein Thema das Unheil, das er über diese Stadt und das Land Juda kommen sah. ›Unheil‹ ist ein sehr allgemeiner und der Interpretation der klassischen Prophetie im ganzen entnommener Terminus der Forschung. Bei Jeremia verdichtet sich das Thema. Er spricht vom Tod. Das Todesthema beherrscht die einzelnen Sammlungen jeweils in modifizierter Form: Feind aus dem Norden (Kap. 4-6): der siedende Topf ergießt sich über die westlichen Länder (1,13); Völkerorakel (Kap. 46ff.); Königssprüche – es geht um tote Könige (21,1ff.); Prophetensprüche – den Nebiim ergeht es wie Hananja (oder Urija) (28,17) – nach 23,15 müssen sie den Giftbecher leeren; die Konfessionen als Klagen bis hin zur Selbstverfluchung (20,14ff.) und mitten darin die Gedichte zum Zyklus: »Der Tod und die Stadt« (8ff.). Die Spruchgattungen von der Grenze des Lebens: Totenklage ($q\hat{\imath}n\hat{a}$), Notklage und Wehgeschrei ($n^e h\hat{\imath}$), Weinen ($b^e k\hat{\imath}$), Weheruf ($h\hat{o}j$ und $\hat{o}j$) bestimmen die prophetische Rede nach Rhythmus und Stil. Die in jenen Bereichen traditionelle Kargheit theologischer Rede bis hin zur gänzlich profanen Aussage charakterisieren die Dichtungen. Jeremia begibt sich auf extremes Gebiet. Die Zone des Todes ist sein Terrain. [7]

Es muß nicht noch einmal ausgeführt werden, daß dies sein

persönliches Leben zutiefst bestimmt. Er hat dem Tod seit 609 ständig ins Auge geblickt, war ihm nahe und näher gekommen. Ultima latet – seine eigene Todesstunde bleibt uns verborgen. Doch Todesstunden hat er viele davor durchlebt. Und die Erfahrung des Todes bestimmt auch seine Theologie.

Wir meinen nicht (nur) die Todesangst oder ein Trauma, alle Welt sei ihm todfeind. Wir glauben, daß Jeremia in einem ganz elementaren Sinne mit der Realität konfrontiert war, die er nicht anders denn als Todverfallenheit begreifen und deuten konnte. Er sah sich – und seine Visionen und Dichtungen bezeugen dies –,seine Welt und Gegenwart dem Tode verfallen, zum Tode verurteilt, im Sterben begriffen und war verzweifelt bemüht, auf diesen Zustand hinzuweisen.

Jeremia sah und wußte, daß das große Sterben von JHWH seinen Ausgang nahm. Er war dabei – so die prophetische Grundgewißheit –,»auszureißen«, was er gepflanzt, und »einzureißen«, was er gebaut hatte (1,10; 45,4) – für Pflanzen der Tod, für Gebäude das Ende. Er hatte dazu seine Helfer und Büttel, den babylonischen Großkönig (»meinen Knecht«), den »Verderber« und den personifiziert gedachten Tod. Konkret waren Krieg, Seuchen und Hunger der Weg zum Ende.

Von den Ursachen sprach Jeremia weniger häufig als vom Ende selbst. Jedenfalls erweckt die Verteilung der Überlieferung diesen Eindruck. Doch machten seine Anklagen deutlich: Es gab Gründe genug für JHWH, Schluß zu machen mit einem Tempel, der zur Räuberhöhle verkommen war (Kap. 7), einer Monarchie, die nur noch zur Selbstdarstellung fähig war (Kap. 21f.), mit religiösen Ständen, die den Kontakt zum Ziel ihres Glaubens, Kultes, Denkens verloren hatten (Kap. 8ff; 23), und auch mit einem Staat, der seine Identität mit dem Gottesvolk aufgegeben hatte und insofern mißraten war (Kap. 18). Jedenfalls stellte es sich Jeremia so dar, der – wie es eigentlich die Aufgabe aller Propheten war – die Welt mit den Augen seines Dienstherrn ansah und die Position dessen vertrat, als dessen Sprecher er auftrat (15,19). Und er fand Gelegenheit, mehr als ihm lieb war, zum Zetergeschrei über soziales Unrecht (ḥamas, 20,8). Klage, Anklage, Gebetsklage, Gottesklage, war darum die ihm vertraute Rede, und nur selten fand er sich bereit, zum theologisch reflektierten Diskurs überzugehen.

Zu den großen theologischen Themen der Jerusalemer Tradition hat sich Jeremia nie, oder so gut wie nie, geäußert. Ihre grundsätzliche Geltung hat er nicht angezweifelt. Aber sie galten ihm als Kontrastfolie für kritische Anklagen wie in der Tempelrede. Er hat nicht geleugnet, der Tempel sei Gottes Haus und Stätte des Gebets. Doch war er zu dem Urteil gekommen, in den Augen der Besucher und Betreiber sei dieses Haus nicht mehr ein Gotteshaus, weil ihr Verhalten an eine Räuberhöhle denken läßt. Die judäische Königsideologie hat er entsprechend kritisch gegen die Inhaber des Davidthrons gehalten (Kap. 21f.). Die von ihm verwendete Metapher vom Siegel an JHWHs rechter Hand (22,24ff.) dient dazu, die Aussage vom Wegschleudern desselben zu begründen. Die Zionstheologie wird im Zitat der Klage 8,18ff. ausgesprochen. Doch wird sie als Frage gestellt und dadurch in Frage gestellt: »Ist JHWH nicht in Zion, oder ist ihr König nicht mehr da?« Alles durchdringt Jeremias radikaler Blick. Er wagt nicht, seines Gottes Sichtweise zu kritisieren.

Wegen der Abgrenzungsprobleme ist es nicht eindeutig zu klären, ob der Eindruck richtig ist, daß Jeremia nur selten traditionelle Theologumena in seine Unheilsbegründungen aufgenommen hat. Die Nachwelt sah das anders und ließ ihn deuteronomistisch reden. Aber in den sicher authentischen Texten begegnet nur selten einmal der Begriff »Zorn Gottes« oder »Tag JHWHs«, auch »Recht JHWHs«, Theologumena, die doch eine große prophetische Tradition haben. Wir neigen der Ansicht K.-F. Pohlmanns u. a. darin zu, daß Jeremia angesichts des unerhört und analogielos Neuen, wie er die Realität erfuhr, wie er die Wirklichkeit seiner Zeit und seiner Umwelt sehen mußte, wie ihm sein Gott begegnete, die alten Begriffe und Denkschemata als Klischees bewerten mußte, nicht geeignet, diesem neuen Licht Ausdruck zu geben. Er versuchte es auf seine Weise und wurde dadurch zum elegischen Lyriker.

Nur in der Auseinandersetzung begab er sich auf die Ebene traditioneller Begrifflichkeit, um von da aus zu erläutern, was er zu sagen hatte. Es gibt einige Beispiele, die zeigen, wie er argumentiert hat, und die explizit theologische Reflexion erkennen lassen.

Zuerst die theologischen Sätze (23,23f.)[8], im Konflikt mit den prophetischen Kollegen formuliert. Sie zeigen, daß Jeremia sich von einem Verständnis der praesentia Dei abheben und absetzen will, welches den »Gott der Nähe« behauptet. Die genaue Formulierung »aus der Nähe« zeigt an, daß es um Begegnungsmöglichkeiten und Kontaktnahme geht, die kultisch-liturgisch oder manisch-rituell vermittelt werden. Jeremia betont, daß, darauf bezogen, die Annahme der Gegner zu kurz greife und unangemessen sei, die mit dem Credo: »Der Tempel, der Tempel, der Tempel JHWHs ist hier« die Nähe Gottes suche. Er selbst drückt sich relativistisch so aus, daß die Dimension der Ferne fehle, die JHWH immer noch als ganz Anderen erlebt, als er, liturgisch festgeschrieben, erwartet werde und der nahe Gott zugleich der unbekannte, ferne sei, der in seiner Freiheit ist und bleibt. Ohne Frage bestimmen eigene Erfahrungen diese Aussagen, welche eine dialektische Erkenntnis der Wirklichkeit Gottes eröffnen *(Deus revelatus – Deus absconditus)*. Das Modell der beiden Dimensionen: Nähe *und* Ferne ist in dieser Form Jeremia zu danken.

Dann das Bild des klagenden Gottes. Wer so sehr Sprecher dieses Gottes ist, wird vom Mitgefühl überwältigt. Wie schmerzlich es dem Besitzer sein mußte, sein Anwesen aufzugeben und die Koppel im Urwald den wilden Tieren zu überlassen (12,7 ff.), oder dem König, seine Stadt zu einem Friedhof und Gebeinhaus werden zu lassen (Kap.19)! Mag dieses Bild eine Projektion seiner eigenen Erfahrungen sein und insoweit auch das Dictum von Volz[9] zutreffen, daß Jeremias Gott »ein ganz menschliches Wesen« sei, ist es doch aus tiefster »Sympathie«[10] entstanden und hat darin sein – wie alle Gottesbilder – relatives Recht. Daß ihm sein Gott nicht »Bild« war, Ikone, gemalt nach den altehrwürdigen Regeln der theologischen Tradition, vielmehr lebendiges Gegenüber, mit dem er Klartext redete, reden durfte, von dem er auch klarste Worte der Zurechtweisung, der Kritik und der Fürsorge hörte, hören durfte, das bezeugen auf bewegende Weise die »Konfessionen«. Sie geben keine Confessio als Credo Jeremias wieder. Aber sie dokumentieren ganz einmalig den Dialog zweier, die sich um das Gottesvolk in größter Sorge befanden. [11]

Kein anderer hat so eindrücklich auf diesen dialogischen und vermittelnden Aspekt der Prophetie, insbesondere der Prophetie Jeremias, hingewiesen wie M. Buber. [12] Für Buber ist auch Jeremia ein »Künder«, einer der die Weltsituation zu deuten hat als einen Teil des Gesprächs Gottes mit seinem Volk und den Völkern. Er transferiert die Konstellation ins Wort. »Nicht daß er die einzelnen göttlichen Urteile für Völkertod und Völkerverjüngung ausspreche, ist ihm aufgetragen, sondern daß er auf das, was an dem geschichtlichen Tage geschieht, als auf das Walten Gottes, auf das Einreißen und Neubauen des Weltbaumeisters, auf das Ausreuten und Neupflanzen des Weltgärtners hinzeige. Gott läßt seine Tat als solche vom Propheten in die Chronik des Geistes eintragen. Daß er »bestellt« ist, »um auszureuten«, bedeutet, er habe von dem Ausreuten zu sagen, daß es Ausreuten ist. Er hat zu sagen, was Gott tut. «[13] Dabei trifft er auf die Einrede der Experten. Sie deuten die Welt nach ihrem Konzept, vertreten theologisch die »Dogmatik des schützenden JHWH« und reden vom »geläufigen Gott«. Jeremia ist Gott persönlich begegnet. Im Wort der Anrede macht er ihn zur »Person«. »Um zu Menschen reden zu können, muß Gott Person werden; aber um zu ihm reden zu können, muß er ihn auch zur wirklichen Person machen. «[14] Und dann zum Grundproblem der Unheilspropheten und ihren Intentionen: »Der echte Prophet, diese zitternde Magnetnadel, die in die Richtung Gottes weist, ist ebender ›Zeit‹ verhaftet. Er ist der Situation der Stunde verhaftet, in der Gott im Werk hat, was er im Werk hat, in der somit noch nicht entschieden ist, sondern entschieden wird. Die Menschen können von ihm, dem echten Propheten, nicht erfahren, was sie erfahren wollen; sie können nur erfahren, was sie erfahren sollen, nämlich: was in dieser Stunde angelegt ist und ihnen vorgelegt wird, damit sie ihr Ja und Nein, ihre Entscheidungen und Entscheidungslosigkeiten, das geschmolzene Erz ihrer Stunde dreinfließen lassen und Gott die Materie für sein Werk liefern. «[15]

Ein drittes Beispiel ist die Reflexion über den $d^e bar$ JHWH, das Wort Gottes. Der $dābār$ war Sache des Nabi. Dies wird in 18,18 explizit konstatiert (C). Jeremia hat ihn zu seiner Sache gemacht und natürlich darüber ständig nachgedacht. Belegt ist, daß er Probleme mit dem Finden *(mṣ')* hatte, denn das Suchen war seine Daueraufgabe. Er mußte schmerzlich erkennen, daß das Wort nicht jederzeit und jedermann verfügbar war (15,16; 28,11; 42,7), sondern daß er darauf zu warten hatte. Leider bleiben die Umstände des Suchens und Findens verborgen. Doch deutet einiges darauf hin, daß sich das Suchen und Finden auf dem Wege des Gebets vollzog (11f.; 15; 17; 20; 37,3ff.; B). Andere Medien der Offenbarung, Traum, Vision, waren ihm keineswegs fremd (1,11ff.; 23,9; 24). Wir stellen uns den Vorgang mangels besserer Modelle, aber angesichts des literarischen Werkes Jeremias doch wohl nicht ganz unbegründet, nach Analogie der dichterischen Inspiration vor, wie es L. Alonso-Schökel vorgeschlagen hat, wobei dem Analogielosen gebührender Raum bleibt. [16]

Jeremia nannte, was ihm auf diese Weise zukam, $dābār$.

Daß er ihn in seine Worte faßte, war Prophetenpflicht; daß er ihn in epigrammatische Inszenierungen kleidete, war wohl seine persönliche Entscheidung. B. Duhm meinte, Jeremia »wäre ohne Zweifel auch ein Dichter geworden, wenn er nicht ein Prophet gewesen wäre, ein Dichter von hohem Range, vielleicht der beste Lyriker der israelitischen Literatur.«[17] Doch hat natürlich die Wahl der Genres mit seinem Beruf und seiner Berufung unmittelbar zu tun. Überlegungen dazu sind nicht überliefert, wohl aber Klagen über die Reaktion auf seine provokativen, monotonen Äußerungen (15,10; 20,7). Klagen auch über ein besonderes Problem, das ihm zu schaffen machte. Er mußte wohl die längste Zeit über erleben, daß seine Ansagen verklangen, ohne daß sie in der Realität der Ereignisse eine entsprechende Erfüllung fanden. Bis zur Wegführung Jojachins (598) schien die Situation zwar ernst, aber keineswegs so bedrohlich, wie sie Jeremia in seinen Visionen verkündet hatte. Der Tod war noch nicht ins Fenster gestiegen. Die Sorge, ja Anfechtung, doch den *dābār* nicht richtig verstanden oder wiedergegeben zu haben, bedrängte ihn und machte ihn krank (17,14ff.). Die Mandelzweig-Vision (1,11f.) klingt wie der Niederschlag eines tröstlichen Zuspruchs, den er – falls 17,11 so zu verstehen ist – offenbar nicht immer hören durfte: Der Wächter wacht und wartet den richtigen Zeitpunkt zum Handeln ab.

In diesen, nicht in den überlieferten Problemzusammenhang mag auch das Logion gehören, das zum meistzitierten geworden ist und das von der Dynamik spricht, die dem göttlichen *dābār* und vermittelt auch dem prophetischen Wort eigen ist: Es ist »wie ein Feuer und wie ein Hammer, der Felsen zerschmeißt« (23,29). Inwiefern Jeremia diese Gewalt des Wortes auch auf das irdene Gefäß seiner eigenen Rede bezogen hat, darüber spricht er nicht. Vielleicht hat er mehr geahnt als gewußt und auch befürchtet, welche destruktive Wucht es auslösen sollte. Man muß annehmen, daß diese Beschreibung auf den *dābār* zutrifft, der nach der Wende von 609 zu verkündigen war.

Ein Beispiel theologischer Reflexion stellt offensichtlich auch das Votum dar, das der Prophet in der Zeit der einbrechenden Katastrophe offenbar wiederholt und auf Anfrage von sich gab.[18] Die von Jeremia empfohlene Reaktion war die Ergebung. Die Könige sollten sich in ihr Geschick finden – die Ratschläge an Zedekia wiederholen dies bis zuletzt; die Stadt solle kampflos übergeben werden; die Deportierten sollen sich in ihre Lage finden (Kap. 29) – wie sich Jeremia auch selbst verhalten hat, beim Ackerkauf, bei der Einnahme der Stadt, bei der Wegführung, bei der Entscheidung für Mizpa u.s.w. Der Rat an Baruch wurde ihm Maxime seines Handelns: »Du begehrst Großes? Begehre es nicht!« (45,5). Verlangt war die Anerkennung der Tatsache, daß JHWHs Wille jetzt und zunächst der Abriß seines Werkes war.

Vorstellungen einer neuen heilvollen Zukunft hat Jeremia, trotz Kap. 29; 32 und anderen, vor allem späteren Zeugnissen – soweit wir sehen – nicht entwickelt. Jedenfalls nicht solche, welche die Gegenwart außer Betracht ließen. Seine ganze Hoffnung aber mußte es sein zu erleben, mitzuerleben, wie engagiert sich sein Gott auch noch im Untergang um sein Volk gekümmert hat. Daß daraus und aus den durch ihn übermittelten Gottesworten die Nachfahren so viel an Hoffnung und Zuversicht gewinnen konnten, wie es die Fortschreibungen der Texte offenbaren, konnte der Prophet Jeremia schwerlich geahnt haben.

Als theologischer Denker hat Jeremia wohl manche Wege beschritten. Es war sicher nicht seine Meinung, diese als Bahnen für eine neue Interpretation des Credos zu werten oder gar zu begehen. Im übrigen ist nicht einmal anzunehmen, daß sein Credo ein grundsätzlich anderes war als das seiner Zeitgenossen, sagen wir: Hananjas von Gibeon zum Beispiel. Doch er lebte anders mit dem, was er glaubte und was sich ihm als lebendiger und stärker erwies, als daß er sich widersetzen konnte. Sein Gott ging den Weg von der Ferne zur Nähe und wieder zur Ferne. Aber er umgab ihn, trotz allem, wie ein Schutzpanzer.

Zu Jeremia als Theologen zitieren wir zwei ältere Voten zum Schluß, ohne Kommentar:

»Die Religion war für ihn Sache des Herzens geworden, und das Herz konnte überall, auch in der Einsamkeit des landlosen Flüchtlings, mit Gott verkehren. Das war die Erfahrung seines Lebens und der Ertrag seines Denkens. Eigentlich war er ja schon immer ein einsamer Mensch gewesen. « (B. Duhm)[19]

»So ist Jeremia durch Kritik und positives Beispiel ein Führer der Menschheit geworden, der den Gottesdienst von der Zeremonie löste und das Wort zur Herrschaft brachte, wie dann im tempellosen Gottesdienst der verbannten Gemeinde das Wort, Schriftlesung und Schriftbetrachtung, große Bedeutung bekam. « (P. Volz)[20]

Teil IV
DIE WIRKUNG

1. Deutung und Definition

Die Überlegungen, die wir zur Wirkung Jeremias und seiner Prophetie anstellen, beschränken sich auf das, was im Buche Jeremia dokumentiert ist. Wir greifen nicht aus auf die früh einsetzende Legendenbildung, die den Propheten alsbald erfaßt und sein Leben in ihr besonderes Licht stellt. Greifbar werden dabei allenfalls Züge einer Verehrung, die auf starke Eindrücke schließen lassen, die von der Jeremia-Tradition ausgegangen sein müssen. Doch bleibt es ungewiß, inwiefern eine unmittelbare Auswirkung der Worte und Taten des Propheten anzunehmen ist. Es geht uns hier um die in der Tradition, in dem Umgang mit der Erinnerung und in der Deutung des Erbes sichtbare Nachwirkung seiner Tätigkeit, die dort ihren formulierten Ausdruck fand.

Über die direkte Wirkung auf Zeitgenossen war an verschiedenen Orten bereits die Rede. Die Reaktion der Angesprochenen, seien es Könige, Priester, Propheten oder das Tempelpublikum gewesen, war heftig, meist emotional in der Form eines Gegenschlags – Zeugnis dafür, daß man sich von einem Schlag, einem Hammerschlag (23,29), getroffen fühlte, oder begleitet mit Hohn und Spott, übler Nachrede (15,11) und Verleumdung. Seine Auftritte und Worte wurden als Provokation empfunden, wohl als gefährlich radikale Kritik an den Grundpfeilern des Systems, des Staatswesens, der Institutionen, der Ideologie, der Religion. Der Wille, solche Stimmen zum Schweigen zu bringen, die den Konsens zerstören, wurde mehrfach laut und führte zu Gegenschlägen. Eine Auseinandersetzung mit dem Kritiker fand jedoch offensichtlich nicht statt – ausgenommen vielleicht die theologische Diskussion, die unter den Propheten stattfand und sich gelegentlich auf die politische Ebene verlagerte. Von Menschen, die auf das prophetische Wort Jeremias hörten, ist nur selten die Rede. In der großen Menge, die uns im Buche begegnen, ist es eigentlich nur der Freund und Anwalt Baruch, der dezidiert zu ihm hält und sich schon zu Lebzeiten Jeremias für sein Wort einsetzt (Kap. 36). Und eben er – wenn er der Verfasser der Berichte ist – beschreibt bis zuletzt die ständige und allseitige Ablehnung, auf die Jeremia – in welcher Gestalt auch immer – stieß, auch noch nachdem die Katastrophe eingetroffen war (Kap. 42ff.).

Doch muß die Katastrophe der Jahre 587/6, als sie den Überlebenden zum Bewußtsein kam – mit einer Schockwirkung über Monate und Jahre ist zu rechen –, eine Veränderung der Einstellung gegenüber der Prophetie ausgelöst haben. Mindestens in Kreisen, die sich die Sinnfrage stellten und um die Aufarbeitung und Bewältigung des Geschehens mühten. Die Sinnkrise oder im Blick auf die theologische Welt: die religiöse Orientierungskrise führte dazu, sich jener Stimmen zu erinnern, welche das Unheil voraussagten und Gründe zu nennen wußten, weshalb es denn so kommen mußte. Jedenfalls ist anzunehmen, daß Jeremias Prophetie, sofern sie noch – wohl vor allem in der Form spektakulärer Zeichenhandlungen – im Gedächtnis war, in ein neues Licht trat, und daß es Kreise gab, die sich in besonderer Weise seinem Werk zuwandten. Die Zeit der Rezeption dieses Werks begann.

Dabei war von unschätzbarem Wert, daß es offenbar die früheren Aufzeichnungen der Worte Jeremias noch gab (Kap. 36, vgl. 30f.), die möglicherweise in Baruchs Besitz übergegangen waren mitsamt dem nicht geringen Nachlaß, der noch vorhanden war. Man kann an Tonkrugarchive in Jerusalem denken (32,14) oder an Rollengefäße, die Jeremia mit sich genommen hatte. Konkretes ist nicht bekannt. Doch ist festzustellen, daß die Suche nach »Worten Jeremias« (1,1) recht erfolgreich war, erfolgreicher jedenfalls – dank Baruchs Beihilfe – als bei vielen anderen »Kündern«, von deren Werk nur wenig (z. B. Habakuk, Zephanja) oder gar nichts (z. B. Urija) übrig geblieben ist. Es kamen einige Sammlungen zustande (2f.; 4ff.; 21f.; 23.; 46ff. z. B.).

Hand in Hand mit der Suche nach Aufzeichnungen mußte wohl auch die Suche nach Erinnerungen erfolgt sein. Wieder liegt es nahe, in Baruch den Initiator und in seinen Berichten und Notizen den Anfang einer Reihe von Niederschriften zu sehen (Kap. 37-45; 26ff., jeweils im Kern). Im Ergebnis jedenfalls kam eine recht umfangreiche Dokumentensammlung zustande.

Inwiefern sich darin schon ein Bild Jeremias abzeichnete, das mehr war als Reflex seines Lebens und Wirkens in der Erinnerung der Zeitzeugen, ist nicht deutlich zu sehen. Daß aber mit der Sammlung eine Basis geschaffen war, durch Lektüre und Studium sich selbst ein Bild zu machen, war vor allem für diejenigen der Interessenten von Bedeutung, welche ein Urteil über Jeremia aus eigenem Erleben nicht oder nur von Hören-Sagen hatten. Die Zeit der Urteilsbildung und der Deutung brach an. Über die einsetzenden Denkprozesse und Diskussionen – wohl zunächst in Theologenkreisen – läßt sich wenig sagen. Doch mußten folgende Einsichten den Ausgangspunkt gebildet haben:

Jeremias Visionen wurden von der Realität erfüllt.
Jeremias Aktionen nahmen die Zukunft vorweg.
Jeremias Kritik war in ihrer Radikalität nicht unbegründet.
Jeremias Leben spiegelte die Ereignisse und ihre Deutung.

Das theologische Denken hatte diese Einsichten aufzunehmen und sinnvoll zu verarbeiten. Die von uns nach S. Mowinckel mit C signierte literarische Schichtung belegt, daß der Prozeß in Gang gekommen ist und zu einer neuen Deutung der Prophetie Jeremias und der Prophetie überhaupt geführt hat.

Weil es nicht möglich zu sein scheint, das Gewebe dieses Prozesses zu entwirren, verfolgen wir einige einzelne Fäden gesondert. K. -F. Pohlmann[1], der sich in besonderer Weise mit den Anfängen und den Ursprüngen der jeremianischen Prophetie beschäftigt hat, sieht in den beiden primären Sprachakten, der Unheilsansage und der Unheilsklage, erstere vor, letztere wohl erst nach der Katastrophe 587/6, die elementaren Ansätze zur Deutung des für alle Beteiligten unfaßbaren, weil analogielosen Geschehens. Indes ist die der Totenklage verwandte Untergangsklage zwar geeignet, das Ungeheuerliche auszusagen, aber noch kein Ausdruck theologischer Deutung, insofern Untergang und Tod nicht ins Gesamtgeschehen sinnvoll zu integrieren sind.[2]

Schlagender und unwiderlegbar mußte da schon jenes Faktum erscheinen, daß sich Jeremias Unheilsansagen vom Feind aus dem Norden, vom Scherbengericht und Tod Jerusalems und vom aufgegebenen Waldstück in einer Weise erfüllt haben, wie man dies zuvor offenbar nicht für möglich hielt. Vision und Realität entsprachen sich frappant. Man konnte sich mit eigenen Augen versichern. Ein Blick auf den Tempelberg und – sollte es nicht mehr im Gedächtnis sein – ein Blick in die Papyri oder Pergamente der Prophetie genügten, ganz gleich welche Sammlung man aufgriff. Dieser Prophet hatte

Recht, erwies sich als wahrer Sprecher und Herold, der wußte, was kam, und kündete, was Schicksal wurde. Und andere Aussagen und Ansagen erwiesen sich als falsch. Dann aber gab es doch eine Linie, die sich durch die Ereignisse zog – der rote Faden dessen, der sie ansagen und so auch deuten konnte. Jeremia wuchs in den Augen des rückblickenden Betrachters zum wahren Zeugen und Sprecher, war er doch so ziemlich der einzige, der Recht behielt.

So etwa müssen die Gedanken sich bewegt haben. Sie müssen um die genannten anderen Faktoren immer größere Kreise geschlagen haben.[3] Es wurde wie die Ansage vor allem die Kritik wichtig. Im Nachhinein war es nicht schwer, die kritischen Äußerungen Jeremias zu Anklagen zu erheben, welche Gründe zu nennen wußten, weshalb das Staatsgebilde Juda/Jerusalem zusammenbrach. Fehler wurden sichtbar und Ursachen, Schuld wurde erkennbar bei den verantwortlichen Instanzen. Kein Wunder, daß ein theologisches Denken, das nach der Ätiologie der Katastrophe suchte, in immer größeren Bögen Zusammenhänge aufdeckte, bis daß die Erkenntnis im schlichten Schuldbekenntnis gipfelte: »Haben wir uns dieses Los nicht selbst bereitet?« (2,17) Und Jeremia erschien als der »Weise«, der dies verstand, »so unterrichtet durch den Mund JHWHs, um zu sagen, warum das Land zugrunde gegangen ist« (9,11). Die theologischen Kategorien griffen wieder. Alles hatte seine Logik und seinen Sinn. Jeremias »Belehrungen« ließen verstehen. Der Prophet wurde zum Lehrer einer orientierungslos gewordenen Generation. Die »Schüler« aber begannen, seine Sprüche und Gedicht zu studieren.

Eine andere Entwicklung (oder war es nur die Fortsetzung des Begonnenen?) verlief in der Richtung, daß in den jeremianischen Logien die Antwort auf aktuelle Probleme der Gegenwart gesucht wurde, in der Erwartung, daß das wahre Prophetenwort Wahres auch für andere Zeiten und Menschen in sich berge. Es begann die theologische Arbeit, die R. P. Carroll[4] als Hintergrund der Jeremia-Überlieferung im ganzen beschrieben hat, mit der speziellen Ausrichtung, daß ein prophetisches Logion Lösungen für viele Probleme in Krisenzeiten bereithält. Dies ging so weit, daß man die eigenen Argumente und die Urteile, die man für theologisch richtig und wahr ansah, dem Propheten in den Mund legte, gewiß in Erinnerung an prophetisches Auftreten und aus Anlaß vorgegebener prophetischer Texte – die ja, wie man weiß, auch durch das Formelwerk gekennzeichnet und sehr regelmäßig mit dem

Vermerk: Spruch JHWHs (n^e'*um JHWH*) versehen sind. So, oder so ähnlich, entstanden literarisch die großen Reden und Homilien, welche Jeremia zugeschrieben werden, z. B. die Tempelrede 7, die Tophet-Rede 19, die Diaspora-Rede 44 u. a. Sie arbeiten mit der theologischen Unterscheidung zwischen dem »Wort, das zu dem Propheten geschah« – nach der Eingangsformel –, also dem eigentlichen *Gottes*wort, das ausgeführt wird im Sinne der Botenbeauftragung: »So spricht JHWH«, und dem dann und wann als »Spruch JHWHs« zitierten *Propheten*wort, mit dem Jeremia das an ihn ergangene Gotteswort in Sprüche ummünzte – nur letzteren kann bisweilen Echtheit im weitesten Sinne attestiert werden. Sie haben keine Scheu vor Projektionen, weil sie offenbar der Meinung waren: Gotteswort bleibt Gotteswort, auch wenn die sprachliche Form sich wandelt. Sie nähern Jeremia der Gestalt des Mose an[5] oder Samuel (vgl. 15,1) und machen ihn zu einem Vertreter des göttlichen Wortes und der Offenbarung überhaupt, zum Prediger des reinen Wortes und Mittler zwischen Gott und den Menschen.[6]

Der Prozeß der Überhöhung des Menschen Jeremia zur Verkörperung des göttlichen Wortes, zum Offenbarer selbst, findet, nicht seinen Abschluß, aber einen gewissen Höhepunkt in der Edition des Buches Jeremia.

2. Lebendiges Wort

Die dtr Aufarbeitung der jeremianischen Überlieferung im C-Bereich ist von Faktoren abhängig und beeinflußt, welche die exilische Zeit gesetzt hat und die sich um die Kernfrage nach dem Warum der Katastrophe gruppieren. Insofern ist diese Auslegung aktuell und sucht Antwort auf Fragen, welche den historischen Jeremia selbst beschäftigt haben. Sie bleibt nahe am überlieferten Text, und ihre Kommentare werden von nicht wenigen Forschern zu einem mehr oder weniger großen Teil Jeremia zugeschrieben. In der Tat ist damit zu rechnen, daß sich auch in prosaischen Niederschriften echtes Gedankengut des Propheten erhalten hat, wenngleich die überlieferte Form der z. B. in den Lachis-Briefen und Baruch-Berichten bezeugten Umgangssprache des beginnenden 6. Jh.s in Juda auf der einen und dem typisch dtr Theologenidiom auf der anderen Seite näher zu stehen scheint als der Kunstsprache der Nebiim. Zumindest vermitteln diese Texte einen Eindruck davon, wie Jeremia geredet hat oder geredet haben könnte, wenn er sich der Alltagssprache bediente. Doch wird man innerhalb der C-Texte erheblich zu differenzieren haben. Ihr Anliegen war es in erster Linie, die Stimme des Propheten wieder hörbar zu machen und zu Gehör zu bringen. Denn es ist davon auszugehen, daß der Zweck ihrer Arbeit nicht in der Archivierung, sondern in der lebendigen Rezitation der Prophetenworte bestand. So fügen sie hinzu, was zur Erklärung nötig ist, geben Hilfen zum Verständnis oder situieren ein Logion, das ihnen im Gedächtnis haftet, in einer erzählten Szene, nicht unähnlich den »idealen Szenen« der Evangelienüberlieferung.

Die Absicht der Rezitation der viva vox prophetae wird an zwei Strukturmerkmalen erkennbar, die sich im Buch erhalten haben. Einmal an dem über das ganze Buch gelegten Netzwerk der Zitationsformeln, seien es die Botenformeln oder die Gottesspruchformeln. Es bewährt sich die Annahme, daß jenes Formelwerk besondere Worte anzeigen und unterstreichen will, und zwar als wörtliche Zitate der einst von Jeremia ausgegangenen Worterhebung. Der Leser, d. h. der Vorleser und der Hörer, wird so ständig mit den »Worten Jeremias« (1,1; 51,64), ja mit seiner »Stimme«, konfrontiert und wird so zum Zeitgenossen und Adressaten des Propheten. Daß anderes von solcher Hervorhebung im Prinzip, kaum im Textbestand, ausgeschlossen wird, zeigt, daß die Ausleger und Bearbeiter sehr wohl zu unterscheiden wußten zwischen Prophetenrede und eigener Rede, auch wenn letztere in theologischer Vollmacht als Gotteswort formuliert wird.

Das andere Merkmal ist die in einem »Buch« über Jeremia oder einer Gesamtsammlung der Worte Jeremias eigentlich unnötig häufige Namensnennung bzw. Siegelung einzelner Texte mit Verfassernamen.[7] Das Phänomen, das auch der griechischen Antike[8] bekannt ist und die Übergangsphase von der freien Verbreitung von Texten zur Edition in Buchform mit Titel, Überschrift und Verfassernamen kennzeichnet, muß im Prozeß der Jeremia-Überlieferung Ähnliches bedeuten. Die Siegelung ist Indiz für die Verteilung separater Einzelrollen und -blätter, die jeweils signiert werden müssen, und zeigt ein Stadium der Überlieferung an, da die in Einzelblättern gesammelten und gebündelten Worte noch ein Eigenleben führten. Und das diente doch wohl auch zum Zwecke gesonderter Verwendung durch Lesungen. Auf vielfältige Weise blieb so Jeremias Stimme lebendig, auch wenn sie wohl je länger je stärker einen dtr Klang annahm.

3. Das Buch als Medium

Unter einem »Buch« verstehen wir in diesem Zusammenhang eine aus Teilstücken bestehende, zum Ganzen gefügte Textkomposition mit Anfang und Schluß, die eine thematische Einheit bildet, die im Laufe der Entwicklung auf einer (oder mehrere) Großrollen niedergeschrieben oder überschrieben wurde, um zum Gebrauch an einem öffentlich zugänglichen Ort – an einem Heiligtum, wie in Griechenland bezeugt – ausgelegt oder zur Verlesung verwahrt zu werden.

Die Edition eines Buches »Jeremia« lag gewiß auf der Linie dieser Entwicklung, wenn sie nicht von Anfang an von den Protagonisten wie Baruch intendiert war. Auch wird man an die gleichen Bearbeiterkreise zu denken haben, die jetzt als »Herausgeber« fungieren. Ist auch kein Bruch oder Sprung in der Entwicklung festzustellen, so zeigen sich doch in dieser Phase neue Tendenzen, die geeignet waren, das Bild des Propheten noch einmal grundsätzlich neu zu bestimmen. Gegenstand eines Buches im dtr Umkreis kann Jeremia nur sein, wenn er wie Mose (und Samuel) als Träger des Wortes Gottes an sich angesehen wird. Er bleibt der Sprecher der Gottesworte seiner Zeit, aber er wird zugleich zum Mittler der Offenbarung überhaupt, jedenfalls der Offenbarung, wie sie die dtr Theologen in ihrer Zeit erkannt haben. Das Buch aber wird zum Buch vom Worte Gottes, zur heiligen Schrift.

Es geschieht der Jeremia-Überlieferung, was an anderen, z. T. viel kleineren Prophetenbüchern auch festzustellen ist, daß sie von der Tendenz zur Totalität erfaßt und in großem systematischen Rahmen zu einer Summe der Offenbarung ausgebaut wird. Meist wird das vorhandene Material durch substantielle Beigaben wie Psalmengebete, eschatologische Anhänge u. ä. erheblich erweitert. Vor allem wird es in eine systematische Ordnung gebracht. Beides erfolgte am Buche Jeremia.

Die Überlieferung wurde durch alte und neue Fortschreibungen so aufgefüllt, daß eine echte Summa theologiae entstand. Es gibt kein Thema der alttestamentlichen Theologie, das im Jeremia-Buch nicht behandelt würde, mindestens referiert wäre.[9] Der Bogen reicht von der Schöpfung (Kap. 10; 32), dem Gesetz (7; 34), der Gerechtigkeit Gottes (12), dem Bund, dem alten und dem neuen Bund (11; 31) über die Geschichte des Heils und Unheils (13; 18; 25), Israel und die Völker (46ff.), über den Besitz des Landes (12) bis zum

Gottesdienst, Tempel und Tophet (7; 19; 26), zu Fragen des 1. Gebots und des Sabbatgebots (17), Abfall und Sünde (5), Buße (3), Fürbitte (14f.) und zu den Problemen einer Diaspora (24; 44). Dabei sind die eigentlichen theologischen Fragen der wahren und falschen Prophetie noch nicht einmal erwähnt, so wenig wie die echt jeremianischen Probleme mit seinen Zeitgenossen und ihrer Ideologie. Es ist dieses Buch ein Kompendium geworden, nicht nur für Jeremias gesammelte Werke, sondern ein Buch des Wortes Gottes, das Israel gegen Ende des 5. Jh. s, prophetisch vermittelt, lesen und hören konnte. Über Wie und Wo wissen wir wenig. Die pure Existenz des Werkes verlangt eine solche Erklärung.

Die sog. Wortereignisformel gliedert mit ihren Varianten das Buch in Kapitel, die nach Themen geordnet sind. Alle diese Teile werden als Wortergehenereignisse eingeführt und sind als Schübe der Offenbarung dargestellt. Auf solche Weise werden nicht nur Jeremias Voten zu Problemen der Zeit, sondern die einzelnen Kapitel der göttlichen Lehre an die lesenden und hörenden Menschen mitgeteilt. Der Leser vernimmt Gottes Wort, und Gottes Wort ist noch mehr als Jeremias Wort. Es ist die Zeit der Entstehung der ersten biblischen »Bücher«. [10] Das neue Medium des »Buches« ersetzt offenbar die Archive und Rollensammlungen in Krügen. Zu denken ist an ein erstes Exemplar, das als Prototyp an einer bestimmten Stelle zur Einsichtnahme oder zur Verlesung »aufgelegt« wurde. Erst jetzt wurden aber auch Jeremias Worte allgemein zugänglich. Die Verbreitung seiner Gottesworte durch Lektüre konnte beginnen.

Literatur und Anmerkungen

Literatur in Auswahl

1. Kommentare

J. G. Eichhorn, 1816-19
F. Hitzig, Kurzgefaßtes exegetisches Handbuch (KEH), 1841, [2]1866
K. H. Graf, 1862
C. von Orelli, Kurzgefaßter Kommentar (KK), 1877, [3]1905
F. Giesebrecht, Handkommentar zum AT (HKAT), 1884, [2]1907
C. H. Cornill, 1905
B. Duhm, Kurzer Hand-Commentar (KHC), 1901
H. Schmidt, Die Schriften des ATs (SAT), 1915, [2]1923
J. W. Rothstein, Die Heilige Schrift des ATs (HSAT), [4]1922
P. Volz, Kommentar zum AT (KAT), 1922, [2]1928
F. Nötscher, Die Heilige Schrift des ATs (DHSAT), 1934
W. Rudolph, Handbuch zum AT (HAT), 1947, [3]1968
A. Gelin, La Sainte Bible de Jérusalem (SBJ), 1951, [2]1959
A. Penna, La Sacra Bibbia (SB), 1952
A. Weiser, Das Alte Testament Deutsch (ATD), 1952/53, [6]1969
A. Neher, 1960 (deutsch 1961)
H. Lamparter, Die Botschaft des ATs (BAT), 1964
J. Bright, The Anchor Bible (AB), 1965, [2]1978
C. Westermann, Stuttgarter Bibelhefte (SB), 1956
E. W. Nicholson, The Cambridge Bible Commentary (CNEB), 1973/75
J. Schreiner, Die Neue Echter-Bibel (NEB), 1981/84
R. P. Carroll, Old Testament Library (OTL), 1986
W. L. Holladay, Hermeneia, 1986/89
W. McKane, The International Critical Commentary (ICC), 1986
S. Herrmann, Biblischer Kommentar (BK), 1986ff.
R. E. Clements, Interpretation, 1989
D. R. Jones, The New Century Bible, 1992

2. Literaturberichte

G. Fohrer, Neuere Literatur zur alttestamentlichen Prophetie, ThR 19
(1951) 305-308; 321-346; ThR 28 (1962) 250-261; ThR 45 (1980)
109-121;
E. Vogt, Jeremias-Literatur, Bibl 35 (1954) 357-365;
W. Thiel, Ein Vierteljahrhundert Jeremia-Forschung, VF 31 (1986) 32-52;
S. Herrmann, Jeremia / Jeremiabuch, TRE XVI (1987) 568-586;
Ders., Jeremia. Der Prophet und das Buch, EdF 271 (1990).

Einleitung

Anmerkungen

1 Vgl. vor allem die Forschungsberichte von E. Vogt, Jeremias-Literatur (1954); L. G. Perdue, Jeremiah in Modern Research, in: Ders. B. W. Kovacs (Ed.), A Prophet to the Nations, Winona Lake 1984, 1-32; W. Thiel, Ein Vierteljahrhundert Jeremia-Forschung (1986); S. Herrmann, Forschung am Jeremiabuch, ThLZ 102 (1977) 481-490; Ders. , Jeremia. Der Prophet und das Buch (1990).

2 Die Kommentare von W. McKane (1-25), W. L. Holladay (1-25), R. P. Carroll (1-52), S. Herrmann (1).

3 S. Literatur zu III. 3.

4 W. Caspari, Die israelitischen Propheten, Leipzig 1914; Zitate aus Kap. III: »Die Persönlichkeiten«, 80ff. (83; 85; 89f.). H. Schmidt, Die großen Propheten (SAT 1915): »So ist ein langer Verwitterungsprozeß über das Bild unseres Propheten dahingegangen. Aber die Eigenart seiner Züge war so scharf geprägt, daß sie sich nicht verwischen ließ. So etwa blickt das ägyptische Königsantlitz aus dem Stein der Sphinxgestalt unverändert und gleich ergreifend auf alle die Geschlechter, die durch die Jahrtausende im Wüstensande an ihm vorüberziehen. « (379)

5 Hingewiesen sei wenigstens auf den Jeremia-Roman von F. Werfel, Höret die Stimme, von 1938 (1956), und auf das Gedicht »Jeremia« von R. M. Rilke aus den »Neuen Gedichten«, Paris 1907.

6 From Chaos to Covenant: Uses of Prophecy in the Book of Jeremiah, London 1981; Ders. , Jeremiah (1986), Zitate 58; 64. J. Goldingay, God's Prophet, God's Servant, Exeter 1984, faßt seine Perspektive so zusammen: »So almost out last sight of Jeremiah is his back as he turns his feet wearily south, his ministry apparently fruitless, his future apparently only death... « (17).

7 Vgl. W. Baumgartner, Die Auffassungen des 19. Jahrhunderts vom israelitischen Prophetentum, in: Zum Alten Testament und seiner Umwelt, Leiden 1959, 27-41; J. Blenkinsopp, A History of Prophecy in Israel, Colchester and London 1984, 13ff. (deutsch: Geschichte der Prophetie in Israel, Stuttgart 1992).

8 M. Buber spricht im Blick auf die sogenannten Konfessionen von dem »seltsamsten aller Tagebücher«, Der Glaube der Propheten, Heidelberg [2]1984, 214.

9 »Bei Jeremia stoßen wir – vielleicht zum erstenmal – auf das, was wir heute als lyrische Dichtung bezeichnen würden. « G. von Rad, Theologie des Alten Testaments II, München 1960, 208.

10 KAT (1922) XXXVff. »Unter den klassischen Propheten ist Jesaja der größte Redner, Jeremia *der größte Dichter*« (XXXVI). »Weiter ist Jeremia vor allem ein Meister des *Liedes*; keiner der anderen Propheten ist in solchem Maß Lyriker wie er« (XLI).

11 Dem Wortsinn nach ist »Lyrik« Gesang (zur Lyra). Daß Jeremia sei-

ne Sprüche, Gedichte u. ä. als Gesang vorgetragen hat, gibt die Überlieferung nicht zu erkennen, vgl. aber Jes 5 und Hes 33,30-33. Ihrer
Art als kunstvolle Wort- und Klanggebilde nach ist bei Jeremias Pro-
phetien eher an Vorträge und Lesungen, d. i. an »Deklamationen«
ohne musikalische Begleitung, zu denken. Möglicherweise war die
Öffentlichkeitsarbeit mit solcher Kleinkunst für Jeremia gerade ein
Problem. Wichtig ist, daß sich damit ein Vergleich mit der altgriechi-
schen Lyrik, etwa der des mit Jeremia ungefähr gleichzeitigen Alkaios, eröffnet.

12 Ebda. XXXVII.

Teil I: Die Überlieferung

Literatur

B. Duhm, Der Prophet Jeremia (1901);

S. Mowinckel, Zur Komposition des Buches Jeremia, Kristiania 1914;

J. P. Hyatt, The Deuteronomic Edition of Jeremiah, Vanderbilt Studies of
Humanities I (1951) 71-95 (Neudruck: L. G. Perdue ((Ed.)), 1984,
247-267);

Ders. , The Beginning of Jeremiah's Prophecy, ZAW 78 (1966) 204-214
(a. a. O. 63-72);

W. L. Holladay, Prototype and Copies, JBL 79 (1960) 351-367;

Ders. ; A Fresh Look at »Source B« and »Source C« in Jeremiah, VT 25
(1975) 394-412;

Ders. , The Architecture of Jeremiah 1-20, Lewisburg-London 1976;

C. Rietzschel, Das Problem der Urolle. Ein Beitrag zur Redaktionsgeschichte des Jeremiabuches, Gütersloh 1966;

H. Weippert, Die Prosareden des Jeremiabuches, BZAW 132 (1973);

W. Thiel, Die deuteronomistische Redaktion von Jeremia 1-25, WMANT
41(1973);

Ders. , Die deuteronomistische Redaktion von Jeremia 26-45, WMANT
52 (1981);

J. G. Janzen, Studies in the Text of Jeremiah, HSM 6 (1973);

K. -F. Pohlmann, Studien zum Jeremiabuch. Ein Beitrag zur Frage nach
der Entstehung des Jeremiabuches, FRLANT 118 (1978);

E. Tov, The Literary History of the Book of Jeremiah in the Light of Its
Textual History, in: J. Tigay (Ed.), Empirical Models for Biblical Criticism, 1985, 211-237;

R. Liwak, Der Prophet und die Geschichte. Eine literar-historische Untersuchung zum Jeremiabuch, BWANT 121 (1987);

A. Rofé, The Arrangement of the Book of Jeremiah, ZAW 101 (1989)
390-398;

S. Herrmann, Jeremia. Der Prophet und das Buch, EdF 271 (1990);

E. Tov, Textual Criticism of the Hebrew Bible, Minneapolis-Assen 1992.

Anmerkungen

1 Baruch the Scribe and Jerahmeel the King's Son, IEJ 28 (1978) 52-56 (BA 42/2 ((1979)) 114-118), Zitat S. 118; Ders., Hebrew Bullae from the Time of Jeremiah. Remnants of a Burnt Archive, Jerusalem 1986, Nr. 8; Nr. 9.

2 Biblisch belegt 1. Kön 22,26f.; 2. Chr 28,7; Jer 36,26; 38,6. Vgl. G. Brin, The Title *bn (h)mlk* and its Parallels, AION 29 (1969) 433-456.

3 Ein Teil von 4QJer[b] ist auf der Titelseite abgebildet, Vgl. W. L. Holladay (1986), Umschlagseite. Das Fragment enthält Passagen aus Jer 9,23-10,13 s. Exkurs S. 206.

4 Im Anschluß an J. G. Janzen, Studies.

5 Nach E. Tov fanden sich in Höhle 4 allein Reste von drei Jeremia-Rollen, Hebrew Biblical Manuscripts from the Judaean Desert: Their Contribution to Textual Criticism, in: S. Talmon (Ed.), Jewish Civilization in the Hellenistic-Roman Period, JSPs Suppl 10, Sheffield 1991, 122; nach D. Barthélemy gab es in Qumran insgesamt vier Jeremia-Exemplare, L'Etat de la Bible juive depuis le début de notre ère jusqu'à la deuxième révolte contre Rome (131-135), in: S. Amsler (et coll.), Le canon de l'Ancien Testament. Sa formation et son histoire, Genève 1984, 15; nach E. Tov, Textual Criticism (1992), ist die Liste inzwischen auf sechs angewachsen (104f.).

6 Das Buch Jeremia: Kurzer Hand-Commentar zum Alten Testament (KHC XI), Tübingen-Leipzig 1901.

7 Übersetzung zitiert nach B. Duhm, Israels Propheten, Tübingen ²1922, 258. Er schreibt dazu: »Jeremia sieht den Tod kommen. Die Gedichte, in denen er das ausführt, gehören zu den schönsten und ergreifendsten, die die Weltliteratur kennt (9,9. 16-21). « Und danach: »Rein lyrische Klage. «

8 Zur Komposition des Buches Jeremia (1914).

9 Die Diskussion ist beschrieben und dokumentiert von S. Herrmann, Jeremia (1990) 53-181.

10 S. dazu o.

11 S. u. Beispiel C.

12 Wir behalten die Bezeichnung C für diese Schichtung bei, obwohl sich dafür vor allem nach J. P. Hyatts und W. Thiels Arbeiten das Siglum D verbreitet hat. Wir müssen dabei in Kauf nehmen, daß Verwechslungen möglich sind, insbesondere mit der von uns so genannten Editionsschicht D. Die Unterschiede in der Signatur sind zugleich Symptome der Unsicherheit. Der komplizierte Wachstumsprozeß entzieht sich weithin einer genauen Erfassung.

13 Der in Jos 18,23 im Zusammenhang mit Bethel erwähnte benjaminitische Ort (*Happārā*) wurde später im Exil bezeichnenderweise auf den »Euphrat« (*P^erāt*) umgeschrieben, der im AT sonst immer »der Fluß Euphrat« heißt.

14 S. o. Anm. 12. Wir bleiben aber wegen seiner Praktikabilität und Elastizität bei Mowinckels Schichtenmodell.

15 Die griechische Übersetzung benützt in V. 1 die Wortereignisformel.

16 Anders etwa S. Herrmann: »Die Angelegenheiten Jeremias...« (1986) 3f.

17 Der Passus fehlt im griechischen Text. Er könnte der späteren hebräischen Fassung zugehören.

18 Über 170 Mal nach R. Rendtorff, Zum Gebrauch der Formel $n^{e'}$um jahwe im Jeremiabuch, ZAW 66 (1954) 27-37 (Gesammelte Studien, ThB 57 ((1975)) 256-266); F. Baumgärtel, Die Formel $n^{e'}$um jahwe, ZAW 73 (1961) 277-290.

19 Vgl. R. Rendtorff, Botenformel und Botenspruch, ZAW 74 (1962) 165-177 (Gesammelte Studien, ThB 57 ((1975)) 243-255).

20 Vgl. H. Wildberger, Jahwewort und prophetische Rede bei Jeremia, Diss. Zürich 1942.

21 Etwa 40 Mal belegt. Vgl. dazu P. K. D. Neumann, Das Wort, das geschehen ist... Zum Problem der Wortempfangstheologie in Jer I-XXV, VT 23 (1973) 171-217; T. Seidl, Die Wortereignisformel in Jeremia. Beobachtungen zu den Formen der Redeeröffnung in Jeremia, im Anschluß an Jer 27,1. 2, BZ 23 (1979) 20-47.

22 Jeremias Name kommt im Buch 129 Mal vor, davon fallen ca. 100 Belege auf die erzählenden Partien. Bleiben ca. 29 Belege in der Logien-Überlieferung, die eigentlich durch die Überschrift(en), vor allem 1,1 schon abgedeckt sind. Zur Sphragis in der griechischen Literatur vgl. W. Aly, RE 3A, 1757f.

23 Nach der Frühjahrsdatierung, dazu u. Bei der Datierung der Verlesung (36,9) gehen die hebräische und die griechische Fassung auseinander. Erstere spricht vom 5. Jahr Jojakims (604), letztere vom 8. Jahr (601), was einiges für sich hat.

24 C. Rietzschel, Das Problem der Urrolle (1966).

25 W. L. Holladay 2 (1989) 11ff.

26 Nach 36,2 enthielt bereits die erste Rolle »alle die Worte«, die Jeremia seit Josias Tagen, also von Anfang an, bis zu diesem Tag (605) geredet hatte. Die der zweiten Rolle hinzugefügten »vielen und jenen ähnlichen Worte« müssen demnach genau genommen von anderer Herkunft sein. Haben die Tradenten damit ihre Jeremia- (Lese-) Texte einbringen wollen? Vgl. P. Volz (1922) XLIVf.

27 A. a. O. 20.

28 Ebda. 20ff.

29 W. Rudolph (1968) XVf.

30 Für diesen Bereich ist R. P. Carrolls Modell einer Interessen-orientierten Entstehung der Überlieferungen in den Phasen der exilischen Zeit anwendbar (1986). Für die Überlieferungen A und B teilen wir seine grundsätzliche Skepsis nicht: »Thus the ›historical‹ Jeremiah disappears behind the activities of redactional circles and levels of tradition which have *created* the words and story of Jeremiah ben Hilkiah of Anathoth!« (48) »The figure of Jeremiah may only be an editorial link between different elements in the tradition, with the emphasis on

the teaching addressed to the community rather than on the bearer of that proclamation« (58).

31 W. McKane (1986) 1ff.
32 Vgl. J. R. Lundbom, Baruch, Seraiah, and Expanded Colophons in the Book of Jeremiah, JSOT 36 (1986) 89-114.
33 Eine Kurzanalyse erbringt folgendes Resultat: V. 1 (Siegelung, Datierung): D; V. 2-3. 5b (Botenformeln; Stilisierung zum Klagegebet mit Heilsorakel, vgl. 39,18): C; V. 4a. 5a (Jeremia-Logion im Baruch-Bericht ,vgl. 1,10): B(A); Zusätze in V. 3b (Ps 6,7); V. 4b.

Teil II: Das Leben

1. Das Porträt von Kap. 1

Literatur

H. Graf Reventlow, Liturgie und prophetisches Ich bei Jeremia, Gütersloh 1963;

A. H. J. Gunneweg, Ordinationsformular oder Berufungsbericht in Jeremia 1, in: Glaube, Geist, Geschichte, FS-E. Benz, Leiden 1967, 91-98;

H.-W. Jüngling, Ich mache dich zu einer ehernen Mauer, Bibl 54 (1973) 1-24;

J. Schreiner, Jeremias Berufung (Jer 1,4-19) – eine Textanalyse, in: Mélanges J. Prado, 1975, 131-145;

L. Schmidt, Die Berufung Jeremias (Jer 1,4-10), ThV 13 (1975/6) 189-209;

B. Renaud, Jer 1; Structure et Théologie de la Rédaction, in: P.-M. Bogaert (éd.), Le Livre de Jérémie, BEThL 54 (1981) 177-196;

J. Vermeylen, La rédaction de Jérémie 1,4-19, EThL 58 (1982) 252-278;

J. L. Berquist, Prophetic Legitimation in Jeremiah, VT 39 (1989) 129-139;

W. Thiel, »Von Norden her wird das Unheil eröffnet. « Zu Jeremia 1,11-16, in: Prophet und Prophetenbuch, FS-O. Kaiser, BZAW 185 (1989) 231-233;

W. H. Schmidt, Jeremias Berufung. Aspekte der Erzählung Jer 1,4-9 und offene Fragen der Auslegung, in: Biblische Welten, FS-M. Metzger, OBO 123 (1993) 183-198).

Anmerkungen

1 Oxford 1985.
2 Vgl. R. Bach, Bauen und Pflanzen, in: Studien zur Theologie der alt-

testamentlichen Überlieferungen, FS-G. von Rad, Neukirchen 1961, 7-32.

3   S. u. 3.
4   Bes. 55ff.
5   Vgl. G.Sauer, Mandelzweig und Kessel in Jer 1:11ff., ZAW 78 (1966) 56-61; W.Beyerlin, Reflexe der Amosvisionen im Jeremiabuch, OBO 93 (1989); W.Thiel, »Vom Norden her...« (1989) 231ff.
6   1986, 4ff.
7   Vgl. Dt 18,9-22. S. u. Kap. IV.
8   S. u. Kap. III. 3. Dazu meine Studie: Der Schutzpanzer des Propheten. Restaurationsarbeiten an Jer 15,11ff. , BZ 32 (1988) 265-273.
9   Vgl. A. Alt, Hic murus aheneus esto, ZDMG 86 (1983) 33-48.

2. Lebensdaten

Literatur

F. Horst, Die Anfänge des Propheten Jeremia, ZAW 41 (1923) 94-153;
H. G. May, The Chronology of Jeremiah's Oracles, JNES 4 (1945) 217-227;
C. F. Whitley, The Date of Jeremiah's Call, VT 14 (1964) 467-483 (Neudruck in: L. G. Perdue ((Ed.)), A Prophet, 73-87);
J. P. Hyatt, The Beginning of Jeremiah's Prophecy, ZAW 78 (1966) 204-214 (Neudruck in: L. G. Perdue ((Ed.)), A Prophet, 63-72;
H. Cazelles, La vie de Jérémie dans son contexte national et international, in: P. -M. Bogaert (éd.), Le Livre de Jérémie, BEThL 54 (1981) 21-39;
W. L. Holladay, A coherent Chronology of Jeremiah's early Career, in: P. -M. Bogaert (éd.), Le Livre de Jérémie, BEThL 54 (1981) 58-73;
C. Levin, Noch einmal: Die Anfänge des Propheten Jeremia, VT 31 (1981) 428-440;
S. Herrmann, Jeremia. Der Prophet und das Buch, EdF 271 (1990), bes. 1ff. ; 27ff.

Anmerkungen

1   Der Name Jeremia, ZAW 100 (1988) 100-106.
2   Vgl. R. Hestrin, Inscriptions Reveal. Documents from the time of the Bible, the Mishna and the Talmud, Jerusalem [2]1973, Nr. 31.
3   S. die angegebene Literatur. Zur Diskussion vgl. jetzt auch S. Herrmann (1990) 27ff.
4   174,5 x 135.
5   Vgl. A. Biran, On the Identification of Anathoth, ErIs 18 (1985) 209-214, T. 36-41 (Hebrew, English summary); U. Dinur, Monarchy Period Sites between Geba and Jerusalem, in: Z. Ehrlich (Ed.), Samaria and Binyamin, Ofrah 1987, 60-63. Freundliche Beratung durch J. Schwartz, Ramat Gan.

6　Die Ergebnisse der jüngsten archäologischen surveys zu *Rās el-Ḥar-rūbe* lassen sich in folgenden Sätzen wiedergeben: »The Israelite settlement must have been fairly small and unimportant, a fact which should be taken into account when it is proposed to identify this site with the biblical Anathoth. « Excavations and Surveys in Israel 1983, Bd. 2, Jerusalem 1983, 89.

»The new evidence described above (scil. The Early Site: Scherbenfunde aus Eisenzeit II, keine aus Eisenzeit I) indicates that ʿAnata should be identified with biblical Anathot, both because the original place-name has survived and because sherds of the Iron Age and the Persian period, corresponding to the biblical narrative, have been found at the site« (E. Dinur, ebda. Bd. 4, Jerusalem 1985, 3ff.). Photos: L. H. Grollenberg, Bildatlas zur Bibel, Gütersloh [3]1959, Nr. 250 (90); S. S. Gafni (Hg.), Die Einzigartigkeit des ATs, Neuhausen-Stuttgart 1983, Nr. 331 (200).

7　Y. Aharoni, Das Land der Bibel, Neukirchen 1984, 309ff.

8　S. o.

9　178,9 x 138. Der Kontext von Jos 18,23 mit Bethel… und Geba weist auf *Ḥirbet ʿEn-Fāra*.

10　Dazu insbesondere die Artikel der Wörterbücher: H. Krämer, R. Meyer, R. Rendtorff, G. Friedrich ThWNT VI 781-863; J. Jeremias THAT II 7-26; H. P. Müller ThWAT V 140-163.

11　Der Glaube der Propheten, Heidelberg [2]1984, passim.

12　Der hebräische Mensch, Tübingen 1953 (Darmstadt 1976), 48ff.

13　J. Goldingay, Gods's Prophet, God's Servant, Exeter 1984, 25.

14　S. o.

15　Eher *Nebī Samwīl* als *Tell en-Naṣbe,* vgl. W. L. Holladay 2 (1989) 294f.

3. Zeitgeschichte

Literatur

Zum zeitgeschichtlichen Hintergrund vgl. vor allem die Darstellungen der Geschichte Israels, zuletzt von H. Donner, Geschichte des Volkes Israel und seiner Nachbarn in Grundzügen, ATD E4/1, Göttingen 1984/86; dann:

D. J. Wiseman, Chronicles of Chaldaean Kings (626-556 B. C.) in the British Museum, London 1956;

Ders. , Nebuchadrezzar and Babylon, Oxford 1985;

A. Malamat, The Last Kings of Judah and the Fall of Jerusalem, IEJ 18 (1968) 137-156;

Ders. , The Twilight of Judah: In the Egyptian-Babylonian Maelstrom, VTS 28 (1975) 123-145;

Ders. , The Last Years of the Kingdom of Judah, WHJP 4/1 (1979) 205-221;

Ders. , The Kingdom of Judah between Egypt and Babylon: A small State within a Great Power Confrontation, in: Text and Context. FS F. C. Fensham, ed. W. Claassen, JSOTS 48, 1988, 117-129;

E. Vogt, Die neubabylonische Chronik über die Schlacht bei Karkemisch und die Einnahme von Jerusalem, VTS 4 (1957) 67-96;

H. Cazelles, La vie de Jérémie, BEThL 54 (1981) 21-39;

S. Herrmann, Jeremia (1990) 7ff.

J. H. Hayes/P. K. Hooker, A New Chronology for the Kings of Israel and Judah, Atlanta 1988;

O. Edwards, The Year of Jerusalem's Destruction. 2 Addaru 597 B. C. Reinterpreted, ZAW 104 (1992) 101-107.

Anmerkungen

1   Vgl. die Darstellungen in den »Geschichten Israels«, dazu im besonderen A. Malamats und S. Herrmanns Beiträge.

2   Zu den Datierungen und Kalenderfragen vgl. H. Cazelles, La vie (1981), zuletzt O. Edwards, The Year (1992), auch J. H. Hayes/ P. K. Hooker, A New Chronology (1988).

3   Ein helles Licht auf die Situation wirft das offenbar in diesen Zusammenhang gehörige Arad-Ostrakon Nr. 88. Vgl. A. Lemaire, Inscriptions Hébraiques I, Paris 1977, 220f. ; K. Jaroš, Hundert Inschriften aus Kanaan und Israel, Fribourg 1982, 75f. Es handelt sich möglicherweise um ein königliches Schreiben. Der fragmentarisch erhaltene Text lautet: »Ich bin König geworden über...
    stärke den Arm...
    König von Ägypten... «

4   S. u. III. 2. 1.

5   S. D. J. Wiseman, Nebuchadrezzar (1985).

6   Vgl. W. Ekschmitt, Die Sieben Weltwunder, Mainz 1984, 13ff.; D. J. Wiseman a. a. O., bes. 56ff.

7   A. Malamat, The Kingdom of Judah (1988) 123 und 124 (Übersetzung v. Verf.).

8   Aus einer babylonischen Chronik, TUAT I 4 403 (R. Borger).

9   Ebda. 403f.

10 Er dauerte von Kislew bis Tebet, d. h. einen Monat, J. H. Hayes/ P. K. Hooker (1988) 96.

11 D. J. Wiseman, Nebuchadrezzar (1985) 34f.

12 Vgl. Jer 29,1f. Inwiefern die beiden dort genannten Propheten in den Aufruhr verwickelt waren, ist unklar.

13 N. Avigad, Discovering Jerusalem, Nashville/Camden/New York 1983 (engl. Ausgabe), 11ff.

14 Das hebr. $m^e duqq\bar{a}r\hat{i}m$ ist unklar: »Verwundete«?, nach dqr ›hakken‹, ›stechen‹,›durchbohren‹.

15 Wohl eine militärtechnische Formulierung, wie aus der Parallele auf dem Lachis-Ostrakon 6,6f. (vgl. dazu das Arad-Ostrakon 88,2. o. Anm. 3, sowie Esr 4,4) hervorgeht, TUAT I 6 624 (D. Conrad).

Kapitel III: Das Werk

1. Sprüche und Gedichte aus josianischer Zeit

Literatur

W. Schottroff, Jeremia 2 1-3. Erwägungen zur Methode der Propheten-exegese, ZThK 67 (1970) 263-294;

S. Böhmer, Heimkehr und neuer Bund. Studien zu Jeremia 30-31, GTA 5 (1976);

W. L. Holladay, A coherent Chronology of Jeremiah's early Career, in: BEThL 54 (1981) 58-73;

N. Lohfink, Der junge Jeremia als Propagandist und Poet. Zum Grundstock von Jer 30-31, in: BEThL 54(1981) 351-368;

J. Scharbert, Jeremia und die Reform des Joschija, in: BEThL 54 (1981) 40-57;

R. Albertz, Jer 2-6 und die Frühzeitverkündigung Jeremias, ZAW 94 (1982) 20-47;

U. Schröter, Jeremias Botschaft für das Nordreich, zu N. Lohfinks Überlegungen zum Grundbestand von Jeremia XXX-XXXI, VT 35 (1985) 312-329;

H.-D. Neef, Gottes Treue und Israels Untreue. Aufbau und Einheit von Jeremia 2,2-13, ZAW 99 (1987) 37-58;

R. Liwak, Der Prophet und die Geschichte. Eine literar-historische Untersuchung zum Jeremiabuch, BWANT 121 (1987);

T. Odashima, Heilsworte im Jeremiabuch, BWANT 125 (1989);

M. E. Biddle, A Redaction History of Jeremiah 2:1 – 4:2, AThANT 77 (1990);

N. Kilpp, Niederreißen und aufbauen. Das Verhältnis von Heilsverheißung und Unheilsverkündigung bei Jeremia und im Jeremiabuch, BThSt 13 (1990).

Anmerkungen

1   Dazu besonders R. Albertz, Jer 2-6, passim.

2   Dafür hat sich besonders N. Lohfink eingesetzt, Der junge Jeremia.

3   Vgl. W. L. Holladay 2, 148-201; N. Lohfink, Die Gotteswortverschachtelung in Jer 30-31, in: Künder des Wortes, FS-J. Schreiner, Würzburg 1982, 105-119.

4   Vgl. besonders H.-W. Hertzberg, Jeremia und das Nordreich Israel, ThLZ 77 (1952) 595-602.

5   »Jerusalem« erscheint nur in sekundären Passagen: 1,15; 3,17; 2,2 und 4,4 (Rahmenteil), »Zion« in 3,14, dann 30,17; 31,6.12, wohl ebenfalls in sekundären Partien. Erst mit der Tempelrede (Kap. 7; 26)

und der Königskritik hat Jeremia offenbar begonnen, sich mit der Jerusalemer Theologie zu beschäftigen.

6 Vgl. J. A. Soggin, *šûb* zurückkehren, THAT 2, 884-891.

7 Vgl. N. Lohfink, Die Gotteswortverschachtelung (o. Anm. 3).

8 V. 10: i-Dominanz; i-u Parallelität; *Kittijjîm//Qēdār – ktl/qd*.
   V. 12: *šommu šāmajim – ša^{a}rî 'ereṣ*: Silbenklang mit Umkehrung.

9 Schon die Masoreten taten sich schwer mit dem Begriff in diesem Zusammenhang und merkten einen Irrtum an (Tiqun Sopherim).

10 Hebr. *bikrâ*. Um welches Tier es sich genau handelt, scheint schon früh fraglich geworden zu sein. MT spricht in V. 24 (entstellter Text?) von *perê* ›Wildesel‹ (m.). Auf die Wildesel-Stute trifft nach einigen Auslegern (vgl. Holladay 1, 100f.) zumindest das in V. 24ff. geschilderte Verhalten weit besser zu als auf ein Kamel. Auch der Ausruf V. 25b?

11 Nach Jes 23,3 ein Arm des Nils im östlichen Delta: *P'-š-Ḥr* »Teich des Horus«. Die griechische Übersetzung bietet Γηων-*Gîḫôn*, vgl. Gen 2,13.

12 *špj* (a) ›Hochfläche‹, (b) ›Piste‹, von *sph* ›freimachen‹, wohl als Rastplätze, Freiräume an den Überlandstraßen zu verstehen (anders HAL).

13 Hebr. *m'nh* von *'nh* ›Beischlaf‹, statt *'th*.

14 *šgl* Dt 28,30; Jes 13,16; Sach 14,2 (HAL).

15 Vgl. KAT 1922, 247ff.

16 Vgl. meinen Kommentar: Nahum ,Habakuk, Zephanja, ZBK 1991.

17 S. o.

18 ThZ 3 (1974) 155f. ; 231-234.

19 Der Text ist durch die Verwendung von Fachausdrücken schwer verständlich geworden – offenbar schon für die frühen Bearbeiter, die durch Beiworte zu erklären versuchen, aber auch für die Masoreten, die einige Wörter verschrieben haben.

2. Die Verkündigung in der babylonischen Epoche

1. Kritik

Literatur

W. H. Schmidt, Zukunftsgewißheit und Gegenwartskritik. Grundzüge prophetischer Verkündigung, BSt 64 (1973);

I. Meyer, Jeremia und die falschen Propheten, OBO 13 (1977);

H. -J. Hermisson, Jeremias Worte über Jojachin, in: Werden und Wirken des Alten Testaments, FS-C. Westermann, Göttingen 1980, 252-270;

M. Gilbert: Jérémie en conflit avec les sages?, in: BEThL 54 (1981) 105-118;

L. Wisser, Jérémie, critique de la vie sociale. Justice sociale et connaissance de Dieu dans le livre de Jérémie, Genève 1982;

J. Schreiner, Tempeltheologie im Streit der Propheten. Zu Jer 27 und 28, BZ 31 (1978) 1-14;

K. Seybold, Der Schutzpanzer des Propheten. Restaurationsarbeiten an Jer 15,11f., BZ 32 (1988) 265-273;

K.-F. Pohlmann, Die Ferne Gottes – Studien zum Jeremiabuch. Beiträge zu den »Konfessionen« im Jeremiabuch und ein Versuch zur Frage nach den Anfängen der Jeremiatradition, BZAW 179 (1989);

W. J. Wessels, Jeremiah 22,24-30: A Proposed Ideological Reading, ZAW 101 (1989) 232-249.

Anmerkungen

1 Z. B. Am 4,4ff.; 5,4ff.; 7,10ff.; Hos 5,1ff.; 6,5ff.; 10,1ff. u. a.

2 Vgl. die Analyse bei J. Schreiner I (1981), 56f. Dort die folgende Zusammenfassung: »Die Predigt, zu der das Wort Jeremias ausgestaltet wurde, macht aus dem Scheltwort, vielleicht durch Verwendung einer Einlaß-Tora (vgl. Ps 15) eine eindringliche Mahnung 3-6, die mit einer Verheißung 7 verbunden ist. Gemäß dtr Anliegen bringt sie Jerusalem ins Spiel 7-14 und weist 12f. 15 nach, daß das Gericht mit der Zerstörung des Tempels und Jerusalems verdient war. « (57)

3 Nach R. P. Carroll (1986) 209 eine dtr Vorstellung.

4 Vgl. Nahum, Habakuk, Zephanja, ZBK (1991) z. St.

5 Das Wort hat offenbar Jesus von Nazareth so stark beeinflußt, daß er es sich – nach Mk 11,17; Mt 21,13; Luk 19,46 (Perikope von der Tempelaustreibung) – zu eigen machte.

6 Auch im Großkapitel 11,1-12,13 (»Der gebrochene Bund«) finden sich möglicherweise kritische Worte Jeremias gegen den Tempelkult. Doch sind die Verse 15ff. in einem sehr schlechten textlichen Zustand. Aus den Fragmenten und ihren Stichwörtern: »mein Haus«, »heiliges Fleisch«, »Lärm und Getöse« läßt sich gerade noch erkennen, daß es sich möglicherweise um die Darbringung von Opfer- und Früchtegaben handelt (vielleicht ist wie 24,1 hier *dûdîm* »Körbe« zu lesen), die von JHWH durch den Propheten zurückgewiesen werden.

7 S. o. Anm. 4.

8 Die archäologischen Funde aus der Residenz von *Ramat Raḥel* (*Bêt-Kerem*) geben einen Eindruck von dem Baustil, speziell auch von den Fensterbalustraden der Palastbauten, wie er wohl auch in der Hauptstadt praktiziert wurde. Auch in Jerusalem fand man Exemplare der für die Königsbauten typischen Volutenkapitelle, vgl. H. Weippert, Ein vergessenes Volutenkapitell aus Jerusalem?, BN 26 (1985) 22-26; V. Fritz, Die Stadt im alten Israel, München 1990, 101ff. S. dazu Exkurs zum Titelbild u. S.

9 Vgl. auch 2. Kön 23,35f.

10 LXX transkribiert Σορ, Aquila übersetzt Τυρος.

11 Vgl. dazu Y. Aharoni, EAEH IV, 1000-1009.

12 Vgl. z. B. 13,18f., ein Königslogion, wo von den »Städten des Negeb« im eigentlichen Sinn (?) die Rede ist.

13 Zu 46,1ff. s. u. 2. 2. 2.

14 Erst in der babylonischen Epoche und im Exil wird die Beschneidung zum Zeichen der Zugehörigkeit und der Abgrenzung.

15 Kap. 34 interpretiert eine Notmaßnahme Zedekias, nämlich die Freilassung der Schuldsklaven aus Mangel an Truppen zur Verteidigung als eine vom dt Gesetz (Dt 15) vorgeschriebener Schuldenerlaß (*šmṭh*) und erweist sich als ein gutes Paradigma für die dtr Predigt und ihre Deutung der »Geschichte«.

16 Z. B. 2. Kön 9,25.

17 Kap. 50-51 erklären sich am besten als Niederschriften solcher Heilsprophetie aus der Zeit Jeremias und danach.

18 Zu lesen ist statt *koh* »so«: *koweh* »sengend«, »röstend«.

19 S. u. III. 3.

20 Vgl. I. Meyer, Jeremia und die falschen Propheten (1977); J. Schreiner, Tempeltheologie im Streit der Propheten (1987).

21 Vgl. dazu meinen Artikel *ḥānēph*, ThWAT III, 41-48.

22 Vgl. M. Gilbert, Jérémie en conflit (1981).

23 Zum Problem M. Weinfeld, Deuteronomy an the Deuteronomic School, Oxford 1972. Vgl. vor allem die Beiträge E. Ottos zur altisraelitischen Rechtsgeschichte, z. B. Die Bedeutung der altorientalischen Rechtsgeschichte für das Verständnis des Alten Testament, ZThK 88 (1991) 139-168, mit Literatur.

24 Der Text birgt im einzelnen manche Schwierigkeit.

25 Das Wort von den »uralten Pfaden«, welches die unverrückbare Welt- und Naturordnung am Beispiel der Schneefälle und der Wasserflüsse am Libanon darstellen will, umfaßte ursprünglich nur 18,14. 15b. 17.

26 Wir lesen '*śh* IV ›sich wenden‹, ›sich neigen‹. Zu vermuten wäre möglicherweise eine Form von '*wt* ›biegen‹, ›krümmen‹, die mit '*ēṭ* ›Griffel‹ eine Assonanz bilden könnte. MT: '*śh* I oder IV.

27 S. o.

28 Zu Kap. 10 vgl. P. - M. Bogaert, Les mécanismes rédactionnels en Jér 10,1-16 (LXX et TM) et la signification des suppléments, in: BEThL 54 (1981) 222-238.

29 Im einzelnen s. u. III. 3.

30 Korrigierter Text: *blḥ* statt *blḥm* »in seinem Brot«.

31 Vgl. L. Wisser, Jérémie (1982).

32 S. u. III. 2. 3.

2. Visionen

Literatur

H. Bardtke, Jeremia der Fremdvölkerprophet, ZAW 53 (1935) 209-239;

J. H. Hayes, The Oracles against the Nations in the Old Testament, their Usage and Theological Importance, Princeton 1964 (Microfilm);

P. Höffken, Zu den Heilszusätzen in der Völkerorakelsammlung des Jeremiabuches, VT 27 (1977) 398-412;

R. Albertz, Jer 2-6 (1982);

R. Liwak, Der Prophet und die Geschichte (1987);

K. -F. Pohlmann, Die Ferne Gottes (1989);

B. Gosse, Jérémie XLV et la place du recueil d'Oracles contre les nations dans le livre de Jérémie, VT 40 (1990) 145-151.

Anmerkungen

1   Der Begriff ist in der Absicht gewählt, die prophetische Weltsicht und Zukunftsschau zu bezeichnen. Handelt es sich doch um die Ankündigung kommender Ereignisse und insofern um vor-gestellte Realität. Die »Visionen« mit die Wirklichkeit repräsentierenden und deutenden Symbolen wie z. B. die traditionsgeprägten Texte von 1,13ff.; 24,1ff., soweit sie Jeremia zuzurechnen sind, sind Teil dieser Sicht. Vgl. F. Horst, Die Visionsschilderungen der alttestamentlichen Propheten, EvTh 20 (1960) 193-205; W. Beyerlin, Reflexe der Amosvisionen im Jeremiabuch, OBO 93 (1989).

2   Früher sprach man gern von »Skythenliedern«, weil man in dem Feind aus dem Norden die Skythen erkannte.

3   In 1,14 ist wohl das Verbum *nph* (vgl. V.13) ›anfachen‹ etc. von *pth* ›öffnen‹ verdrängt worden, was die umständliche Erklärung mit »die Öffnung geneigt von Norden her« und die Vorstellung des Ausschüttens nach sich zog.

4   *qîrôt* ist von *qrr* I, nicht von *qîr* I ›Wand‹, II ›Stadt‹ o. ä. abzuleiten (vgl. ug. *qr* ›Ruf‹, ›Schrei‹), und lautmalerisch als »Schreie« (HAL: »Lärm«, 1053) wiederzugeben (*qîr* IV?).

5   Textkorrekturen nach LXX.

6   In V. 14 bα.γ. 17* (Ende) sind Zusätze zu sehen.

7   S. o. III. 2. 1.

8   Der Heuschrecken-Vergleich wird von der Realaussage fast »aufgefressen«, vgl. »seine ›Pferde‹«, seine »‹Rosse›«.

9   Dazu gehört: V. 17. 18a (ohne Formel). 20*. 22a. Strukturformel: IIImal 3 (2+2).

10 V. 20b gehört zu V. 24. V. 21b-22abα bilden eine nachgetragene Antwort auf die Frage von V. 21a. V. 23. 24(20b) sind Logien eigener Prägung. V. 25b-26aα sind theologische Auffüllungen wie V. 27aβ. Bleiben 8 Zeilen, gegliedert in 2 Strophen.

11 Sehr hilfreich ist die detaillierte Auslegung des ganzen Komplexes bei W. L. Holladay 2 (1989) 312-435.

12 Interessant ist der Vergleich mit der Reihe der in 9,24ff. genannten »beschnittenen« Völker: Ägypten, Juda, Edom, die Ammoniter, Moab und die »frisierten« Wüstenstämme, die mit Ausnahme der Philister dem Katalog Kap. 46ff. entspricht. 9,24ff. gehört wohl in den Zusammenhang der Konferenz von Jerusalem 594.

13 Die ursprüngliche Leseart ist wohl »Euphrat« bzw. »der Fluß« (sg.),

während der überlieferte Text pluralisch liest: »Flüsse«, was von der beigefügten Erklärung auf die Nilarme und -kanäle bezogen wird.

14 Nach LXX korrigiert: *qol* statt *qālôn* (›Schande‹).

15 Vgl. S. Timm, Moab zwischen den Mächten. Studien zu historischen Denkmälern und Texten, ÄAT 17 (1989).

16 Vgl. A. Kuschke, Jeremia xlviii, 1-8: Zugleich ein Beitrag zur historischen Topographie Moabs, in: Verbannung und Heimkehr, FS-W. Rudolph, Tübingen 1961, 181-196.

17 Von hebr. *'ārod*; bzw. hebr. *'ar'ār* (griech. μυρίκη).

18 *ṣjṣ* vom Ug. her bestätigt, vgl. W. L. Holladay 2,357.

19 Wörtlich: »im Jenseits des Mundes des Abgrunds«, LXX: »in den Felsen«. Dazu bietet 48,43f. ein schönes Wortspiel, das in Jes 24,17f. eine Parallele hat. »Grauen und Grube und Garn (*paḥad wāpaḥat wāpāḥ*) über dich, Bewohner Moabs« (»der Erde«, Jes 24,17). Wer flieht vor dem Grauen, der fällt in die Grube, und wer aus der Grube steigt, der fängt sich im Garn« (Nach der Zürcher Bibel übersetzt). Auf Moab wird Jagd gemacht!

20 Nach E. A. Knauf, Jeremia xlix 1-5: ein zweites Moab-Orakel im Jeremia-Buch, VT 42 (1992) 124-128, redaktionell bearbeitet.

21 49,9f. – Ob 5f.; 49,14ff. – Ob 1ff.

22 »Jrm's lyricism is here at its height for the darkest of messages... The drumbeat of these laments has the power even today to awe the hearer; the words must have chilled the blood of Jrm's hearers.« W. L. Holladay 1, 315.

23 S. o. I. 2 und die dort gebotene Analyse.

24 Die Analyse macht Probleme. Der hier vorgelegte Versuch geht davon aus, daß die Formeln in V. 16. 21 Beigaben sind; daß V. 18 ein ausfüllender Zusatz ist – ein eigenes Klagelied – und daß auch V. 19 kein Zwischentext von zwei Zeilen, vielmehr eine Erläuterung der folgenden, neuen Qina ist. Bei letzterem kann man sich weniger sicher sein. Die Zeilen lauten:
»Hört, Frauen, JHWHs Wort, euer Ohr vernehme das Wort seines Mundes: Lehrt eure Töchter die Klage und jede die andre den Trauergesang.« In dieser Form zwei Doppeldreier (3+3 3+3).

25 Vgl. Mi 2,4; Am 5,16.

26 Auch etwa 10,19.

27 Vgl. S. M. Paul, Cuneiform Light on Jer 9,20, Bibl 49 (1968) 374-376.

28 Über den vierten Reiter von Apk 6,8 und den jüdischen Todesengel ging er in die mittelalterliche Symbolwelt ein und spielte vor allem in den Zeiten des »Schwarzen Todes im 14. Jh. eine große Rolle, vgl. P. Volz, W. L. Holladay z. St.

29 Vgl. 8,2 als Motiv-Variation.

30 Vgl. meine Studie zu 12,8 (Der »Löwe« von Jeremia 12,8. Bemerkungen zu einem prophetischen Gedicht, VT 36 ((1986)) 93-104). Das Gedicht umfaßt V. 8a. 9a. 9b//10a. 11a. 13a, jeweils restauriert. Offensichtliche Zusätze sind V. 7. 8b. 10b. 11b. 12. 13b.

31 MT hat das Wort *'rjh* wahrscheinlich falsch punktiert und als »Lö-

we« (*'arjê*) mißverstanden, wie schon V. 8b. Es muß aber doch wohl *'urjâ* gelesen werden: ›Stallplatz‹, ›Pferdekoppel‹.

32 Die Klangfiguren lassen sich in der Übersetzung nicht wiedergeben. Doch lese man laut: *hāj^{e}tâ-llî nach lātî k^e'urjâ bajjā‘ar* und beachte: *tali/lati – urja/ja‘r – a-,i*-Klänge etc. So in fast jeder Zeile: *sābîb ṣābû‘a/ ‘ajiṭ ‘ālêhā* (V. 9a). *kol ḥajjat hētāju* (9b). *r*-Alliteration in V. 10, *š/s* und *'/'* in V. 11. *zār/ṣār* bzw. *qoṣ/qāṣ a*ls Klang- und Silbenspiele in V. 13a.

33 Zur Struktur des Kapitels als Liturgie vgl. P. Volz z. St. Solche Makrostrukturen gehören im Jeremia-Buch mit wenigen Ausnahmen (vgl. Kap 30-31) zur C- und D-Stufe (Komposition und Edition). Zum Text vgl. auch G. Fohrer, Abgewiesene Klage und untersagte Fürbitte in Jer 14,2-15,2, in: Künder des Wortes, FS-J. Schreiner, Würzburg 1982, 77-86.

34 V. 3a: übermalt – »reiche Herren und Knechte«; V. 3bδ : Zusatz; V. 4a: Erklärungen, wie auch V. 5b. V. 6: Ausschmückungen.

35 Vgl. K. Seybold, Satirische Prophetie. Studien zum Buch Zefanja, SBS 120 (1985).

36 Die eigentliche, innere Krise – nach Kap. 11f. und 14f. – beginnt ja mit Kap. 15,10ff. Die Überlieferung sah jedenfalls einen Zusammenhang und stellte die Texte zusammen.

37 V. 5: »Jerusalem« ist wohl nachgetragen; V. 6a ist trotz Spruchformel ein theologischer Kommentar; V. 6b ist in der bekannten Manier prosaisch eingeebnet, wie V. 7b. 8aα: eine Deutung des Worfelns auf die Menschenopfer im Krieg: Männer, Mütter und Kinder. V. 9: man könnte die erste Zeile auch lesen: »Die sieben geboren, verhaucht ihre Seele«. Doch *'uml^{e}lâ* paßt besser auf *joledet.* V. 9bα scheint aufgefüllt zu sein. Klangspiele entdeckt man in V. 5a mit *l*, mit *šl/lš +m* in V. 5b, *zrm* in V. 7, V. 9 mit *np/ḥ* und *l* u. a. m.

38 Zum Mittagsdämon vgl Zeph 2,4; Ps 91,6.

39 Hebr. *‘îr* II, dasselbe Wort wie *‘îr* ›Stadt‹. Ein Wortspiel?

3. Zeichen

Literatur

G. Fohrer, Die symbolischen Handlungen der Propheten, AThANT 25 (1953; [2]1968);

S. Amsler, Les prophètes et la communication par les actes, in: Werden und Wirken im Alten Testament, FS-C. Westermann, Göttingen/Neukirchen 1980, 194-201;

S. Amsler, Les actes des prophètes, Essais Bibliques 9, Genève 1985;

K. Seybold, Die symbolischen Handlungen der alttestamentlichen Propheten, in: Welt der Symbole, hg. v. G. Benedetti u. U. Rauchfleisch, Göttingen 1988, 101-112;

W. McKane, Jeremiah and the Rechabites, ZAW 100 (1988) 106-123.

Anmerkungen

1 Zum Begriff S. Amsler (1980) 194ff.

2 Vgl. G. Fohrer ([2]1986); S. Amsler (1985) 45ff.

3 Die Briefe sind Teil der Auseinandersetzung mit den Propheten im Exil. Der erste, wohl nur im Auszug überlieferte, umfaßte im Wortlaut nur 29,4(5)-7, etwas mehr als 50 Wörter. Zum Vergleich: Die um 587 geschriebenen Lachis-Briefe auf Ostraka haben einen entsprechenden Umfang, Nr. 3 ca. 100, Nr. 4 ca. 70 Wörter.

4 LXX: »des Landes«.

5 Vgl. B. Gosse, La malédiction contre Babylone de Jérémie 51,59-64 et les rédactions du livre de Jérémie, ZAW 98 (1986) 383-399.

6 Der Rest ist Kommentierung (V. 3b. 4aβ.b). Das hebr. Wort bezeichnet bestimmte Hautflecken, welche zum Krankheitsbild des Fleckfiebers gehören, vgl. C. Dohmen, Die Wurzel *hl'* im Alten Testament, BN 20 (1983) 15-18. Dazu 14,18.

7 H.-J. Fabry, ThWAT V (1984) 11-16, bes 15.

8 Die Szene macht insgesamt eher den Eindruck, aus einer Reminiszenz heraus »konstruiert« worden zu sein. Es wird sich dabei mehr um eine Lehr-Demonstration handeln, als um eine Aktion (wie bei Kap. 19), also um eine Homilie.

9 Im nachexilischen Jerusalem das »Misttor« (Neh 2,13f. u. a.), s. Abb.

10 Das Tal Hinnom begrenzte Jerusalem im Westen und Süden (*Wadi er-Rabābe*), *Abb. S. 209*

11 Die griech. Fassung zeigt, daß in 19,1 der Text gelitten hat.

12 Hebr. *baqbuq*, ein »Schallwort wie glucksen« (HAL), Flasche aus Ton für Wasser u. a. mit einem engen Hals.

13 Möglicherweise ist dies die Wortbedeutung von *tpt*. Die Bezeichnung tpt (griech. ταφεδ) wurde zu *topet* (›Speichel‹) umgebildet und verballhornt.

14 2. Kön 16,3; 21,6 (Ps 106,38).

15 6,25; 46,5; 49,29; auch Ps 31,14.

16 Vgl. die von W. L. Holladay z. St. herausgearbeiteten Möglichkeiten.

17 Vgl. F. L. Hossfeld – I. Meyer, Prophet gegen Prophet. Eine Analyse der alttestamentlichen Texte zum Thema: Wahre und falsche Propheten, BiBe 9 (1973).

18 S. dazu III. 2. 2: Visionen, S. 110ff.

19 Zu den rechtlichen Vorgängen vgl. N. Avigad, Hebrew Bullae from the Time of Jeremiah, Jerusalem 1986, bes. 120ff.

20 Eigentlich: ›Mörtel‹, ›Lehm‹, ›Lehmboden‹.

21 Ein assyrisch-babylonischer Spezialterminus, abgeleitet von akk. *šuparruru* ›ausbreiten‹.

22 Vgl. o. I. 2-4.

3. Selbstzeugnisse

Literatur

W. Baumgartner, Die Klagegedichte des Jeremia, BZAW 32 (1917);

G. von Rad, Die Konfessionen Jeremias, EvTh 3 (1936) 265-276 (Gesammelte Studien II, ThB 48 ((1973)) 224-235);

E. Gerstenberger, Jeremiah's Complaints. Observations on Jer 15,1-21, JBL 82 (1963) 393-408;

A. H. J. Gunneweg, Konfession oder Interpretation im Jeremiabuch, ZThK 67 (1970) 395-416;

J. Bright, Jeremiah's Complaints – Liturgy or Expressions of Personal Distress?, in: Proclamation and Presence, FS- G. H. Davies, London 1970, 189-214;

P. Welten, Leiden und Leidenserfahrung im Buch Jeremia, ZThK 74 (1977) 123-150;

F. D. Hubmann, Untersuchungen zu den Konfessionen Jer 11,18-12,6 und Jer 15,10-21, FzB 30 (1978);

Ders., Stationen einer Berufung: Die 'Konfessionen' Jeremias, ThPQ 1 (1984) 25-39;

U. Eichler, Der klagende Jeremia. Eine Untersuchung zu den Klagen Jeremias und ihrer Bedeutung zum Verstehen seines Leidens, Diss. Heidelberg 1978;

N. Ittmann, Die Konfessionen Jeremias. Ihre Bedeutung für die Verkündigung des Propheten, WMANT 54 (1981);

J. Vermeylen, Essai de Redaktionsgeschichte des »Confessions de Jérémie«, in : BEThL 54 (1981) 239-270;

F. Ahuis, Der klagende Gerichtsprophet, CThM A12 (1982);

J.-P. Sternberger, Les Confessions de Jérémie, recherches et hypothèses en vue d'une histoire de la rédaction, Montpellier 1983;

K. Seybold, Das »Rebhuhn« von Jeremia 17, 11, Bibl 68 (1987) 57-73;

Ders., Der Schutzpanzer des Propheten. Restaurationsarbeiten an Jer 15,11f., BZ 32 (1988) 265-273;

A. R. Diamond, The Confessions of Jeremiah in Context. Scenes of Prophetic Drama, JSOTS 45 (1987);

H.-J. Herrmisson, Jahwes und Jeremias Rechtsstreit. Zum Thema der Konfessionen Jeremias, in: Altes Testament und christliche Verkündigung, FS-A. H. J. Gunneweg, Stuttgart 1987, 309-343;

K.-F. Pohlmann, Die Ferne Gottes – Studien zum Jeremiabuch. Beiträge zu den »Konfessionen« im Jeremiabuch und ein Versuch zur Frage nach den Anfängen der Jeremiatradition, BZAW 179 (1989);

M. S. Smith, The Laments of Jeremiah and Their Contexts: A Literary and Redactional Study of Jeremiah 11-20, SBL MS 42 (1990).

Anmerkungen

1 Eine psalmistische Überarbeitung zeigen einige Prophetenbücher, vgl. Amos, Jesaja, Micha, Habakuk, Nahum usw.

2 Nach W. Baumgartner »Klagegedichte« genannt.

3 S. bei L. G. Perdue (Ed.), A Prophet (1984); S. Herrmann, Jeremia (1990).

4 So der Titel des Kommentars von H. Lamparter.

5 Vgl. z. B. Ps 22,22; 60,8ff.; 91,14ff., u. a. auch Hab 2,2ff.

6 Zuerst bezeugt von LXX (Klgl 1,1).

7 Vgl. G. von Rad, Die Konfessionen (1936). M. Buber sprach – wie gesagt – von dem »seltsamsten aller Tagebücher«, der Glaube der Propheten, Heidelberg [2]1984, 214.

8 Vgl. W. Zimmerli, Frucht der Anfechtung des Propheten, in: Die Botschaft und die Boten, FS-H. W. Wolff, Neukirchen 1981, 131-146.

9 S. o. III. 1.

10 Abzuleiten von *bṭḥ* II ›fallen‹. Die traditionelle Übersetzung war: »Fühlst du dich in friedlichem Lande nicht sicher...?«

11 Vgl. meinen Versuch einer Analyse, Der Schutzpanzer (1988).

12 Wörtlich übersetzt lautet er: »zur Zeit des Unglücks und zur Zeit der Not, nämlich den Feind (scil. habe ich dich treffen lassen)«. Dies klingt wie eine Glossierung.

13 Vgl. Hab 2,5ff.

14 Die Ableitung von *tôb* ›gut‹, ›schön‹ führt in die Irre. Vgl. HAL.

15 Vgl., »Das Rebhuhn« (1987).

16 Ältere Übersetzung »Rebhuhn«. Doch gibt es diese Spezies in Palästina offenbar nicht.

17 GesK § 21d.

18 Bemerkenswert sind die Sätze G. von Rads in diesem Zusammenhang: »Wie er, dem sein Amt so problematisch geworden ist, mit diesem ihn zerbrechenden Beruf doch in einem übermenschlich scheinenden Gehorsam seinen Weg hinaus in die Gottverlassenheit zu Ende gegangen ist, das bleibt Jeremias Geheimnis. Keinen Augenblick ist ihm der Gedanke gekommen, daß dieses sein mittlerisches Leiden vor Gott einen Sinn haben könne. Und dies, daß Gott das Leben seines getreuesten Boten in eine so entsetzliche und durchaus unbegriffene Nacht hinausgeführt und aller Wahrscheinlichkeit nach dort hat zerbrechen lassen, das ist Gottes Geheimnis.« Theologie des Alten Testaments II, München 1960, 214.

4. Theologische Einsichten

Literatur

M. Buber, Der Glaube der Propheten, Heidelberg 1950 (^{2}1984);

G. von Rad, Theologie des Alten Testaments, Band II: Die Theologie der prophetischen Überlieferungen Israels, München 1960 (^{6}1975);

P. Diepold, Israels Land, BWANT 95 (1972);

K. Koch, Die Profeten II. Babylonisch-persische Zeit, Stuttgart 1980 (^{2}1987);

J. Goldingay, God's Prophet, God's Servant. A Study in Jeremiah and Isaiah 40-55, Exeter 1984;

S. Herrmann, Jeremia (1990) 187ff. ;

K.-F. Pohlmann, Die Ferne Gottes – Studien zum Jeremiabuch. Beiträge zu den »Konfessionen« im Jeremiabuch und ein Versuch zur Frage nach den Anfängen der Jeremiatradition, BZAW 179 (1989).

Anmerkungen

1   G. von Rad (1960) 203-232.
2   K. Koch (1980) 21-86.
3   K.-F. Pohlmann hat diesen Weg sehr strikt eingehalten, weshalb vor allem der zweite Teil seiner Arbeit beachtenswert ist, Die Ferne Gottes (1989).
4   Vgl. J. Schreiner, Tempeltheologie im Streit der Propheten. Zu Jer 27 und 28, BZ 31 (1987) 1-14.
5   XXVIIIf.
6   Vgl. H. W. Wolff, Das Thema »Umkehr« in der alttestamentlichen Prophetie, ZThK 48 (1951) 129-148 (Gesammelte Studien, ThB 22 ((1964)) 130-150).
7   Irgendwo hörte ich sagen: Jeremia war der Celan der Propheten. Er schrieb Todesfugen.
8   O. III.
9   XXVIII.
10 Vgl. H. Kremers, Leidensgemeinschaft mit Gott im Alten Testament. Eine Untersuchung der ›biographischen‹ Berichte im Jeremiabuch, EvTh 13 (1953) 122-140.
11 »There is nothing quite like it elsewhere in the prophets, tough Jeremiah's final cry of despair is paralleled and developed in Job. « J. Goldingay, God's Prophet (1984) 29.
12 M. Buber, Der Glaube (^{2}1984) 208.
13 Ebda. 208.
14 Ebda. 207.
15 Ebda. 219.
16 Sprache Gottes und der Menschen. Literarische und sprachpsycholo-

gische Beobachtungen zur Heiligen Schrift, Düsseldorf 1965, bes.
121ff.

17 B. Duhm, Israels Propheten ([2]1922) 244.

18 Vgl. die bemerkenswerten Hinweise auf die theologische Dynamik
der politischen Verkündigung Jeremias von W. Brueggemann, At the
Mercy of Babylon: A Subversive Rereading of the Empire, JBL 110
(1991) 3-22.

19 A. a. O. 283.

20 XXXII.

Teil IV: Die Wirkung

Literatur

W. Vischer, Das Christuszeugnis des Propheten Jeremia, in: BETHEL 30
(1985), hg. V. F. Crüsemann, 5-61, bes. 35ff.;

W. L. Holladay, Prototype and Copies, JBL 79 (1960) 351-367;

Ders. , Jeremiah and Moses. Further observations, JBL 85 (1966) 17-27;

R. P. Carroll, From Chaos to Covenant. The Use of Prophecy in the Book
of Jeremiah, London 1981;

K. -F. Pohlmann, Die Ferne Gottes – Studien zum Jeremiabuch, BZAW
179 (1989);

C. R. Seitz, Theology in Conflict. Reactions to the Exile in the Book of Jeremiah, BZAW 176 (1989);

Ders. , The Prophet Moses and the Canonical Shape of Jeremiah, ZAW
101 (1989) 3-27.

Anmerkungen

1 Die Ferne Gottes (1989).

2 Vgl. S. Herrmann, Die Bewältigung der Krise Israels. Bemerkungen
zur Interpretation des Buches Jeremia, in: Beiträge zur alttestamentlichen Theologie, FS-W. Zimmerli, Göttingen 1977, 164-178; engl.
Fassung L. G. Perdue/B. W. Kovacs (Ed.), A Prophet to the Nations
(1984) 299-311.

3 Einige Forscher weisen auf eine Gola-freundliche Redaktion in der
Überlieferung hin, z. B. C. R. Seitz, Theology (1989). Sie wäre hier
einzuordnen.

4 From Chaos (1981); Jeremiah (1986).

5 Vgl. C. R. Seitz, The Prophet (1989).

6 »Jeremia ist unter den Märtyrern der alten Welt jener, dessen lebens-
langes Martyrium uns nicht bloß berichtet ist, sondern der selbst uns
daran teilnehmen läßt, indem er die Äußerung seiner Leiden in ebender Unmittelbarkeit, wie er sie seinem Gott zuflüstert oder zuschreit,

zuweilen der Schrift übergibt. « M. Buber, Der Glaube der Propheten, Heidelberg [2]1984, 223. Doch gilt dies für seine Prophetie im ganzen.

7   Kap. I, Anm. 22.

8   Exemplarisch behandelt von W. Rösler, Dichter und Gruppe. Eine Untersuchung zu den Bedingungen und zur historischen Funktion früher griechischer Lyrik am Beispiel Alkaios, München 1980, bes. 45ff.

9   Man achte darauf, wie viele theologische Themen des Jeremia-Buches monographisch bearbeitet wurden, vgl. etwa J. P. Hyatt, Torah in the Book of Jeremiah, JBL 60 (1941) 381-396; H. -J. Stoebe, Seelsorge und Mitleiden bei Jeremia, WuD 4 (1955) 116-134; Ders. , Jeremia, Prophet und Seelsorger, ThZ 20 (1964) 388-409; G. Münderlein, Kriterien wahrer und falscher Prophetie, EHS. T 33 (1974,[2]1979); P. Diepold, Israels Land, BWANT 95 (1972); H. Weippert, Schöpfer des Himmels und der Erde. Ein Beitrag zur Theologie des Jeremiabuches, SBS 102 (1981); C. Levin, Die Verheißung des neuen Bundes in ihrem theologiegeschichtlichen Zusammenhang ausgelegt, FRLANT 137 (1985) u. a. m.

10 Zur weiteren Geschichte O. H. Steck, Der Abschluß der Prophetie im Alten Testament. Ein Versuch zur Frage der Vorgeschichte des Kanons, BThSt 17 (1991); E. Tov, Textual Criticism (1992), vgl. I, Anm. 5.

Mangels anderer authentischer Zeugnisse aus der Jeremia-
Zeit wählen wir als Symbol für die Titelseite zwei typische
Bildmotive. Im Hintergrund steht die Abbildung eines sogenannten proto-äolischen Volutenkapitells aus *Ramat Raḥel*
(arab. *Ḫirbet eṣ-Ṣāliḥ*, bibl. wohl *Bêt-Hakkerem*)[1] aus der Pa-
lastanlage, die dort wahrscheinlich der judäische König Jojakim (609-598) als eine Art Sommerresidenz errichtet hat. Das
Volutenkapitell gehört typologisch zu einer Gruppe von mehr
als 40 Exemplaren, welche alle aus der Eisen-II-Zeit, d. i. aus
der späteren Königszeit, stammen. Auch aus Jerusalem sind
Fragmente bezeugt, die zu den dortigen Palastbauten gehört
haben mögen.[2] Diese Volutenkapitelle sind also charakteristisch für die judäische Hofarchitektur und repräsentieren die
königliche Bautätigkeit, mit der sich Jeremia in Kap. 22,13ff.
kritisch auseinandersetzt. Daß der Prophet solche Bauten vor
Augen hatte, bestätigt einmal der Hinweis auf besondere Fenster (V. 14) – offenbar ein signifikantes Charakteristikum von
Palastbauten; Reste von Fensterbalustraden mit Palmettenver-
zierungen sind auch in *Ramat Raḥel* gefunden worden –, zum
andern der Hinweis auf die rote Bemalung (V. 14): »Reste von
roter Farbe belegen, daß der Kalkstein (scil. der Säulen und
Kapitelle) bemalt war« (V. Fritz).[3] Das Volutenkapitell stellt
einen stilisierten Palmbaum dar – die phönizische Form des
weit verbreiteten Motivs des Lebensbaums.[4] Es ist kein Zweifel, daß solche mythologischen Assoziationen mit ein Grund
dafür waren, die ursprünglich auf Elfenbeinreliefs und anderen Dekorationen dargestellten Symbole in die Königsideologie aufzunehmen und dann auch an repräsentativen
Palastgebäuden anzubringen. Vom König, dem »Gesalbten
JHWHs«, bekannte man: »In seinem Schatten werden wir leben unter den Völkern« (Klgl 4,20) und dachte dabei auch an
das Lebensbaummotiv (vgl. Hes 17,22ff.). Jeremia sah, wie
eine Feuersbrunst das »Tyros der Ebene« erfaßte (Jer
21,13f.).[5] Die Säulenkapitelle von *Bêt-Hakkerem* sanken in
den Schutt, in dem sie die Ausgräber fanden.

Daneben und davor stellen wir eine Abbildung des berühmt
gewordenen Textfragments aus der 4. Höhle bei Qumran mit

dem Siglum 4Qer[b].[6] Das der hasmonäischen Zeit (Mitte 1. Jh. v. Chr.) zugehörige Fragment bezeugt nämlich die für das Jeremia-Buch bisher nur in der griechischen Übersetzung bekannte kürzere Fassung und belegt damit, daß diese 1. Auflage des Buches auch hebräisch existent war, und zwar auch in Palästina, nicht nur in Ägypten, woher die Septuaginta stammt.[7] Das Fragment enthält Teile aus Jer 9 und 10 und liest sich wie eine Anthologie jeremianischer Schlagworte. Der abgebildete Text lautet in Umschrift und Übersetzung:

Z. 1	*mtw w'l jthl*	9,22.	... seiner Weisheit und rühme sich nicht...
Z. 2	*wṣdqh b'rṣ*	9,23	und Gerechtigkeit im Lande...
Z. 3	*p'h hjsb*	9,24	... Schläfe, die wohnen...
Z. 4	*'l drk hgwjm*	10,1	an die Weise der Völker...
Z. 5	*jjphw bmqbwt*	10,4	verzieren es mit Hämmern...
Z. 6	*tklt w'rgmn*	10,9	blauen und roten Purpur...
Z. 7	*j'bdw mn' r'h*	10,11	sollen von der Erde verschwinden...

Der Text stellt mit der Septuaginta in V. 4 um, läßt V. 5*-8 und V. 10 aus bzw. fügt V. 9 an V. 4 an. V. 11 ist aramäisch wie im MT.

Das Textfragment repräsentiert das prophetische Wort, auch in schriftlicher Form – wenngleich in der aramäischen Schrift des 2./1. Jh. s und nicht in der althebräischen Schrift des 7./6. Jh. s (dazu wären die aus Jeremias Zeit stammenden Lachisbriefe oder Siegelinschriften wie Abb. 1 zu vergleichen).

Bei der Konfrontation des prophetischen Wortes mit dem massiven Kalksteinblock des Kapitells mag man sich des Verses aus Jer 23,29 erinnern: »Ist nicht mein Wort wie ein Feuer und wie ein Hammer, der Felsen zerschmeißt?« Nicht aber, ohne betontermaßen hinzuzufügen: »spricht der Herr«. Denn der Vers bezieht sich auf das göttliche Wort – doch, sollte es denn dieses wiedergeben, dann auch auf das prophetische.

Anmerkungen

1 Nach EAEHL IV, Ramat Raḥel (Y. Aharoni), 1003; ANEP Nr. 800 [7]. Vgl. Y. Shilo, The Proto-Aeolic Capital and Israelite Ashlar Masonry, Qedem 11 (1979); V. Fritz, Paläste während der Bronzezeit und Eisenzeit in Palästina, ZDPV 99 (1983) 1-42; H. Weippert, Ein vergessenes Volutenkapitell aus Jerusalem?, BN 26 (1985) 22-26; Dies., Palästina in vorhellenistischer Zeit, München 1988; V. Fritz, die Stadt im alten Israel, München 1990, 101ff.

2   H. Weippert, Ein vergessenes Volutenkapitell (1985); K. Kenyon, Je-
    rusalem, Bergisch-Gladbach 1968, T. 20, vgl. 70.
3   Die Stadt (1990) 112.
4   Vgl. Y. Shilo, The Proto-Aeolic Capital (1979) 26ff.; H. Weippert,
    Palästina (1988) 446. Abbildungen auch z. B. ANEP Nr. 798 [7]; BL
    Nr. 67,2; 1031; U. Gehrig/H. G. Niemeyer (Hg.), Die Phönizier im
    Zeitalter Homers, Mainz 1990, Abb. Nr. 5, 6; 17f.; S. Brown, Per-
    spectives on Phoenician Art, BA 55,1 (1992) 6ff. u. a.
5   S. o. III. 2. 1.
6   Vgl. Umschlagseite W. L. Holladay I (1986), dazu II (1989) 2ff.;
    G. Janzen, Studies in the Text of Jeremiah, HSM 6, Cambridge 1973,
    173ff.; E. Tov, The Jeremiah Scrolls from Cave 4, Groningen 1990
    (Qumran Instituut); Ders., Textual Criticism (1992) 319-327 (325).
7   S. o. I.

Register

1. Abkürzungen

ÄAT	Ägypten und Altes Testament, Wiesbaden
AION	Annali del 'Istituto Universitario Orientale di Napoli
ANEP	Ancient Near East in Pictures, Princeton [3]1969
ATD E	Das Alte Testament Deutsch – Ergänzungsreihe, Göttingen
AThANT	Abhandlungen zur Theologie des Alten und Neuen Testaments, Zürich
BA	Biblical Archaeologist, New Haven
BETHEL	Jahrbuch der Kirchlichen Hochschule, Bethel
BEThL	Bibliotheca Ephemeridum Theologicarum Lovaniensium, Leuven
BiBe	Biblische Beiträge, Fribourg
Bibl	Biblica, Rom
BN	Biblische Notizen, München
BSt	Biblische Studien, Neukirchen
BWANT	Beiträge zur Wissenschaft vom Alten und Neuen Testament, Stuttgart
BThSt	Biblisch-Theologische Studien, Neukirchen
BZ	Biblische Zeitschrift, Paderborn
BZAW	Beihefte zur Zeitschrift für die Alttestamentliche Wissenschaft, Berlin
CThM	Calwer Theologische Monographien, Stuttgart
EAEH	Encyclopedia of Archaeological Excavations in the Holy Land, London
EdF	Erträge der Forschung, Darmstadt
EHS. T	Europäische Hochschulschriften, Reihe Theologie, Bern/Frankfurt
ErIs	Eretz Israel, Jerusalem
EThL	Ephemerides Theologicae Lovanienses, Leuven
EvTh	Evangelische Theologie, München
FRLANT	Forschungen zur Religion und Literatur des Alten und Neuen Testaments, Göttingen
FS	Festschrift
FzB	Forschung zur Bibel, Würzburg
GesK	W.Gesenius/E.Kautzsch, Hebräische Grammatik, Leipzig [26]1896
GTA	Göttinger Theologische Arbeiten, Göttingen
HAL	Hebräisches und aramäisches Lexikon zum Alten Testament, Leiden

HSM	Harvard Semitic Monographs, Cambridge Mass.
IEJ	Israel Exploration Journal, Jerusalem
JBL	Journal of Biblical Literature, Philadelphia
JNES	Journal of Near Eastern Studies, Chicago
JSOT	Journal for the Study of the Old Testament, Sheffield
JSOTS	– Supplement Series
JSPs	Journal for the Study of the Pseudepigrapha, Supplement Series, Sheffield
OBO	Orbis Biblicus et Orientalis, Fribourg/Göttingen
RE	Realenzyklopädie für protestantische Theologie und Kirche, Berlin
SBL MS	Society of Biblical Literature, Monograph Series, Missoula
SBS	Stuttgarter Bibelstudien
THAT	Theologisches Handwörterbuch zum Alten Testament, München
ThB	Theologische Bücherei, München
ThLZ	Theologische Literaturzeitung, Leipzig
ThPQ	Theologisch-praktische Quartalschrift, Linz
ThV	Theologia Viatorum, Berlin
ThWA(N)T	Theologisches Wörterbuch zum Alten (Neuen) Testament, Stuttgart
ThR	Theologische Rundschau, Tübingen
ThZ	Theologische Zeitschrift, Basel
TRE	Theologische Realenzyklopädie, Berlin/New York
TUAT	Texte aus der Umwelt des Alten Testaments, Gütersloh
VF	Verkündigung und Forschung, München
VT	Vetus Testamentum, Leiden
WHJP	World History of the Jewish People, London
WMANT	Wissenschaftliche Monographien zum Alten und Neuen Testament, Neukirchen
WUD	Wort und Dienst, Bethel
ZAW	Zeitschrift für die Alttestamentliche Wissenschaft, Berlin/New York
ZBK	Züricher Bibelkommentare
ZDMG	Zeitschrift der Deutschen Morgenländischen Gesellschaft, Wiesbaden
ZDPV	Zeitschrift des Deutschen Palästina-Vereins, Wiesbaden
ZThK	Zeitschrift für Theologie und Kirche, Tübingen
dt	deuteronomisch – zum Deuteronomium gehörig
dtr	deuteronomistisch – im Geist und Stil des Deuteronomiums
JHWH	Wiedergabe des Tetragramms (»Jahwe«)
LXX	Septuaginta
MT	Masoretischer Text

2. Begriffe

3. Textstellen

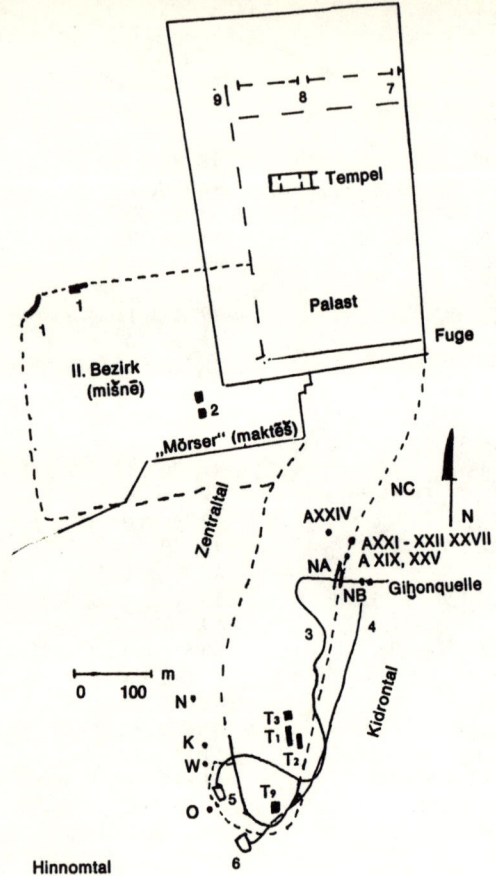

Jerusalem in vorexilischer Zeit (nach E. Otto, Jerusalem – die Geschichte der heiligen Stadt, Urban-Taschenbücher 308, Stuttgart 1980,65)

1 Teile der Stadtmauer (N. Avigad)
2 Nekropole (B. Mazar)
3 Hiskia-Tunnel
4 Siloa-Kanal
5 oberer Siloa-Teich, Scherben-, Mist u.a. Quell-Tor
6 unterer Siloa-Teich
7 Benjamin-Tor
8 Ephraim- o. Fisch-Tor
9 Eck-Tor
A,N,C,T etc. Grabungsareale

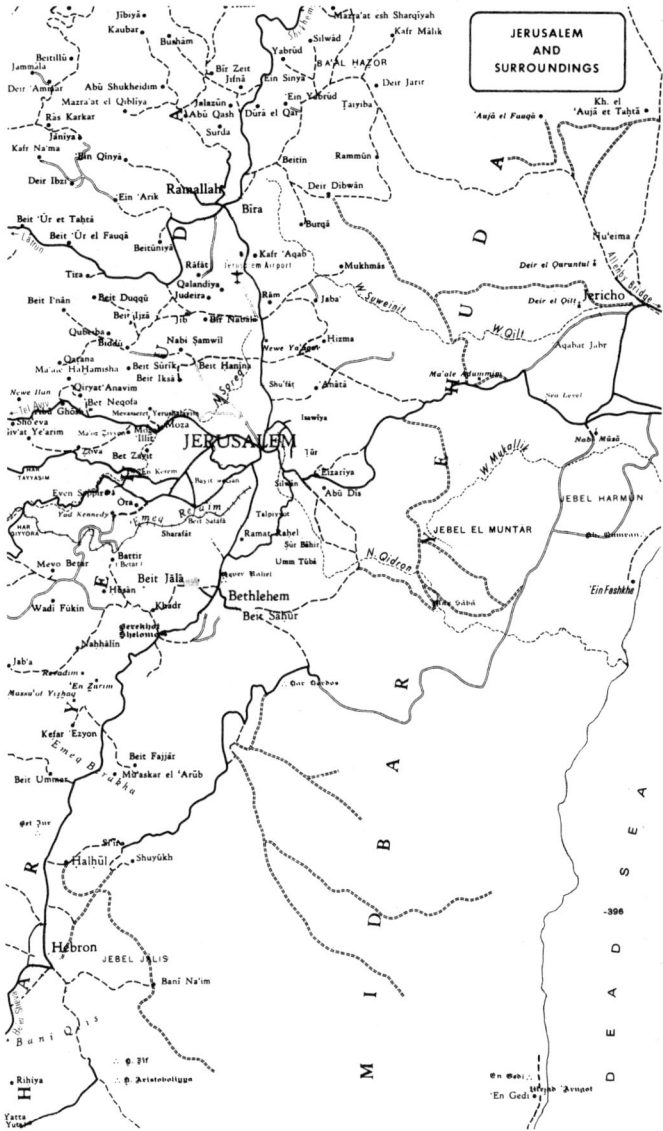

Umschlag der Karte: Jerusalem, hg. v. Ministry of Construction & Housing, Tel-Aviv. © Survey of Israel. Institute for Geodesy, Mapping and Geographic Information

171-593 128 MFG 3